Oskar Baumann

In Deutsch-Ostafrika während des Aufstandes

Reise der Dr. Hans Meyer'schen Expedition in Usambara

Oskar Baumann

In Deutsch-Ostafrika während des Aufstandes
Reise der Dr. Hans Meyer'schen Expedition in Usambara

ISBN/EAN: 9783743312470

Hergestellt in Europa, USA, Kanada, Australien, Japan

Cover: Foto ©ninafisch / pixelio.de

Manufactured and distributed by brebook publishing software
(www.brebook.com)

Oskar Baumann

In Deutsch-Ostafrika während des Aufstandes

IN DEUTSCH-OSTAFRIKA

WÄHREND DES AUFSTANDES.

Reise der Dr. Hans Meyer'schen Expedition in USAMBARA

von

Dr. Oscar Baumann.

Mit 18 Illustrationen von **Ludwig Hans Fischer** und **Franz Zimerman** nach Skizzen
des Verfassers, sowie nach Photographien, und einer Originalkarte.

WIEN UND OLMÜTZ
EDUARD HÖLZEL.
1890.

IN DEUTSCH-OSTAFRIKA

WÄHREND DES AUFSTANDES.

Vorwort.

Wenn ich in die Lage komme, nachfolgend die Ergebnisse meiner Reise in Ostafrika zu veröffentlichen, so verdanke ich dies vor Allem zwei Männern: in erster Linie dem Mäcen der Expedition, meinem lieben Freunde Dr. Hans Meyer, der in glühender Begeisterung für die Wissenschaft und die deutsche coloniale Sache bereits mehr als einmal nicht nur seine reichen Mittel, sondern auch Leben und Gesundheit dafür in die Schanze geschlagen hat. Ferner danke ich es dem Herrn k. englischen Generalconsul Colonel C. B. Euan-Smith in Sansibar, dem das scheinbar Unmögliche gelungen ist, meine geraubten Tagebücher und Schriften den Aufständischen wieder zu entreissen.

Wohl bin ich mir klar bewusst, dass der wissenschaftliche Theil meiner Arbeit von Vollständigkeit weit entfernt ist. Doch möge man zur Entschuldigung dessen bedenken, dass unsere Expedition vielfach unter traurigen, ja verzweifelten Umständen reiste, dass unsere gesammten naturhistorischen und ethnographischen Sammlungen in Verlust geriethen und dass besonders meine Aufmerksamkeit durch die topographische Aufnahme in Anspruch genommen wurde. Diese aber war in dem verwickelten Gebirgsterrain Usambaras sehr mühsam, so dass für andere Beobachtungen wenig Zeit blieb. Wie weit es mir gelungen ist, meiner Hauptaufgabe, der Herstellung einer brauchbaren Karte, gerecht zu werden, möge das dem Buche beigegebene Blatt zeigen.

In dem Schlusscapitel glaubte ich, über den Rahmen des Buches hinausgreifend, auch meine westafrikanischen Erfahrungen mit heranziehen zu dürfen, um ein vollständigeres Bild des Handels und Plantagenbaues im tropischen Afrika zu liefern.

Zuletzt sei es mir gestattet, allen jenen Gönnern und Freunden meinen herzlichsten Dank auszusprechen, die in Afrika und Europa meinen Arbeiten ihre Förderung angedeihen liessen. Darunter seien die Herren Maler Ludwig Hans Fischer und Franz Zimerman genannt, welche die grosse Güte hatten, ihre künstlerische Kraft meiner bescheidenen Arbeit in liebenswürdigster Weise zur Verfügung zu stellen.

Wien, am 15. October 1889.

Dr. Oscar Baumann.

Inhalt.

Illustrationen.

---

*) Während Dr. Meyer's erster Reise in Ostafrika aufgenommen.

I. Capitel.

An der Ostküste Afrikas.

Ausreise. — Adeu. — Im Südwest-Monsun. — Lamu. — Mombas. — Sansibar. — Bagamoio.

Es war im Winter 1887, als ich, von meiner Reise am Congo und auf Fernando Póo zurückgekehrt, Dr. Hans Meyer in Leipzig kennen lernte und später mit ihm in Berlin und Wien zusammentraf. Dr. Meyer hatte eben seine erste Reise nach dem Kilima-Ndscharo vollendet und war im Begriffe, eine grössere Expedition ins Innere Ostafrikas auszurüsten. Die gemeinsamen Interessen, die gemeinsame Vorliebe für das afrikanische Forschungsfeld brachte uns bald einander näher, und zu Beginn des Jahres 1888 stellte mir Dr. Meyer die Frage, ob ich nicht Lust hätte, mich seiner Expedition als Geograph anzuschliessen. Da auch Dr. Wilhelm Junker in Wien unseren Plan gut hiess, so zögerte ich nicht, eine so ausgezeichnete Gelegenheit zu benützen und den Antrag Dr. Meyer's anzunehmen; denn es war zweifellos, dass unser Unternehmen offenbar mit den besten Aussichten auf Erfolg Europa verliess. Unsere Ausrüstung, sowohl in wissenschaftlicher als praktischer Beziehung war eine mustergiltige, die Geldfrage, sonst ein wunder Punkt bei vielen Expeditionen, kam bei uns erst in zweiter Linie in Betracht, da Dr. Meyer in höchst liberaler Weise für alle Kosten aufkam. Auch an der nöthigen Erfahrung fehlte es uns Beiden keineswegs, denn Dr. Meyer hatte schon manches Tropenland der alten und neuen Welt kennen gelernt und war auch in Centralafrika kein Fremdling mehr, während ich fast zweijährige Wanderungen auf afrikanischem Boden aufzuweisen hatte. Ausserdem war Dr. Meyer in photographischen Aufnahmen geübt, und mir standen Erfahrungen in astronomischer

Ortsbestimmung, Terrainaufnahme und geologischen Forschungen zu Gebote, so dass wir hoffen konnten, auch in wissenschaftlicher Hinsicht Ergebnisse heimzubringen. Dennoch wurden unsere Hoffnungen bitter enttäuscht; statt grösserer Erfolge, die wir erstrebt hatten, müssen wir uns noch glücklich schätzen, die Beobachtungen und Aufnahmen des unerforschten Gebirgslandes von Usambara gerettet zu haben, während ein grosser Theil unserer naturhistorischen Sammlungen, die unersetzbaren Photographien Dr. Meyer's und das gesammte Ausrüstungsmaterial der Expedition für immer verloren ging.

Dies Alles liess das gütige Schicksal, welches die Zukunft mit undurchdringlichen Schleiern verhüllt, uns nicht ahnen, als wir froh und voll Zuversicht am 1. Juni 1888 Triest verliessen und durch die blaue Adria südwärts dampften. Bei herrlichstem Wetter war das Mittelmeer bald durchkreuzt, und nach zwei am Ufer des Nils angenehm verlebten Wochen bestiegen wir in Suez den Norddeutschen Lloyd-Dampfer „Preussen". So reich und eigenartig sich auch das orientalische Leben in Aegypten entwickelt, in gewisser Hinsicht ist das Land der Pyramiden doch nur eine Vorstadt von Europa, und erst wenn man das Deck des überseeischen Dampfers betritt, fühlt man sich, um einen zeitgemässen Ausdruck zu gebrauchen, in die Interessensphäre ferner tropischer Länder versetzt. Die Einrichtung des prächtigen, weissgetünchten Dampfers zeigt freilich europäischen Luxus und Comfort, doch ist Alles den Erfordernissen heisser Zonen angepasst. Besonders fiel mir die in Westafrika völlig unbekannte Panka auf, jener Luftschirm, der von der Decke des Speisesalons herabhängt und von einem langbezopften Sohne des himmlischen Reiches in steter Bewegung erhalten wird. Die Gesellschaft entbehrt allerdings jener völligen Uebereinstimmung der Gefühle, welche auf westafrikanischen Dampferlinien zu herrschen pflegt, wo die gemeinsame Aussicht auf Fieber und möglichen raschen Tod eine Art von Galgenhumor hervorbringt, doch trifft man dafür manchen besonders in Ostasien viel-erfahrenen Mann an. Da giebt es deutsche Kaufleute aus China, Japan und Siam, Tabakpflanzer aus Sumatra, englische Kaffeepflanzer aus Ceylon und Andere, die nach kurzer Erholung in der

Heimat wieder fernen Küsten zustreben. Auch Damen weilen an Bord, darunter die liebenswürdige, heitere Gattin eines deutschen Consuls in Holländisch-Ostindien, die durch eine leichte Beimischung javanischen Blutes an Zauber noch gewinnt. Die unvermeidliche Zunft der Vergnügungsreisenden war durch einen dicken Deutsch-Amerikaner vertreten, der sich bereits orientalisirt, d. h. mit Fez und gelbem indischen Talar versehen hatte, die zunehmende Hitze aber doch über das „Vergnügen" zu finden schien. Höhere Ziele verfolgte ein Hamburger Marinemaler, Herr Erwin Günter, der sich gleich uns nach Sansibar begab und mit dem wir bald nähere Freundschaft schlossen.

Die ungebrochene Glut der Junisonne strahlte auf die fast spiegelglatte Fläche des Rothen Meeres; mit der Oase an der Mosesquelle war die letzte Vegetation verschwunden und wo überhaupt Land sichtbar wurde, da war es der wüste Abfall des afrikanischen Festlandes und Arabiens, oder eine öde, trostlose Felsinsel. In Schweiss gebadet weilten die Passagiere auf der möglichst luftigsten Stelle des Hinterdecks und widmeten sich der Vertilgung eisgekühlter Getränke, während der Schiffsarzt immer neue Nachrichten von Hitzschlägen bei Heizern und Mannschaft brachte. Dies hinderte jedoch die halb entkleidete Bordmusik keineswegs, zur vorgeschriebenen Zeit ihre wenig erbaulichen Klänge in die glutathmende Luft hinauszuschmettern. Erst gegen Abend, nachdem der feurige Sonnenball mit herrlicher Farbenpracht in den Seespiegel getaucht war, konnte man etwas Bewegung machen, und bald kam auch ein allgemeines, fröhliches Gespräch in Gang, welches oft bis tief in die Nacht fortgesetzt wurde.

Am 23. Juni machte sich eine etwas kühlere Brise bemerkbar, wir waren aus dem Rothen Meere in den Golf von Aden gelangt und näherten uns immer mehr den kahlen, wildzerzackten Felsbergen des „glücklichen Arabiens". Um 11 Uhr warfen wir vor Steamer-Point, dem Hafenplatze von Aden, Anker. Sofort war das Schiff von mehreren Canoes umringt, aus welchen uns braune Somali-Jungen mit heller Stimme zuriefen, Geldstücke ins Wasser zu werfen, nach welchen sie mit unfehlbarer Geschicklichkeit tauchten. Bald erschien auch der kleine Dampfer des Lloydagenten und wir verabschiedeten uns von den Reisegefährten auf der „Preussen", um gemeinsam mit Herrn Günter an Land zu fahren, wo wir einige Tage auf den Anschluss nach Sansibar zu warten hatten.

Die Häuser von Steamer-Point schmiegen sich halbkreisförmig an die braunen Steilwände der Berge, deren Gipfel einzelne Forts krönen, und umrahmen gegen die See zu einen freien Platz. Man sieht ganz hübsche Gebäude im indischen Stile, welche von Dampferagenten, Consulaten verschiedener Nationen, reichen Parsis und Hôtels eingenommen werden, welch letztere sich meist durch hochtrabende Titel wie „de l'Europe" und „de l'Univers" auszeichnen. Weniger grossartig als die Titel pflegt die Bewirthung selbst zu sein, doch hatten wir im Hôtel „de l'Europe" keinen Grund, ernstlich darüber zu klagen.

„Des Teufels Punschkessel" nennt der Engländer Aden und er hat wahrhaftig nicht Unrecht, denn besonders im Sommer scheinen die kahlen Wände der Berge förmlich zu glühen. Obwohl ich kein Neuling in den Tropen war, hatte ich doch niemals ähnliche Hitze wie im Rothen Meer und in Aden erlebt. Auch ein alter westafrikanischer Factorist, der viele Jahre lang in den Urwäldern Sierra Leones zugebracht und den ich bei der Firma Woodly kennen lernte, fühlte sich gar nicht behaglich. Man kann sich aber auch kaum einen grösseren Gegensatz vorstellen, als die feuchten, üppigen Wälder der Guineaküste und die kahlen Felsen Adens, auf welchen kaum ein Grashalm gedeihen kann. Da mochte denn freilich dem alten Westafrikaner, der sich so plötzlich in des Teufels Punschkessel versetzt sah, die Sehnsucht nach seinen kühlen, schattigen Tropenwäldern ankommen, obwohl in derem Dunkel gar oft der Fiebertod lauert, während Aden das gesündeste Klima der Welt besitzt.

Der einzige Spaziergang Adens ist der von Steamer-Point nach der eigentlichen Stadt und den Wasserreservoirs. Man benützt dazu die netten einspännigen Wägen, welche von schwarzen oder arabischen Kutschern geleitet werden. Ein niedriges Joch überschreitend, gelangt man in einen weiten Kessel mit flacher Sohle. Derselbe ist einerseits von wilden, zackigen Bergkämmen umgeben, deren Hänge seichte Wasserrunsen durchfurchen, und grenzt andererseits gegen das Meer, dem einige steile Felsriffe entsteigen, gewissermassen die Umrahmung des Kessels abschliessend. Der Obertheil der Berge und Riffe besteht aus horizontal geschichteten Tuffmassen, welche braunen vulcanischen Gesteinen aufgelagert sind, so dass man den Eindruck gewinnt, die Sohle einer mächtigen Kraterruine zu durchqueren. Der Boden ist kahl, nur selten bemerkt man ein paar niedrige Sträucher, die kümmerlich ihr Dasein fristen. Auf den Kämmen und Abhängen der Berge sind die gezackten Bastionen und die Vorwerke der englischen Befestigung wahrnehmbar. An der Strasse liegt ein Dorf, ein ausgedehnter arabischer und ein kleinerer jüdischer Friedhof. Auf letzterem wurde gerade ein Grab geschaufelt, wobei immer zwei Mann thätig waren, während der dritte im schmalen Schatten — des Sarges ausruhte. Am jenseitigen Rand der Mulde steigt die Strasse steil in Schlangenlinien an und man erreicht einen Engpass, der durch ein Sperrfort gesichert ist. Davor halten langbärtige indische Soldaten mit ihren eigenthümlichen, halb europäischen, halb orientalischen Uniformen Wache. Jenseits geht es steil bergab und bald erblickt man abermals eine Mulde und darin die ausgedehnte Stadt Aden mit ihren blendend weissen Häusern und flachen Dächern, mit ihren regelmässig rechteckig verschneidenden Strassen, das Ganze eingerahmt von der dunkelbraunen, öden Bergmauer des Hintergrundes.

Die Stadt selbst sieht freilich recht nüchtern aus und von schönen Gebäuden und malerischen Moscheen ist nicht viel zu bemerken, desto grössere Aufmerksamkeit verdient jedoch das Volksleben. Der auffallendste, eigentlich aufdringlichste Typus ist der Somali, dem gegenüberliegenden Festlande, Berbera oder Zeïla entstammend. Meist sieht man hochgewachsene, schlanke Bursche mit oft auffallend hübschen, intelligenten Gesichtszügen, das Haar steil aufgekämmt und röthlich bemalt. Sie tragen einen weissen, malerischen Ueberwurf, einen langen Stock an Stelle des Speeres (der in Aden verboten ist) und verschiedenartige Amulette, unter welchen Bernstein häufig auffällt. Den eigentlichen Bewohner des Landes, den untersetzten, dunkelfarbigen Araber sieht man in seinem Elemente am Kameelmarkt.

wo Kaffeesäcke und andere Producte des Innern verladen werden und sich eine Art lärmende Waarenbörse entwickelt. Scheu
und bescheiden schleicht der dürre, braune Jude durch die
Strassen, mit weissem Kaftan, kahlem Schädel, Ohrlocken, und
einem Gesichtstypus, der dem seiner Glaubensgenossen in Gali-
zien aufs Haar gleicht. Er beschäftigt sich mit allerlei Klein-
handel, verkauft Straussenfedern oder Fische und treibt sich als
Wechsler mit grossem Geldbeutel am Rücken herum. Offenbar
kommt er jedoch auf keinen grünen Zweig, da die Parsis und
Indier ihm zu grosse Concurrenz machen, welche man in ihren
reinlichen, lichtfarbigen Kleidern durch die Menge schlendern
oder in ihren Buden kauern sieht. Europäer bemerkt man wenige
in Aden, nur manchmal hebt sich der feuerrothe Rock eines englischen Soldaten scharf von den grell beleuchteten, weissen Wänden der Häuser ab. Das weibliche Geschlecht ist, wie meist im
Orient, nicht allzustark auf den Strassen vertreten, doch pflegen
Somaliweiber und Abessinierinnen ihre oft auffallend schönen Züge
unverschleiert zu tragen und erregen auch durch ihre Gestalt und
ihre malerische Kleidung unsere Aufmerksamkeit. Ueberall wimmelt
es von munteren Kindern aller Racen und Hautschattirungen, die
meist in adamitischer Nacktheit unserem Wagen nachlaufen und
den Ruf nach „Bahschisch" ertönen lassen.

Das Ziel aller Spazierfahrten sind die Wasser-Tanks (Reser-
voirs), die am Ende der Stadt in einer tief eingerissenen Thalfurche
gelegen sind. Sie bestehen aus einer stufenförmigen Folge mächtiger Becken, die ein hohes Alter besitzen, doch erst von der
englischen Regierung auscementirt wurden. In diesen riesigen
Cisternen fand sich bei unserer Anwesenheit nur wenig schmutziges Wasser, welches arabische Arbeiter unter eintönigem Gesange in ledernen Gefässen emporhissen und in Leitungsröhren
giessen. Dieselben münden am Ausgange der Thalfurche, wo
das Wasser an die Bewohner von Aden verkauft wird. Doch
ist es gerade nicht bester Qualität, und das Wasser, welches
von der Firma Woodly in Steamer-Point künstlich aus der See
gewonnen wird, immer noch vorzuziehen. Aber auch dieses kostet
Geld, so dass im Sommer in Aden Niemand trinken kann, der
kein Geld hat.

Um die Tanks herum gedeihen einige dürftige Bäumchen, der sogenannte Garten von Aden, in welchem zahlreiche Tafeln vor jeder Beschädigung warnen. Derjenige müsste auch wirklich ein Unmensch sein, der diese Anlagen beschädigen wollte, die allein dem Bewohner von Aden den Begriff „Baum" versinnlichen können. Den Rückweg nach Steamer-Point nimmt man gewöhnlich durch ein Felstunnel, welches unterhalb des Sperrforts den Berg durchsetzt. Doch ist dies nicht empfehlenswerth, da der Aufenthalt darin durch Staub und Hitze unerträglich wird und Wägen auch nicht ausweichen können.

Neben diesen Spazierfahrten und den Abendspaziergängen in den mondbestrahlten Strassen, in welchen buntes, orientalisches Treiben wogt, waren wir auch mit dem Anwerben einiger Somali-Leute beschäftigt. Doch wurden so unverschämte Preise verlangt, dass wir schliesslich nur zwei Jungen engagirten, Achmed Ali (von uns Ali genannt) und Achmed Abdi, Beide aus Berbera. Ali war ein recht anstelliger, aufgeweckter Bursche, der gut englisch sprach, Achmed dagegen konnte von Anfang an nichts Anderes als sein hübsches aber nicht gerade geistreiches Gesicht zu einem freundlichen Lächeln verziehen. Später erwiesen sich Beide als völlig unbrauchbar, da sie in der Nahrung höchst anspruchsvoll, an Strapazen nicht gewöhnt waren und auch viel an Fiebern litten.

Am 4. Juli bestiegen wir den Dampfer „Oriental" der British-India-Dampfschifffahrts-Gesellschaft, welche damals noch allein den Verkehr mit Sansibar vermittelte. Der hohe Passagepreis könnte auf ein schönes, bequem eingerichtetes Schiff schliessen lassen, um so grösser ist die Enttäuschung, wenn man einen kleinen, aber fabelhaft schmutzigen Kasten betritt. Das Schiff ist schon viele Jahre lang in den Tropen, daher wimmelt es von Kakerlaken und anderem Ungeziefer, und im „Salon" und den umliegenden Kabinen herrschen die unmöglichsten Düfte. Auch auf Deck sieht es wenig erbaulich aus, da man überall Schäden und Mängel entdecken kann. Die Officiere sind Engländer, die Mannschaft jedoch besteht aus Indiern, die vor Schmutz förmlich klebrig aussehen. Die Bedienung besorgen Goanesen in nie gewaschenen Hemden, die vor dem Essen die einzelnen Speisen mit ihren nie gewaschenen

Fingern herzurichten pflegen. Die Deckpassagiere waren ebenfalls Indier, die dicht aneinandergepresst das Vorderdeck erfüllten. Am Hinterdeck herrschte das wenig sympatische englische Missionswesen vor. Man pflegt auf der „Oriental" stets auf Deck zu schlafen, da die Luft im Raume zu schlecht ist. Doch sollte uns dies nur bis Cap Guardafui gestattet sein. Sobald wir die steilen, grauen Wände dieses Vorgebirges hinter uns hatten, ergriff uns ein heftiger Südwest-Monsun, der die „Oriental" wild umherschleuderte. So mussten wir denn, eng zusammengepfercht, zwei Tage bei nahezu bestialischer Atmosphäre in den Kojen zubringen. Fortwährend kamen Sturzseen über Bord, die durch die Luken in den Raum drangen und Alles durchnässten, so dass bald kein trockener Faden mehr in den Kojen war und man im Salon bis an den Knien im Wasser stand. Dabei dröhnte und kollerte die schlecht verstaute Ladung, Teller und Gefässe klirrten, ein Kind und eine Katze schrien unaufhörlich, eine Missionärin betete laut und ein paar Engländer riefen fluchend nach den Stewards. Dazwischen erschollen ununterbrochen die erhebenden Laute der Seekrankheit. Die Lage war eine recht ungemüthliche; Dr. Meyer, der doch schon alle Meere durchfahren, behauptete, Aehnliches noch nicht mitgemacht zu haben, und selbst der unverwüstliche Künstlerhumor Günter's schien für den Augenblick erloschen. Am 1. Juli schlug endlich die Stunde der Erlösung: der Wind liess nach und wir konnten unserem Kerker entsteigen und an Deck gehen. Dort sah es traurig aus, ein Mast war zertrümmert, die Hälfte der Schafe, die den Proviant bildeten, über Bord gewaschen, und es schien kaum glaublich, dass kein Mensch bei den unaufhörlichen Sturzwellen ihr Geschick getheilt. Immer noch wehte ein scharfer Wind und warf hohe, prachtvolle Wellen auf, die lebhaft zu dem klaren, durch kein Wölkchen getrübten Himmel contrastirten.

Von da ab hatten wir eine ziemlich ruhige Fahrt, waren aber doch froh, als wir am 7. Juli bei Lamu wieder Land in Sicht bekamen. Es war die Küste der Manda-Insel, welche in korallinischen Steilwänden abfällt, an denen die Brandung schäumt und auf der sich schöne Baobabs und Schirm-Mimosen zeigen.

Dies gab der Landschaft ein so bezeichnendes Gepräge, dass man als alter Afrikaner sich förmlich angeheimelt fühlen musste. Gegenüber Manda ragen hohe, weisse Dünenhügel auf, welche die Einfahrt in die tiefe Bucht von Lamu bezeichnen und deren höchster am Gipfel einen Flaggenstock trägt. Bei Betrachtung mit dem Fernglase kann man zahlreiche menschliche Gebeine auf der Düne verstreut sehen, die von einer Schlacht herstammen sollen, welche die einfallenden Maskat-Araber den Eingeborenen etwa um 1807 lieferten. Jenseits der Düne und theilweise an dieselbe gelagert sieht man das malerische, braune Häusergewimmel des Dorfes Schellah mit seinem plumpen Lehm-Minaret, das einen glänzenden Halbmond trägt. Auf einem Vorgebirge erhebt sich das kleine, ruinenhafte Fort von Schellah, umrankt von üppigen Schlinggewächsen und überragt von schlanken Cocospalmen. Gegenüber sieht man auf Manda einzelne niedrige Hütten mit Maisfeldern und ein anderes altes Festungsgemäuer mit ehrwürdigen, rostigen Kanonen.

Kurz nachdem der Anker gefallen, fuhren wir im Boote des Dampfers nach der Stadt Lamu. Man fährt erst ganz knapp an Schellah vorbei, dessen Hütten aus rothem Lehm errichtet und mit Palmblättern gedeckt sind, was mir lebhaft ein Bild aus dem Herzen Afrikas, das Lager Tippo-Tips an den Stanley-Fällen des Congo, ins Gedächtniss rief, umsomehr, als die Gestalten der Suahili in ihren weissen Hemden dieselben waren. Nur einige Häuser, darunter die englische Mission, sind in Schellah gemauert. In der letzteren haust gegenwärtig ein Sierra Leone-Neger, der auch die Stationen am Tana-Flusse verwaltet.

Man hat noch einige steile Felsen am Schellah-Cap zu umschiffen, bevor sich der Blick auf Lamu eröffnet, welches sich von weitem als ein Chaos zahlreicher brauner Hütten darstellt, überragt von dem massigen Bau der Festung, auf welcher das rothe Banner Sansibars weht. Man fährt noch längere Zeit längs des Südufers, das durch reizende Haine von Cocospalmen verschönt wird, während das Nordufer der Bucht, der Insel Manda angehörig, immer mehr trostlosen Mangrove-Charakter annimmt. Merkwürdigerweise wird behauptet, dass das Wasser der Manda-Bai keinerlei Süsswasser-Beimengung besitze, was jedoch das

Gedeihen einer niedrigen Mangroveart nicht hindern soll. Ob diese Art wirklich die Fähigkeit besitzt, im reinen Seewasser zu gedeihen, oder ob doch Süsswasseradern der Manda-Bai zufliessen, was das Wahrscheinlichere scheint, ist ungewiss. Zuletzt legte unser Boot an dem schmutzigen Strande von Lamu an, und begrüsst von dem landesüblichen „Jambo" betraten wir wieder centralafrikanischen Boden.

Die Gassen von Lamu sind eng, von hohen Mauern eingeschlossen, die theils aus rothem Lehm, theils aus Korallengestein aufgeführt sind. Häufig sind die Strassen überdeckt, so dass man im Dunkeln gehen muss, was insoferne unangenehm, als der Strassenschmutz vielfach ein unergründlicher ist. Oefters sieht man viereckige, einfache Moscheen ohne Minaret mit maurischen Fenstern und Thoren, durch welche man in den Hof und das Innere des Bethauses blicken kann. Nicht selten ist der Steinboden von Moos überwuchert, was kein gutes Zeichen für den Eifer der Gläubigen ablegt. Die von den Arabern erbaute Feste von Lamu ist ein massiges, ziemlich verfallenes Gebäude, in welchem der Vali (Statthalter) des Sultans residirt. Darin sind auch die Gefängnisse und eine Garnison von Hadramaut-Arabern untergebracht.

Die Hauptmasse der Einwohner Lamus bildet jene Mischbevölkerung, welche die Küstenstädte des tropischen Ostafrika bewohnt und nur durch den Gebrauch der Suahili-Sprache ein einheitliches Gepräge erhält. Doch ist es fast unmöglich, die Grenze zu unterscheiden, wo der Neger aufhört und der Araber beginnt, zu erkennen, wer noch als reiner Suahili und wer bereits als Maskat-Araber bezeichnet werden muss. Manche Typen freilich lassen keinen Zweifel aufkommen. So wird wohl Niemand in die Lage kommen, jene schwarzbraunen Bursche mit meist munteren, freundlichen Negergesichtern, die in den Strassen Lamus herumschlendern, für Abkömmlinge des Propheten zu halten. Sie tragen meist das lange Sansibarhemd, den rothen Tarbusch oder die hübsche, weiss gestickte Kappe und ein gekrümmtes Spazierstöckchen in der Hand und sind zum Schwätzen und Lachen geneigt. Mit diesen sicher nicht zu verwechseln sind die ernsten, bärtigen Gestalten mit lichter Hautfarbe und echt semitischem Typus der reinen Maskat-Araber. Sie kleiden sich in einen schwarzen oder

Lamu.

braunen Talar mit Goldstickereien, der an der Brust offen steht
und das lange weisse Hemd zeigt, führen einen gekrümmten,
silberbeschlagenen Dolch im Gürtel und oft ein Schwert in der
Hand. Aber zwischen diesen Haupttypen giebt es zahllose Zwischen-
formen, Leute mit schwarzer Hautfarbe und arabischem Typus,
andere die völlig lichtfarbig sind, aber von der Sprache des
Korans keine Ahnung haben, andere (allerdings seltener) mit
reinem Negertypus, die sich jedoch als Vollblut-Araber aufspielen
und fast nur arabisch sprechen, und zahlreiche andere Mischungen,
die alle in dem weiten Begriff Suahili umfasst werden.

An Fremden sieht man in Lamu untersetzte, braune Hadra-
maut-Araber mit wallendem Haar, die das glatte Buckelrindvieh
durch die Strassen treiben, und die Bewohner der Hinterländer,
Somali und Galla. Wie in allen Küstenplätzen Ostafrikas, so machen
sich auch hier die Indier breit und erfüllen mit ihren behäbigen
Persönlichkeiten die Verschläge der kleinen, schmutzigen Bazars.

Die dunkelfarbige Damenwelt Lamus geht ausnahmslos unverschleiert, trägt Silberringe in den Nasenflügeln und hüllt sich
nach Sansibar-Mode in grell gemusterte Baumwollzeuge. Wenn
man noch die Esel sowie die wenigen Pferde und Kameele an-
führt, so dürfte man die „Strassenfiguren" von Lamu so ziemlich
erschöpft haben, welche in ihrer Gesammtheit ein lebhaftes, anziehendes Bild geben.

Das schönste Haus in Lamu, ein zweistöckiges, luftiges und
weissgetünchtes Gebäude gehört der deutschen Witu-Gesellschaft,
die bei meiner Anwesenheit einen einzigen Vertreter, Herrn Kurt
Toeppen, besass. Der Plantagenbau im Witulande, die eigentliche
Hauptaufgabe der Gesellschaft, war noch nicht in Angriff genommen worden, und Herr Toeppen beschäftigte sich mit Handels-
geschäften in Lamu, wozu ihn seine langjährige Erfahrung und
seine vorzügliche Kenntniss der Suahili-Sprache befähigten. Die
Producte Lamus bestehen aus Kautschuk, etwas Elfenbein, Kopra,
Sesam und Häuten für den weiteren Export, und Sorghum (Ntama)
sowie Matten für den Localhandel nach Sansibar.

Ausser Herrn Toeppen lebten noch zwei Deutsche in Lamu,
welche sich mit Handel und etwas Plantagenbau beschäftigten.
Was mir bei den wenigen Europäern in Lamu besonders gefiel,

war die Zufriedenheit mit ihrer Lage. Während man sonst in Central-Afrika fast überall Klagen über die traurige Existenz der Weissen, das schlechte Klima u. s. w. vernimmt, waren alle Ansiedler von Lamu darüber einig, dass es sich in ihrem Wohnsitze ganz nett leben lasse. Sie hatten auch wirklich Grund, dies zu behaupten, denn das Klima von Lamu ist ein für Central-Afrika wahrhaft begnadetes, Fieber sind dort fast unbekannt, die Blattern zwar bei Eingeborenen häufig, bei Weissen aber unerhört. Dabei stehen die Deutschen mit den Eingeborenen vortrefflich, und zu Zeiten, wo im Süden bereits der Aufruhr tobte, herrschte in Lamu tiefster Friede und ungetrübte Eintracht. Diese günstigen Umstände veranlassten schon einmal den Versuch, deutsche Ansiedler nach Lamu, beziehungsweise nach dem Witulande zu verpflanzen. Dieser Versuch scheiterte zwar vollständig, grossentheils wegen der Mittellosigkeit der Ansiedler, doch steht zu hoffen, dass dem vielversprechenden Lamu-Gebiet in dieser Hinsicht noch eine Zukunft bevorsteht. Allerdings muss hier, wie überall, vor allzu rosigen Hoffnungen gewarnt werden.*)

Am 8. Juli erholten wir uns in dem gastlichen Hause des Herrn Toeppen von den Strapazen der Seereise und besuchten eine alte Moscheeruine im Osten der Stadt. Dieselbe ist ganz umrankt von üppiger Vegetation, in welcher zahlreiche Tausendfüsser ihr Wesen treiben. In der Gebetnische, die schöne, maurische Formen aufweist, sieht man arabische Inschriften, welche für den Kundigen vielleicht Interesse besitzen mögen. In den Nischen hingen zahlreiche Fledermäuse, die bei unserem Nahen gezwungen waren, in das verhasste Tageslicht zu flattern.

Um 2 Uhr bestiegen wir wieder die „Oriental", auf welcher sich das Bild inzwischen etwas verändert hatte. In Lamu war eine solche Menge von Matten als Fracht für Sansibar aufgenommen worden, dass ein Theil derselben an Deck verstaut werden musste. Auf und zwischen den hochgethürmten Mattenbündeln lagerten neue Passagiere, Suahili und Araber, die der ostafrikanischen Capitale zustrebten. Unter Letzteren befanden sich Vor-

---

*) Nach den neuesten Nachrichten ist Lamu in englischen Besitz übergegangen. Die Zukunft wird lehren, ob und in welcher Weise die Witu-Gesellschaft, deren Gebiet nun allseits von englischem Besitze umschlossen ist, ihre Thätigkeit fortsetzen wird.

nehme, sogar Verwandte des Sultans, welche es aber doch nicht verschmähten, dritter Classe, d. h. auf Deck zu reisen.

Am Nachmittag des 9. Juli erblickten wir erst niedriges Vorland, hinter welchem zackige Berge sich erhoben, dann trat die Küste von Mombas schärfer hervor. Auch hier fällt das Land in braunen, korallinischen Wänden ab, deren Fuss die Brandung theilweise unterwaschen hat, während von den Höhen ein grünes, verschlungenes Laubgewirre herabhängt. In diese Küste schneidet die Bai von Mombas ein. An der Südseite erhebt sich auf hoher Rampe die altberühmte Stadt Mombas, gekrönt von der ausgedehnten, düsteren Festung. Aus deren verwitterten Schusslöchern blicken Kanonen, deren kriegerisches Aussehen durch eine vorwitzige Vegetation sehr gemildert wird, welche die ehernen Rohre und das Gemäuer der Feste umrankt. Daran schliesst sich die Stadt mit flachen Dächern, im Osten in ausgedehnten Gärten sich verlierend, wo braune Negerhütten im Schatten tiefgrüner Mangobäume gelagert sind. Am Nordufer der Bai dehnt sich eine Farm des Sultans aus mit zahllosen, prachtvollen Cocospalmen. Den Hintergrund der herrlichen Bucht von Mombas bildet das leicht ansteigende Gebiet der englischen Mission Freretown mit ansehnlichen, weissgetünchten Gebäuden. Im Hafen fanden wir den Dampfer „Barawa" des Sultans von Sansibar, mit dessen biederem deutschen Capitän wir bald bekannt wurden.

Die Strassen von Mombas gleichen im Allgemeinen jenen von Lamu, nur sind sie etwas breiter und freundlicher. Neben den in Ostafrika gewöhnlichen Typen bemerkt man einzelne Wakamba aus dem Hinterlande, die, mit Bogen und Pfeil bewaffnet, als schmutzige, fast unbekleidete Gesellen die Rolle der „Wilden" spielen. Ihre Sitte oder Unsitte, mächtige Holzcylinder oder Papierrollen im ausgedehnten, durchlöcherten Ohrläppchen zu tragen, haben sich aber auch viele Suahili-Weiber angeeignet.

Von der Nähe betrachtet, wird die Feste, das „Gasr Mombas", völlig zur Ruine, deren Besatzung aus einer Schaar Suahili-Mädchen zu bestehen scheint, deren grell roth gemusterte Tücher aus allen Luken leuchten, die in kleinen Gruppen auf den Kanonen kauern und lachend über die „Wasungu" (Europäer) Bemerkungen

machen. Trotzdem wurde uns nicht gestattet, näher an die Feste
heranzutreten, damit wir nicht in die Lage kämen, ihre strategischen Geheimnisse irgend einem Kriegsungethüm „Ulaias"
(Europa) zu verrathen.

Am Morgen des 10. Juli folgten wir einer freundlichen Ein-
ladung des Capitäns der „Barawa" und fuhren in seinem Boote
nach Freretown. Seine Rudermatrosen waren Indier, und es konnte
auffallend erscheinen, dass der Sultan von Sansibar, einer Insel,
deren Bewohnern in der Schifffahrt so wohl erfahren sind, indische
Matrosen benützt. Später freilich fanden wir darin nichts Merk-
würdiges mehr, der Sultan kennt eben seine Leute zu genau. In
kurzer Zeit hatten wir das Ende der Bai erreicht und genossen
einen prächtigen Rückblick auf die malerische Stadt und das
blaue, leuchtende Meer. Unser Weg führte durch einen schattigen
Mangohain der Mission zu. Deren Eingang ist durch eine Glocke
bezeichnet, die beim Eintritt jedes Fremden geläutet wird, was
einen recht komischen Eindruck macht. Die Missionsgebäude
sind sehr hübsch mit Wellblech gedeckt, jedoch in einem nahezu
wüsten Terrain verstreut. Von Gartencultur ist fast nichts zu
bemerken und das Wenige besorgen nicht etwa die Zöglinge,
sondern bezahlte Weiber, die auch Wasser tragen müssen. Doch
sieht man zahlreiche Jungen und Mädchen herumlaufen, alle in
er bezeichnenden Kleidung, die mir vom Westen her bekannt
war und mit jenem selbstbewusst unverschämten Benehmen, das
englischen Missionszöglingen leider so häufig anhaftet. Ein weisser
Missionär führte uns in die Schule, wo eine Anzahl von Schülern
und Schülerinnen unter Leitung eines schwarzen „Gentleman"
geistlos im Chorus Bibelverse herableierte. Die grosse Mehrzahl
der Kinder bummelte aber unthätig herum, sah sehr wohlgenährt
aus und arbeitete gar nichts. Wir glaubten vielleicht zufällig einen
Ruhetag getroffen zu haben, doch wurde uns ausdrücklich erklärt,
dass diese Mission, wie überhaupt fast alle englischen Missionen,
das System habe, die Kinder nichts arbeiten zu lassen. Wie weit
sie mit diesem „System" kommen, kann man daraus sehen, dass im
Allgemeinen kein Europäer einen englischen Missionsjungen in
seine Dienste nimmt. Dieselben sind schlechte Arbeiter und glauben
durch ihr bischen Christenthum und ihre holperige Kenntniss des

Englischen und der Elementargegenstände schon so gut wie
Weisse geworden zu sein. Diese Abneigung gegen Alles, was aus
der Mission kommt, geht so weit, dass man in Sansibar bereits
jeden Neger misstrauisch ansieht, der englisch spricht.

Unter wenig erfreulichen Betrachtungen über dieses vielleicht
ideale aber sicher wenig praktische Missionssystem stiegen wir
zum Strande hinab, übersetzten einen schmalen Seearm und traten
eine reizende Wanderung durch die Gartenviertel von Mombas
an. Die Suahilileute, die in den einfachen Lehmhütten wohnen,
machen einen angenehmen Eindruck. Nach den Hosenniggers
der Mission ist der Anblick dieser malerischen Gestalten in kleid-
samer Tracht und der munteren nackten Kinder ein wahres
Labsal. Die Vegetation war herrlich entwickelt, die Baobabs, so
häufig nur kahle abenteuerliche Astgerippe, standen in schönster
Blätterpracht, üppig wucherte das Unterholz und die unendlich zierlichen Schlinggewächse rankten sich von Ast zu Ast. Die afrikanischen Culturgewächse, Bananen, Maniok, süsse Kartoffel und andere
begrüssten uns gleich alten Bekannten. Scharf zeichneten sich die
Schatten am Hintergrunde ab und die südliche Sonne, welche dem
Europäer anfangs wie ein fremdes Gestirn erscheint, ergoss ein
Meer von Licht über die Landschaft und über die weite, tiefblaue
See. Wir sind in den Tropen! Wessen Herz, der einmal den Zauber
dieser Striche gefühlt, würde nicht höher schlagen, wenn er sich
wieder dahin versetzt sieht? Denn die Tropenwelt ist eine Circe,
wer einmal in ihren Bann getreten, den verlässt die Sehnsucht nach
ihr nicht mehr, er muss wieder in das Land der Sonne zurückkehren und sei es, wie der Engländer sagt, „um seine Knochen
dort zu lassen".

Gegen Abend verliessen wir Mombas und kamen bei ruhiger,
leicht gekräuselter See rasch vorwärts. Noch bevor die kurze
Dämmerung der Aequinoctien völliger Dunkelheit Platz machte,
konnten wir die flachen Ufer von Pemba am Horizont auftauchen
sehen. Wir schliefen mit dem angenehmen Bewusstsein ein, die
letzte Nacht an Bord der „Oriental" zu verbringen und fanden uns am
Morgen des 11. Juli bereits an der Küste Sansibars dahindampfend.

Ich war sehr gespannt, Sansibar, die Perle des Ostens,
kennen zu lernen, von welcher ich nicht nur von Europäern

in Schrift und Wort so viel gehört hatte, sondern welche mir auch die Araber und Suahili-Leute am Oberen Congo als irdisches Paradies priesen. „Ungudja" (Sansibar) spricht der Suahili im Innern Afrikas etwa mit derselben schwärmerischen Betonung, wie der Portugiese „Lisboa", der Franzose „Paris" in der Fremde auszusprechen pflegt.

Von den herrlichen Düften, die dem Fremden entgegenwehen sollen, der sich der ostafrikanischen Gewürzinsel nähert, konnte ich allerdings nichts bemerken, der Anblick der Insel jedoch war ein sehr vielversprechender. Das nahezu flache, nur von niedrigen Bodenschwellungen durchzogene Eiland macht den Eindruck eines ausgedehnten, prächtigen Parks. In steter Folge erblickt man die schönsten Vegetationsbilder, dichte Haine von Mangos, zahllose schlanke Cocospalmen und viele Plantagen von Gewürznelken. Meist hart an der Küste, öfter aber auch auf dem Gipfel der Hügel, sieht man die ansehnlichen Gebäude der Landgüter (Schambas), vielfach dem Sultan gehörig. Manche sind alte arabische, vielleicht selbst portugiesische Häuser mit starken, gelbrothen Mauern, die oft auch den Haremgarten dicht umschlossen halten. Andere nähern sich europäischem Stile, die meisten jedoch sind in jener praktischen, luftigen Weise mit weiten Veranden erbaut, die aus den indischen Tropen herstammt. Der Geschmack der Besitzer dieser Landgüter trägt oft sonderbare Blüten. So kann man durch das Fernrohr erblicken, dass an jedem Pfeiler der Veranda eines der hübschen Bungalows eine Hänguhr angebracht ist, so dass das Haus von einem Kranze von Hänguhren umgeben ist. Wenigstens braucht der Eigenthümer dieser Villa nie darüber im Zweifel zu sein, wie viel es bei ihm geschlagen hat. An den Vorsprüngen ragen die schlanken, weissen Säulen der Leuchtthürme empor, deren Wärter bei unserer Annäherung eilig die Signalflaggen hissten, um die Ankunft der Post nach Sansibar zu melden. Am Ufer schaukelten zahlreiche Fischercanoes mit Ausliegern, und viele arabische Dhaus mit malerisch geschwungenem Dreiecksegel und blutrothem Wimpel durchfurchten schäumend die blaue Fläche des Sansibar-Canals.

Wir kommen an einer Boje und einigen kleinen Inseln vorbei und nach und nach taucht die Stadt Sansibar aus dem Dunst der

Ferne. Erst erblickt man den hohen Leuchtthurm mit der blutrothen einfachen Flagge von Omân und Sansibar, dann die europäischen Dampfer und die zahlreichen arabischen Segler im Hafen, später werden die Umrisse des ansehnlichen, luftigen Sultanspalastes und das massige alte Fort sichtbar und bald liegt die Stadt mit ihren zahllosen flachen Dächern in der Umrahmung üppiger Vegetation vor uns. Zwar ist das Bild landschaftlich nicht so schön wie der Anblick von Mombas, doch macht die Stadt Sansibar einen sehr stattlichen und bedeutenden Eindruck.

Kaum war der Anker gefallen, so erschienen auch mehrere deutsche Herren, Vertreter des Consulates, der Handelshäuser und der verschiedenen Gesellschaften, um Dr. Meyer, der in Sansibar viele Freunde besass, zu begrüssen. Im Boote gings an Land, dem Zollhause zu. Dort herrscht ein unglaublicher Wirrwarr; in dürftigen, theilweise ungedeckten Buden liegen ganze Berge von Kisten, Ballen und Säcken, zwischen welchen tobende, in Schweiss gebadete Neger herumhantieren. Dem Ausgange zu bewegen sich zahlreiche Hammali (Lastträger), die zu den Strassentypen Sansibars gehören. Meist sind es Uniamwesi-Sklaven mit untersetztem Körperbau und prachtvoller Muskelentwickelung, die an gebogenen Stangen ganz unglaubliche Lasten im kurzen Trab befördern. Sie pflegen dabei zu singen, sind immer guter Dinge und fordern Jedermann durch ein keuchend ausgestossenes „Simile!" zum Ausweichen auf. Zuletzt gelangt man zu den indischen Zollbeamten, die mit behäbiger Ruhe das allgemeine Chaos überblicken. Der Fremde wird gewöhnlich nicht viel belästigt und wir konnten bald auf die Strasse treten, die sich vor dem Sultanspalaste dahinzieht und nach dem Hauptplatze der Stadt führt. Letzterer ist vom alten dreistöckigen Palaste des Sultans, vom Harem und Zollgebäude eingeschlossen und gegen die See zu offen.

Dr. Meyer wohnte im Hause eines liebenswürdigen deutschen Consulatsbeamten, das im Centrum der Stadt, in einer engen, schattigen Strasse gelegen ist. Ich begab mich vorerst ins „Grand Hôtel Afrique Centrale", ein altes, kühles, arabisches Gebäude am Strande, wo man recht gut aufgehoben war.

Die Stadt Sansibar bedeckt eine Halbinsel, die einerseits vom Meer, andererseits von einer Lagune begrenzt wird, welche

2*

bei Ebbe fast völlig austrocknet. An der Stelle, wo die Lagune mit der See in Verbindung steht, wird sie von einer steinernen Brücke übersetzt, welche die Vorstadt Malindi mit dem reizenden Negerviertel Ngambo verbindet. Die eigentliche Stadt hat ein durchaus orientalisches Gepräge, ein europäisches Viertel existirt nicht und auch die Weissen wohnen in arabischen Häusern. Am ehesten kann noch der grosse, vierstöckige Palast des Sultans mit seinen breiten Veranden an europäisch-tropische Gebäude erinnern. Besonders bei Mondschein oder wenn das elektrische Licht des Leuchtthurms ihn bestrahlt, macht der blendend weisse Palast mit seinen arabeskenverzierten Gesimsen einen sehr schönen Eindruck, so dass es ganz begreiflich wird, wenn die Eingeborenen ihn als wahren Feenpalast betrachten. Die Strassen sind meist eng und gewunden, wodurch die Orientirung erschwert und besonders in Bazarvierteln den Geruchsnerven viel zugemuthet wird. Allerdings wird dabei durch Schatten die Hitze vermindert. Mit der Strassenreinigung sieht es schlecht aus und die Strassenbeleuchtung liegt völlig im Argen. Von architektonisch schönen Bauten sieht man leider nur wenige in Sansibar und die wenigen sind meist Ruinen, zwischen welchen die Vegetation wuchert. Auch die zahlreichen Moscheen sind einfach und schmucklos, der Boden mit gelben Matten bedeckt. Dennoch gewährt es viel Vergnügen, in den Strassen Sansibars zu wandeln, da das Volksleben unerschöpfliches Interesse gewährt.

Die gewöhnlichsten Typen sind auch hier die dunkelfarbigen Suahili, unter welchen man oft wirklich anziehende und hübsche Gesichter sieht. Sie tragen meist die weisse, zierlich ausgenähte Mütze am kahlrasierten Schädel, ein weisses Hemd und einen eben solchen Lendenschurz, der unten schön orangegelb gesäumt ist. Ich fand unter diesen Leuten bald viele Bekannte, die früher auf den Stationen des Congostaates gedient und mich dort gesehen hatten. Freilich waren die Sansibaris, die ich am Congo als halbnackte, unermüdliche Arbeiter in der Wildniss kennen gelernt, in diesen stäbchenschwingenden Dandies kaum wieder zu erkennen, doch liess ihre Kenntniss der Congosprachen oder gar des entsetzlichen westafrikanischen Neger-Englisch keinen Zweifel über ihre Identität aufkommen.

Suahili-Weiber sind auf den Strassen auffallend zahlreich und stets unverschleiert zu sehen. Sie sind sehr häufig wohlgebaut, besitzen zwar selten den feinen Gesichtsschnitt der Abessinierin, aber um so öfter einen freundlichen, munteren Ausdruck, den selbst ein strenger Kritiker als „hübsch" bezeichnen müsste. Da sie auch meist zierliche Extremitäten und eine sammtweiche, angenehm braune Haut haben, so ist man in Ostafrika so ziemlich darüber einig, dass die Sansibar-Mädchen ihren guten Ruf verdienen. Allerdings bezieht sich letzterer nur auf das Aeussere, denn die Moralität dieser Damen ist eine nach unseren Begriffen unerhört schlechte, eigentlich gar keine. Doch sind sie freundlich und stets guter Laune, auch ziemlich willig und arbeitsam. Ihre Kleidung besteht meist aus rothem Zeuge, welches abenteuerlich mit Elephanten, Schirmen, Helmen oder anderen weissen Mustern verziert ist. Ein solches Zeug pflegen sie unterhalb der Schultern festzuknüpfen und werfen manchmal noch einen Ueberwurf um die Achseln. Um das Gesicht schlingen sie Strähne blauer Baumwolle, die am Scheitel durch eine silberne Schnalle zusammengehalten werden. Von dieser hängt ein dreieckiges schwarzes Tuch zopfähnlich über den Rücken herab. Sie färben die Fingernägel häufig mit Hennah gelb, tragen hübsche Armbänder von Glasperlen und hohlen silbernen Nüssen (Timbi), Halsbänder von Glasperlen und dicke silberne Fussringe. Die Unsitte, sich die Nasenflügel zu durchbohren und einen Ring durchzuziehen, beginnt leider aus Indien Verbreitung zu finden. Auch die Kunst, sich unter den Augen blau zu bemalen, ist den braunen Schönen Ungudjas bereits sehr bekannt, wodurch sie denselben „schwärmerischen" Ausdruck bekommen, wie die europäischen Modedamen. Besonders hübsch sehen die Gruppen von Weibern aus, welche um die zahlreichen Brunnen der Stadt versammelt sind, wo sie ihre Krüge füllen und singend in malerischen Stellungen den Kübel aus der Tiefe hissen. Da sie dabei stets Scherz und allerlei Schabernack treiben, so geschieht es nicht gar selten, dass eine in den Brunnen fällt, was grosse Aufregung und Entsetzen verursacht, bis die Verunglückte meist ganz unversehrt unter allgemeiner Begeisterung wieder ans Tageslicht befördert wird.

Einen traurigen Eindruck könnten die zahlreichen Sträflinge machen, meist schmutzige, verrissene Gesellen, die durch Halseisen und Ketten miteinander verbunden sind, doch sind auch diese stets heiter und scheinen sich recht wohl zu befinden. Sie ziehen unter Aufsicht eines Arabers in den Strassen umher und verrichten verschiedene Arbeiten.

Die vornehmen Araber, deren man ziemlich viele sieht, bewegen sich mit Stolz und Würde durch die Menge. Weniger imposant sehen die armen Maskater oder Hadramauter aus, doch sieht man gerade unter diesen schön geschnittene, energische Gesichter. Sehr zahlreich sind in Sansibar die Indier, die man als elende Krämer in den Bazars und als Millionäre in Equipagen dahinrollend sehen kann, und die fast den ganzen Handel und den Gewerbestand an sich gerissen haben. Sie machen einen wenig sympathischen, schlaffen Eindruck, der auch für ihre Weiber bezeichnend ist, obwohl man unter diesen sehr lichtfarbige und auffallend zierliche Gestalten erblickt. Dies gilt nur von den Mohammedanern und Kuhanbetern, die Parsis (Feueranbeter) und die christlichen Goanesen sind in ihrem Aeusseren von Europäern kaum zu unterscheiden. Die Goanesen sind als Handwerker, Wäscher und Kaufleute „für Alles" den Europäern sehr nützlich.

Eunuchen sieht man selten und die arabischen Damen, die Abends verschleiert ausgehen, werden nicht von solchen begleitet. In Sansibar wird sehr viel zu Fuss gegangen. Nur selten sieht man ein Pferd, einen schönen Maskat-Esel, der oft mit Hennah roth bemalt wird, oder einen kleinen, ausdauernden Uniamwesi-Esel. Die wenigen Kameele des Sultans scheinen mehr aus Pietät für die arabische Heimat, denn des Nutzens halber gehalten zu werden. Equipagen und einen grösseren Marstall besitzen nur der Sultan und einige reichere Indier. Ersteren kann man öfters, umgeben von seiner rasselnden Leibgarde-Cavallerie, spazieren fahren sehen. Sein Factotum Pira Dautschi, ein Indier, der zugleich Kammerdiener und Admiral ist, pflegt dabei am Bock zu sitzen.

Der Sultan Seïd Khalifah, ein hochgewachsener, auffallend dunkelfarbiger Mann, kam sich damals noch recht neu und ungemüthlich auf dem Throne seiner Väter vor. Es kann dies nicht Wunder nehmen, denn sein Bruder und Vorgänger Seïd Bargasch hatte ihn längere Zeit in der Feste gefangen gehalten und dann auf ein Landgut verbannt, um ihm etwaige Aufstandsgelüste zu vertreiben.

Nach dem plötzlich erfolgten Tode Seïd Bargasch's sah er sich unvermittelt aus einer gänzlich unbedeutenden Stellung zum Sultan von Sansibar, zum Besitzer vieler Millionen erhoben. Man fürchtete bei dem Thronwechsel grössere Volksaufläufe, und es wäre auch zu solchen gekommen, wenn der Commandant der regulären Truppen, General Matthews, nicht mit grosser Umsicht und Energie vorgegangen wäre. Ueberhaupt sind diese Regulären, fast durchaus schwarze Suahili, eine wirklich ganz annehmbare Truppe und entschieden die Elite der Armee Sansibars. Sie bestehen aus sechs Compagnien Infanterie und sind in einer Kaserne im Westen der Stadt bequartiert. Ihr Hauptdienst ist die Ausübung einer Polizeiwache in der Stadt, und ihnen ist es zu verdanken, dass die persönliche Sicherheit in Sansibar mindestens eben so gross ist wie in europäischen Städten. Ein Weisser, der von einem Schwarzen bestohlen oder sonst irgendwie beschädigt wird, braucht nur den nächsten Schutzmann anzurufen, und das betreffende Individuum wird auf unbestimmte Zeit eingesperrt, ohne dass von Gerichtsverhandlung oder Zeugenverhör die Rede wäre.   .

Die Uniform der Soldaten ist weiss, sie tragen Mützen im Stile der englischen Cavallerie, einzelne auch Stiefel. Ihre Bewaffnung besteht aus einem Snyder-Gewehr und einem Säbel. In Bezug auf Paradeausbildung darf man an diese Soldaten natürlich nicht entfernt europäischen Massstab anlegen, und mancher deutsche Marine-Unterofficier sah wohl schaudernd, wie ein Suahili-Infanterist sich beim Präsentiren vor dem Sultan mit einer Hand hinter dem Ohr kratzte u. dgl. Doch werden Aufmärsche immerhin ganz gut ausgeführt und auch der Schritt ist ziemlich taktfest. Dazu trägt freilich eine Musikbande bei, welche mit Pfeifen, Trommeln und Tschinellen den Suahili-Soldaten voranzieht. Neben diesen Kerntruppen, die sich auch im Felde, zum Beispiel gegen den aufständischen Araber Mbaruk gut hielten, besitzt der Sultan noch eine Leibgarde von Beludschen, welche täglich die Palastwache beziehen. Sie tragen graue Anzüge und

schwarze Kappen und erinnern mit ihrem glänzend schwarzen
Haar an jene Slovaken, die sich als Hausirer und Kesselflicker
in Wien herumtreiben. Sie bestehen aus drei Compagnien Infanterie und etwa zwanzig Cavalleristen und machen einen recht un-
militärischen Eindruck, sollen aber dem Sultan treu ergeben sein.
In das Departement der Leibgarde gehört wohl auch eine Sammlung alter Feuerrohre aller Systeme, die in einem Schuppen am
Strande untergebracht ist. Ein dritter, nicht unwichtiger Be-
standtheil der Armee sind die Viroboto (Flöhe), so genannt
wegen der hüpfenden Tänze, die sie auszuführen pflegen. Es
sind Irreguläre, meist aus Südarabien, die sich selbst bekleiden
und bewaffnen müssen. Sie thun den Polizeidienst in der Umgebung des Palastes und dürften auch im Ernstfalle in Betracht
kommen.

Etwas sehr Gewöhnliches sind in Sansibar Ausrückungen
der ganzen Armee, welche Freitags, sowie an anderen arabischen
Festtagen Vormittags, beim Neumond jedoch gegen Abend stattfinden. Voran zieht dann die erste Musikcapelle, bestehend aus
bärtigen Goanesen mit Korkhelmen, die mit mächtigem Lärm, aus
dem eine Marschmelodie kaum zu entnehmen ist, heranrasseln. Sie
sind dicht umdrängt von zahlreichen Faullenzern und Tagdieben,
deren es in Sansibar genug giebt, und für welche die goanesische
Capelle die Stelle der Wiener Burgmusik einnimmt. Das ver-
schlissene, aber rein gewaschene Hemd hoch aufgeschürzt, dass
die schwarzen Beine sichtbar werden, die Kappe kühn aufs Ohr
gerückt, so marschiren sie mit demselben taktfesten Schritt
neben der „Banda" einher, der ihre Collegen am Wiener Pflaster
in so hohem Grade auszeichnet. Dahinter folgen Beludschen und
Suahili-Soldaten mit noch zwei Musikbanden. Sie nehmen am
Hauptplatze Stellung, der von einer Corona farbiger Zuschauer
umgeben ist, unter welchen die schwarzen Kindermädchen eine
grosse Rolle spielen. Dann stimmt die Musik die Nationalhymne
an, man präsentirt, so gut es gehen will, und der Sultan zeigt
sich seinem Heere von der Veranda. Hierauf rücken die regulären Truppen ein und die Viroboto tanzen in kleinen, eng-
geschlossenen Gruppen auf den Platz. Sie sind phantastisch
gekleidet, pflegen ihre Schwerter zu schwingen und wilde,

arabische Schlachtenlieder zu singen. Vor dem Palast angelangt, knallen sie einzeln ihre Gewehre los.

Neben diesem grösseren militärischen Schauspiel giebt es in Sansibar noch täglich eine kleine Platzmusik, die bei Sonnenuntergang stattfindet. Dann spielt die Musik die Nationalhymne, ein Schuss wird abgefeuert und einige wilde Thiere: Löwen, Leoparden und Tiger, die in kleinen Käfigen am Strande gehalten werden, erheben ein furchtbares Geheul.

Schamba auf Sansibar.

Der gewöhnliche Spaziergang der Europäer ist der nach der Mnasimoja, auf breiter Strasse beim Westende der Stadt hinaus und zu jenen Palmen und Mango-Gruppen, in welche der Deutsche Club reizend eingelagert ist. Leider ist derselbe zwar sehr schön eingerichtet, aber besonders Nachts durch die umliegenden Sümpfe ungesund, so dass man vor Sonnenuntergang wieder nach der Stadt eilen muss. Im Juli und August bereitete die herrliche Zartrosa-Beleuchtung des Abendhimmels, die prachtvollen Formen

der Cocospalmen und der dunklen, reichbelaubten Mangos einen
so entzückenden Anblick, dass der Landschafter Günter in
förmliche Begeisterung gerieth.

Auf die Dauer wird die Mnasimoja und der Deutsche Club
aber doch langweilig und ich zog es vor, mit Herrn Günter oder
Dr. Reinhart, dem arabischen Consulats-Dolmetsch, das reizende
Negerviertel Ngambo zu durchstreifen. Diese Vorstadt mit den röthlichen Lehmhütten und kleinen Vordächern, die in prächtiger Vegetation eingelagert ist, mit ihren indischen Bazars, wo es zwar
nach Fischen riecht, aber ein buntes, farbenprächtiges Leben wogt,
mit ihren vielen eigenartigen Typen gehört entschieden zu den
schönsten Theilen Sansibars. Hier entfaltet sich die natürliche
Heiterkeit der Suahili am schönsten. Die schattigen Alleen durchziehen scherzende Gruppen brauner Wasserträgerinnen, aus den
Hütten rufen reizende Kinder mit blitzenden Augen und komisch
bemalten Gesichtern uns ihr übermüthiges „Jambo" zu und wo
die Trommel klingt, da ist bald eine Schaar von Tänzern versammelt. In trippelnden, aber nicht unschönen Sprüngen bewegen
sie sich im Kreise und singen dazu jene wohlklingenden, ein-
förmigen Lieder mit schwermüthigem Tonfall, die durch den
weichen Klang der Suahili-Sprache einen eigenartigen Reiz
bekommen. Ich konnte stundenlang diesen melodischen Gesängen
lauschen, dies muntere, bewegte Bild betrachten, und die Stunden,
die ich in Ngambo verbrachte, sind die schönsten meines Aufenthaltes in Sansibar.

Einen anderen hübschen Spaziergang unternahm ich mit dem
Hamburger Zoologen Dr. Stuhlmann, der bei Hansing sein Labora-
torium aufgeschlagen hatte und mit Eifer das unerschöpfliche
Feld mikroskopischer Forschung bebaute. Wir gingen am Westende der Stadt hinaus und über jenen schmalen Landstreifen, der
sich zwischen dem Ende der Lagune und der offenen See ausdehnt.
Man durchzieht anfangs einen arabischen Friedhof, dessen un-
scheinbare Grabmoschee durch eine auffallend schöne Palmengruppe
gehoben wird, und gelangt dann auf ein wüstes, buschbedecktes
Land, wo bisher die Europäer beerdigt wurden. Dann führt der
Weg längs des Strandes, wo bald ein grauer, mit Seebildungen
überzogener Sandstein zu Tage tritt, der zu Riesentöpfen und

Zacken verwaschen ist. Später fällt die Uferrampe, auf deren Höhe das schöne weisse Gebäude der englischen Mission liegt, steil zum Strande ab und an demselben weiterschreitend erreicht man eine Stelle, wo der Abfall durch eine kesselförmige Vertiefung unterbrochen wird. Man gelangt nach derselben nur durch eine enge Schlucht und erblickt gardinenförmige, gezackte Rippen, welche sich von der Höhe herabziehen. Sie sind in steile, spitze Kegel gegliedert und durch tiefe Furchen getrennt, so dass man ein wüstes Gebirge im Kleinen vor sich zu sehen glaubt. Die Grate, welche offenbar der Erosion ihre Entstehung danken, bestehen äusserlich aus hartem Sande, besitzen jedoch einen Lateritkern. Wir erkletterten die Höhe der Rampe und zogen durch Maniokfelder und Gärten nach der Mnasimoja und heimwärts.

Im Uebrigen kam ich in Sansibar nicht viel zu Spaziergängen, da unsere Zeit durch das Packen und Anwerben der Mannschaften sehr in Anspruch genommen war. Dr. Meyer hatte ein grosses arabisches Haus gemiethet, in welches ich übersiedelte und mich afrikanisch, aber wohnlich einrichtete. Besonders angenehm war ein Aussichtsthurm, auf dem ich Morgens nach dem üblichen kalten Bade mein Frühstück einnahm und den prächtigen Fernblick über die Stadt mit ihrer üppig grünen Umgebung, auf den Hafen und das blaue Meer genoss. Gar oft waren bei schönem Wetter auch die fernen Hügelketten des Festlandes sichtbar. In dieses Haus hatten wir unsere Tausch- und Ausrüstungs-Gegenstände gebracht und begannen eifrig, sie in Lasten von 65 bis 70 englische Pfund für die Inlandreise zu verpacken. Die persönlichen Diener und Köche waren bald gefunden und nach den Zeugnissen und dem allgemeinen Eindruck der Person angeworben worden. Weit schwieriger war es, die Askari (Soldaten), deren wir etwa 30, und die Pagasi (Träger), deren wir 150 benöthigten, anzuwerben. Wir mussten uns wegen dieser in Verhandlung mit dem reichen Indier Sewah Hadschi (in Sansibar „Soah" genannt) setzen, der die Vermittlung bei Träger-anwerbungen geschäftsmässig betreibt und kaum zu umgehen ist, weil er die Suahili-Leute durch Wucher fast alle in seine Hand gebracht hat. Die Verhandlungen fanden im deutschen Consulate statt, dessen Suahili-Dragoman als Dolmetsch diente. Es war wirklich interessant, den dicken Indier mit goldgesticktem Turban, schwarzem Bart und stechenden, schwarzen Augen zu beobachten, wie er scheinbar unaufmerksam und gelangweilt den Worten des Dragomans zuhörte, dabei aber fortwährend Einwände und Vorschläge machte, die von erstaunlicher Verschlagenheit zeugten. Nach mehreren Tagen brachten wir ihn so weit, dass er den im Anhange abgedruckten Vertrag mit Dr. Hans Meyer abschloss und sich mit einer Bezahlung von 7 Dollars per Mann und Monat zufriedenstellte. Die Punkte des Vertrages schienen allerdings sehr bindend für ihn und die Mannschaften, hatten jedoch, wie sich später zeigte, praktisch gar keine Wirkung.

Neben unseren Arbeiten pflegten wir auch den Verkehr mit der deutschen Colonie, dem Generalconsulat, den Handelshäusern und den Vertretern der Ostafrikanischen Gesellschaft, deren Leitung eben Consul Vohsen ergriffen hatte. Das deutsche Element war damals in Sansibar obenan, die Escadre lag im Hafen und in stolzer Zuversicht hoffte man das beste von der Ausführung des Zollvertrages, der mit dem Sultan abgeschlossen worden war. Derselbe räumte der Ostafrikanischen Gesellschaft nicht nur das Zollrecht, sondern die Ausübung aller souveränen Rechte im Küstengebiete im Namen des Sultans ein und sollte binnen Kurzem in Kraft treten.

Am 4. August unterbrach ich meinen Aufenthalt in Sansibar durch einen Ausflug nach Bagamoio. Ich unternahm denselben hauptsächlich, um diesen in der Geschichte der Afrika-Forschung so berühmten Ort kennen zu lernen, verfolgte dabei jedoch die prosaische Nebenabsicht, Uniamwesi-Esel für unsere Expedition anzukaufen. Ich nahm zu diesem Zwecke nicht nur meinen Privatjungen Tschansi mit, sondern auch den Muiniampara*) Muinikambi, einen alten Bekannten von Leopoldville am Congo, und sechs Mann. Die Abfahrt sollte Früh stattfinden, doch wunderte sich Niemand, dass wir erst um 1 Uhr Nachmittags dazu kamen, die arabische Dhau zu besteigen, welche nach Bagamoio bestimmt war. Wir betraten ein ziemlich elendes Fahrzeug, welches einem Hindu gehört, die englische Flagge führt und von

---

Muiniampara = Oberaufseher.

einem schwarzen Capitän befehligt wird. Unter lautem Gesang
wurde von Matrosen und sämmtlichen Passagieren das Segel
gehisst, der Schiffer ergriff den Steuerbalken und wir fuhren ab.
Unter der Gesellschaft an Bord fielen besonders ein paar hochgewachsene Neger-„Fürsten" aus dem Hinterlande von Bagamoio
auf, die braune Burnusse und hohe bunte Mützen trugen. Ihre
Sklaven, die sehr urwüchsig aussahen, kauerten am Bug und trom-
melten und pfiffen unaufhörlich, um den guten Wind herbeizu-
rufen. Weniger angenehm war die Lage einiger Weiber, die auf
den Waarenbündeln im Raume sitzen mussten und nur manchmal
unter dem Blätterdach hervorlugten.

Die waldigen Ufer der Insel und das Häusermeer der
Stadt verschwand immer mehr, während die Küstenhügel des
Festlandes deutlicher sichtbar wurden. Unter Trommeln, Flintenschüssen und lautem Jubel passirten einige Dhaus an uns vorbei,
und die Stimmung an Bord war eine sehr gehobene, als leider
ein widriger Wind einsprang und den Schiffer zum Kreuzen
zwang. Ein alter Soldat Tippo Tip's, der behauptete, mich vom
oberen Congo her zu kennen, beschwor zwar den Wind auf
Kinyema und Kiniamwesi, die „Fürstendiener" aus dem Hinterland pfiffen sich die Lunge aus, um die gute Brise heranzulocken,
doch dies Alles nützte nichts, wir mussten in der Dunkelheit Segel reffen und vor Anker übernachten. Die Nacht auf
einer Matte war gerade nicht angenehm, doch bekamen wir gegen
Morgen leichten Wind und steuerten langsam auf das niedrige
Ufer zu, aus dessen Buschmassen einzelne Dumpalmen hervorragen. Gegen Mittag erst erhob sich eine kräftige Brise und
bald lagen wir vor dem Steilufer, das sich im Norden von Bagamoio erhebt. Trotz der regnerischen Witterung machte das
Städtchen mit seinen Palmen und Negerhütten, aus welchen sich
einzelne weisse Häuser erheben, einen angenehmen Eindruck. Wir
landeten und ich begab mich nach dem Hause Sewah Hadschi's,
welches im Centrum der Stadt gelegen ist und von einem recht
unverschämten Hindu verwaltet wird, der mir widerwillig ein
Zimmer anwies. Dasselbe war sehr schmutzig, zeigte jedoch in
verrissenen Prunkmöbeln, halb zerbrochenen geschnitzten Tischen
und staubbedeckten Glasvasen „Spuren früheren Wohlstandes".

Auch später benahm sich dieser Indier so unfreundlich und niedrig misstrauisch, dass ich wieder einmal zur Ueberzeugung kam, die arischen Racenbrüder in Ostafrika seien doch vielfach ein recht elendes, schmutziges Gesindel, was man von den Semiten dieser Striche, den Arabern, keineswegs sagen kann.

Die Stadt Bagamoio ist zwar recht ausgedehnt, gleicht jedoch einem grossen Dorfe und trägt viel weniger städtischen Charakter als Mombas. Die meisten Häuser sind Lehmhütten mit Blätterdächern, nur im Süden erhebt sich aus einem Palmenhain das massive Haus des Vali, welches in den späteren Kämpfen einige Berühmtheit erlangte. Im Uebrigen sind nur einzelne Häuser vermögender Araber und Indier, sowie die ziemlich zahlreichen ärmlichen Bethäuser aus Stein gebaut.

Die Bevölkerung trägt ungefähr denselben Charakter wie in Sansibar, nur herrscht das Negerelement stärker vor und erhält durch die Anwesenheit zahlreicher Waniamwesi-Leute und andere Inlandstämme mehr Ursprünglichkeit. Diese Leute kommen als Karawanenträger aus dem Innern und wohnen theils in offenen Häusern, theils lagern sie in primitiven Zelten auf den Plätzen und Strassen der Stadt. Sie sind mit dem Lendenschurz bekleidet, nur einzelne Anführer tragen feuerrothe Mäntel. Sie flechten ihr Haar in verschiedener Weise, pflegen sich durch dicke Narbenwülste zu verunstalten, zieren sich mit Muscheln und Glasperlen und sind sehr schmutzig. Sie erinnerten mich an die Bakongo-Träger an den Livingstone-Fällen, nur kennen diese erst Steinschlossgewehre, während die Waniamwesi bereits allgemein Kapselflinten führen. Sie tragen Lasten bis zu 90 Pfund, die sie an drei Stöcke zu binden pflegen. Den Kupfer- und Messingdraht vertheilen sie in zwei Bündel, die an die Enden einer Stange gebunden werden. Ihren Tabak nähen sie in lange, wurstförmige Bastsäcke und verkaufen ihn vielfach. Dem Geschmacke dieser Leute entsprechend sieht man in den zahlreichen indischen Buden Bagamoios viel Glasperlen, Messingdraht und andere von Centralafrikanern begehrte Gegenstände. Ueberall sind auch, ähnlich wie in Sansibar, kleine Garküchen errichtet, denen die unmöglichsten Fischgerüche entsteigen. Weit mehr erfreut der Anblick zahlreichen, schönen Buckelrindviehs, dem Bagamoios Reichthum an guter Milch zu danken ist.

Die grösste und nahezu einzige Sehenswürdigkeit Bagamoios ist die katholische Mission der „Congrégation du Saint Esprit". Für mich bot dieselbe ganz besonderes Interesse, da ich die Missionen derselben Gesellschaft in Westafrika, Gabun, Landana, Boma und Linzolo kennen und als wahre Musteranstalten schätzen gelernt hatte. Nachdem man die letzten Hütten der Stadt hinter sich gelassen, tritt man in eine prachtvolle Cocospflanzung, welche bereits zur Mission gehört. Ueberall sieht man hübsche Wege, die mit Ananas eingefasst sind, und unter den vertrauten Formen der Cocospalmen erblickt man vereinzelt fremdartige amerikanische Palmenarten. Nach etwa 20 Minuten erreicht man das Eisengitter, welches die Missionsgebäude und den Garten einzäunt. Vor dem Eingange steht eine Christusstatue aus Bronze, welche die Eingeborenen „Kambi Mbaia" nennen, weil sie nach ihrer Ansicht einem Manne dieses Namens ähnlich sieht. In einer Statue des heiligen Joseph, die im Garten aufgestellt ist, glauben sie einen Negerhäuptling aus Unianiembe zu erkennen und bezeichnen sie daher als „Sultani Unianiembe". Es war Sonntag und der wohlklingende Gesang der Missionskinder tönte aus der Kirche, so dass der alte Thürhüter, ein Türke aus Mesopotamien, meinte, ich thäte besser, erst morgen wiederzukommen, da heute Ruhetag sei. Dennoch konnte ich nach der Messe die freundlichen Patres und Laienbrüder begrüssen und wurde zu ihrem einfachen aber trefflichen Frühstück eingeladen. Die Missionäre sind fast sämmtlich aus Elsass-Lothringen und sprechen fast alle deutsch.

Das eigentliche Getriebe der Mission lernte ich allerdings erst am nächsten Tage kennen, wo Alles in voller Thätigkeit war. Da sieht man freilich keine feinen, zierlichen Boys, wie in den englischen Missionen; die Jungen in Bagamoio sehen an Wochentagen recht verrissen und schmutzig aus, müssen aber auch von Früh bis Abends tüchtig arbeiten, und Criquet spielende Faullenzer sind hier gänzlich unbekannt. Was mit solchen Kräften unter tüchtiger, verständiger Leitung geleistet werden kann, das bezeugt die ganze, grosse Missionsanstalt. Sehr interessant und lehrreich ist der Garten, welcher künstlich bewässert

wird, und wo nicht nur alle Culturgewächse des tropischen
Ostafrikas gedeihen, sondern auch manche europäische, und wo
selbst mit Producten ferner Tropenländer, wie Cacao und Vanille,
gelungene Versuche gemacht werden. Der Friedhof, der unter
Cocospalmen hinter dem Garten liegt, beweist, dass die Mission
schon viele Verluste erlitten hat. Für die Unterkunft der Jungen
sind lange, ebenerdige Häuser errichtet worden, in welchen sie
auf Holzpritschen schlafen; Matten sind aus Reinlichkeitsgründen
verpönt. Die Jungen sprechen unter sich Suahili und werden
auch in dieser Sprache unterrichtet, während in den westafrikanischen Missionen der französische Unterricht strenge durch-
geführt wird. Die Patres meinten, dass es ihnen, falls dies von
der deutschen Regierung verlangt werden sollte, keineswegs schwer
fallen würde, ihre Mission in eine deutsche zu verwandeln. Sie
würden dann eben nur die vorgeschritteneren Jungen statt im
Französischen, im Deutschen unterrichten, was umsoweniger Schwierigkeiten hätte, als die Nationalität der meisten Patres ohnehin
deutsch ist. Unter liebenswürdiger Führung des Priors Père Etienne
besah ich dann auch den Viehpark, wo Rindvieh, Esel und zwei
Strausse um ein paar prächtige Bambussträucher grasen, die
Schmiede und Tischlerei, wo mit Eifer und Geschick gearbeitet
wird, und zuletzt das Kirchlein. Letzteres ist zwar nicht sehr
grossartig, aber dadurch bemerkenswerth, dass es ausschliesslich
aus dem Erlös von Insectensammlungen erbaut ist. Aehnlich wie
bei den Patres sieht es bei den Schulschwestern aus, bei welchen
die Mädchen erzogen werden.

Zwar schien es mir, als ob die Ordnung und besonders die
Reinlichkeit in der älteren Mission von Landana (Westafrika)
noch grösser seien, doch bekam ich im hohen Grade den Eindruck, dass hier etwas geleistet werde. Von der vielfach auf
äusseren Schein berechneten Humanitätstünche der englischen
Mission war nichts zu bemerken, die Jungen werden strenge zur
Arbeit angehalten und zu tüchtigen oder wenigstens arbeitsamen
Menschen herangebildet. Das System ist dasselbe wie in Westafrika. Die Kinder werden als Sklaven von den Eingeborenen
angekauft, oder besser gesagt losgekauft, und in der Mission
erzogen. Hierauf werden sie unter einander verheiratet und in

der Umgebung der Mission in christlichen Dörfern angesiedelt. Aus diesen wieder werden Colonisten als Kern für christliche Gemeinden der Zweigmissionen in Nguru und Usagara entnommen.

Abgesehen von dem reinen Bekehrungserfolg, der im Verhältniss zur Masse der Bevölkerung natürlich noch kein bedeutender sein kann, ist der moralische Einfluss gar nicht hoch genug zu schätzen, den ähnliche Missionen auf die Eingeborenen ausüben. Die neuen und zweckmässigen Methoden des Feld- und Gartenbaues, der Handwerke und Fertigkeiten, welche sie pflegen, die Erfolge, welche sie damit erzielen, die ärztliche Hilfe, welche sie bereitwillig jedem Neger gewähren, dies alles wirkt auf die Schwarzen viel stärker und nachhaltiger, als jahrelanges Predigen und Ermahnen. Welch hohe Achtung die Mission in Bagamoio geniesst, zeigte sich am deutlichsten beim jetzigen Aufstande, wo die arabischen und schwarzen Insurgenten während der wüthendsten Kämpfe um Bagamoio die nahezu wehrlose Mission völlig ungestört liessen und ihren Boden nur als letzte Zuflucht benützten.

Nachdem ich derart Bagamoio kennen gelernt und sechs nette Eselein gekauft hatte, die unsere Leute nach Pangani schaffen sollten, fuhr ich am Morgen des 7. August zeitlich früh wieder ab. Das Wetter war herrlich, die junge Sonne bestrahlte das reizend im Grünen gelegene Bagamoio, während unsere stark besetzte Dhau rasch vor dem Winde dahinflog. Leider liess letzterer bald nach und wir lagen mehrere Stunden mit völlig schlappem Segel in der Sansibarstrasse. Dieselbe ist manchmal so seicht, dass man den weissen, sandigen Grund mit einzelnen grünen Algenparcellen wahrnimmt. Doch scheint man darüber hinwegzufliegen, so stark ist die Strömung im Canal. Die Schwarzen an Bord richteten sich bereits ganz häuslich ein und begannen mit Erfolg zu fischen, als sich endlich eine Brise erhob und uns rasch dem grünen, leichtgewellten Sansibar zutrug. Um 4 Uhr Nachmittags langten wir im Hafen an.

Die Tage in Sansibar vergingen in gewohnter Thätigkeit mit fast täglichen Spaziergängen nach Ngambo. Eine traurige Abwechslung brachte der Tod eines österreichischen Landsmannes, des Herrn Spielmann, der plötzlich einem Leberleiden erlegen war

und nun als erster am neuen deutschen Friedhof in den verhängnissvollen „rothen Boden" Afrikas gesenkt wurde. Der
Verstorbene, der sich als Agent in Sansibar sehr nützlich gemacht
hatte, hinterliess sein Vermögen dem deutschen Spital.

Gegen Mitte August bekam ich das Fieber, welches sich
nach jedem Ausfluge ans Festland pünktlich einzustellen pflegt.
Ich übersiedelte ins deutsche Spital, das sehr schön gelegen und
wohnlich eingerichtet ist und in welchem ich mich dank der Pflege
der gütigen Leiterin bald erholte. Zufällig war eben gar kein
schwer Kranker im Hause und das Hospital wurde für uns ein
recht fideles Gefängniss.

Am 18. August begann das mohammedanische Neujahrsfest,
der Sikuku. Schon in der Nacht badeten alle Schwarzen in der
See und durchzogen singend die Strassen. Eine Schaar Weiber
stellte sich vors Hospital und machte einen solchen Höllenlärm,
dass wir ihnen einige Kübel Wasser über die Köpfe gossen,
worauf sie lachend und kreischend auseinanderfuhren.

Ich zog wieder in meine Wohnung zurück und hatte Gelegenheit, das bunte Feiertagstreiben der nächsten Tage zu beobachten. Alle Consulate waren beflaggt, die Kriegsschiffe und
Sultansdampfer prangten ebenfalls in Flaggengala und durch die
Strassen wogte die festlich geschmückte Menge. Ein Haupt-
belustigungsort war der arabische Friedhof, wo mit Weihrauch
geräuchert und Essen feilgeboten wurde. Zwischen den Gräbern
bewegten sich Araber in feiner Kleidung mit ihren schönsten Waffen
und ausgelassen lustige Suahili. Unter den Palmen lagerten reich-
gekleidete Indier, dem Saitenspiel eines nationalen Barden lau-
schend, der irgend ein indisches Heldengedicht vortrug. Besonders
hoch ging es an diesen Tagen in Ngambo her, wo zahlreiche
tanzende Gruppen sich vereinigten und die Lustbarkeit ihren
Gipfel erreichte.

Am 20. August empfing der Sultan die Vertreter der europäischen Staaten, um ihre Glückwünsche zum Jahreswechsel ent-
gegenzunehmen. Am Hauptplatze war die Armee in höchster
Parade angetreten und bei Annäherung der Consuln wurde die
betreffende Nationalhymne gespielt und präsentirt. Die Consuln
und die sie begleitenden Marineofficiere waren in voller Uniform,

die Unterthanen, denen auch wir uns anschlossen, hatten zer-
knitterte Fracks oder sonstige dunkle Kleidungsstücke aus den
Tiefen ihrer Koffer geholt und sich möglichst fein gemacht. Am
Eingange des neuen Palastes empfingen uns einige vornehme
Araber und geleiteten uns durch den Vorsaal, wo einige Salut-
geschütze aufgestellt waren, die der deutsche Kaiser dem Sultan
geschenkt. Dann stiegen wir eine Treppe hinan, an deren oberem
Ende der Sultan mit einem prächtigen Gefolge reich gekleideter
Araber stand und jedem Europäer mit orientalischer Höflichkeit
die Hand gab. Voranschreitend geleitete er uns in den schönen
länglichen Thronsaal, dessen Wände reich mit Arabesken geziert,
dessen Boden mit prachtvollen Teppichen belegt ist. An der einen
Langseite liessen sich die Araber nieder, während wir an der
anderen auf rothen Möbeln Platz nahmen. Der Sultan sass an der
Schmalseite auf einem Throne und sprach durch den Dolmetsch
mit dem Consul. Man setzte uns Scherbet, arabische Süssigkeiten
und schwarzen Kaffee vor, wobei der Ober-Eunuch die Bedienung
leitete, dann tropfte das Factotum Pira Dautschi jedem etwas
Rosenöl aufs Schnupftuch und die Audienz war zu Ende. Abermals
reichte der Sultan jedem Europäer die Hand und wir eilten heim,
froh der lästigen Frackplage überhoben zu sein.

Den Ober-Eunuchen hatte ich bei dieser Gelegenheit zum
erstenmal gesehen. Er mag von seiner Wichtigkeit viel eingebüsst
haben, da der Harem des verstorbenen Sultans nach und nach
aufgelassen wird und der neue, der überhaupt etwas knickerig sein
soll, bisher keine Lust zeigt, sich das fabelhaft kostspielige Vergnügen eines Harems zu vergönnen.

3*

II. Capitel.

Von Pangani nach Haschatu.

Inzwischen waren unsere Arbeiten in Sansibar vollendet, die Lasten lagen, abgewogen und in Matten genäht, bereit, die Mannschaften harrten unser in Pombue am Panganiflusse, und nichts hielt uns mehr in der Hauptstadt zurück. Die Uebernahme der Verwaltung durch die Ostafrikanische Gesellschaft hatte stattgefunden und gerade in Pangani war die Flaggenhissung mit Unruhen verbunden gewesen. Doch schienen die letzteren so unbedeutend und wurden durch die Kriegsschiffe so rasch niedergeschlagen, dass wir keinen Grund sahen, deshalb den Antritt unserer Reise aufzuschieben. Der 22. August wurde für die Abfahrt festgestellt. Die Leute Sewah Hadschi's, dessen Dhau wir benützen sollten, weckten mich schon vor Tagesanbruch; rasch wurden die letzten Bündel geschnürt, zwei Jungen, die sich nicht eingefunden hatten, wurden ganz wunderbar schnell von der Polizei zu Stande gebracht, am Strande drückten wir dem deutschen Vice-Consul noch die Hand und unter dem Hurrah der Sansibarleute gings in schwer beladenen Booten an Bord der Dhau. Das Segel, welches mit ungeheuren rothen S. II. (Sewah Hadschi) geschmückt war, wurde gehisst, die englische Flagge am Bug entfaltet und fort gings, dem ungewissen Schicksale am Festlande hoffnungsfreudig entgegen. Bei günstigem Winde flogen wir an der Küste der schönen Insel und den verschiedenen Leuchtthürmen vorbei und steuerten in die offene See. Bald war Sansibar verschwunden und die Festlandsküste mit einzelnen charakteristischen Bergformen tauchte auf. Um 5 Uhr Nachmittags fuhren wir in die Mündung des Panganiflusses ein, dessen Südufer in steilen Korallenfelsen abfällt, während das flache Nordufer zahllose Cocospalmen bedecken, an welche sich die Häuser der Stadt Pangani anschliessen. Dahinter steigen flache Hügelkuppen an und weiter stromaufwärts tauchen höhere Bergzüge, die Vorberge von Usambara, auf. Am Strande von Pangani wehten auf ein paar niedrigen Stöcken die Sultansflagge und die Usagaraflagge. Unter letzterer ist die Hausflagge der deutschen Ostafrikanischen Gesellschaft zu verstehen, ein aus dem südlichen Kreuz und den deutschen Farben zusammengestelltes Phantasiebild. Ob es nicht einfacher gewesen wäre, nur die Sultansflagge zu hissen, statt durch die politisch nahezu werthlose Usagaraflagge den Unmuth der Bevölkerung wachzurufen, mag dahingestellt bleiben. Wir landeten beim Stationshause der Ostafrikanischen Gesellschaft, einem niedrigen Steinbau, wo uns die Vertreter der Gesellschaft begrüssten, unter welchen sich auch mein Wiener Landsmann, Herr Siegl, befand. Sie waren mit Recht stolz auf eine Garnison von zwölf deutschen Matrosen, die zu ihrem Schutze in Pangani gelassen worden waren, und deren stramme Gestalten sich neben den Suahili-Leuten ganz prächtig ausnahmen. Wir erhielten ein Wohnhaus im Innern der Stadt angewiesen und verbrachten einen gemüthlichen Abend im Usagarahause, wo die Matrosen mit kräftigen Stimmen deutsche Volkslieder sangen.

Obwohl die Stadt Pangani als Ausgangspunkt der Massai-Karawanen immerhin nicht unwichtig ist, macht sie doch einen ziemlich unbedeutenden Eindruck. In den schmutzigen, winkeligen Strassen erblickt man nur wenige ansehnlichere Gebäude, die meisten Häuser sind niedrig, aus Lehm oder Korallenfels erbaut. Gegen Norden verliert sich die Stadt in ausgedehnten Cocos-Schambas. Bei unserer Anwesenheit war Pangani recht öde und menschenleer. Der Vali und fast alle Araber hatten die Stadt verlassen und in den Strassen waren nur Indier und Neger zu sehen. Doch wurde die Ruhe in keiner Weise gestört, und unter dem Schutze der deutschen Matrosen begannen die

Beamten der Ostafrikanischen Gesellschaft die Zügel der Verwaltung zu ergreifen. Sie besteuerten die ein- und auslaufenden Dhaus, hielten Gerichtstage, liessen lange arabische Kundmachungen anschlagen, verboten das Waffentragen in der Stadt und begannen sogar eine Art Strassenpolizei einzuführen. Dies alles geschah so ungestört und ruhig, dass wohl Niemand das rasche Ende dieser Herrlichkeit und den Ausbruch eines so heftigen Aufstandes ahnen konnte. Auch als die Matrosen am 24. August wieder von ihrem Schiffe abgeholt wurden, blieb die Stadt völlig ruhig.

Gegenüber von Pangani liegt das Suahilidorf Mambo Sassas, nach welchem man mit einem ziemlich regelmässig verkehrenden Ueberfuhrboote von der Stadt gelangt. Knapp hinter dem Dorfe steigen die steilen Wände der Randberge am rechten Panganiufer an. Durch eine Schlucht klettern wir über vielfach verwitterten rothen Madreporen-Kalkstein, in welchem sich viele recente Versteinerungen finden. Auf der Höhe des Plateaus, wo Bohnen und Papayas gedeihen, geniesst man einen schönen Blick auf die breite Panganimündung, die Stadt mit ihren Cocospalmen, die Niederung, welche der glänzende Fluss in zahllosen Windungen zieht, und die fernen Bergkämme des Innern.

Am 25. fuhren wir mit dem Leiter der deutschen Station nach dem anderen Flussufer und stiegen unweit der Mündung aufs Plateau. Wir durchschritten grasiges, leicht gewelltes Land, in welchem Gruppen von Mangos und Dumpalmen verstreut liegen und wo wir schöne Viehherden weidend fanden. Zuletzt erreichten wir unser Ziel, die Baumwollfarm Kikogwe der deutschen Ostafrikanischen Gesellschaft. Die Baumwollfelder waren ausgedehnt und schienen sehr gut gehalten, auch waren die Beamten, ein Deutscher und ein amerikanischer Däne, mit dem Stande der Pflanzungen sehr zufrieden. Als Wohnhaus diente anfangs ein umfangreiches Steinhaus, welches sich aber als so feucht und unpraktisch erwies, dass es später nur mehr als Gerätheschuppen benützt werden konnte. Die Weissen dagegen wohnten in einem hübschen, luftigen Palmblatthaus mit steilem Dach, von welchem man einen schönen Blick auf die See geniesst. Als besondere Merkwürdigkeit wurde uns in Kikogwe der „schönste

Neger Afrikas" vorgestellt. Derselbe war allerdings ein auffallend hübscher, dunkelfarbiger Junge, aber kein Neger, sondern der Sohn eines Indiers und einer Halbblut-Suahili-Frau.

Ein anderer hübscher Ausflug führte uns von Pangani durch die reizenden Cocoswaldungen im Norden der Stadt, in welchen einzelne Hütten verstreut liegen. Nach einer halben Stunde hat man die Schwemmzone des Flusses durchschritten und erreicht den nördlichen Plateauabfall, der in röthlichen Steilwänden ansteigt, in deren Schluchten prächtige, lianenumschlungene Baumgruppen gedeihen. Wir fanden in den Gesteinen viele Fossilien und erstiegen die Höhe des Plateaus, wo ziegelrother, anscheinend sehr fruchtbarer Boden aufliegt und eine frische Seebrise weht. Ueberall gedeihen Mais, Bohnen und Maniok, zwischen welchen einzelne Dumpalmen und Baobabs aufragen. Letztere pflegen die Eingeborenen am Untertheil abzuschälen, um den Bast zu gewinnen, was jedoch das Wachsthum des Baumes nicht hindert. Auf dem Rückwege besuchten wir den netten Garten eines Arabers, wo schöne Blumen und früchtebeladene Granatäpfelbäume uns erfreuten. Als Führer diente uns ein schwarzhaariger, krummnasiger, geckenhaft gekleideter junger Indier, der dem Leiter der deutschen Station mit kriechender Freundlichkeit begegnete. Es war Abdallah bin Abd el Kerim, dessen Vater sich später als Bankier Buschiri's und seiner Raubgenossen entpuppte und der wohl schon damals mit den Verschwörern in enger Verbindung stand.

Am 27. August schloss ich die Reihe meiner astronomischen Beobachtungen, die den Zweck unseres mehrtägigen Aufenthaltes in Pangani bildeten, und wir konnten unsere Reise ins Innere antreten. Den Vormittag verlebten wir noch gemüthlich im Usagarahause, um halb 2 Uhr drückten wir den deutschen Landsleuten die Hand, bestiegen eine kleine Dhau und fuhren, von Fluth und Wind getrieben, den ansehnlichen Panganifluss aufwärts. Am rechten Ufer steigen die Hügel fast unvermittelt an, an ihrem Fusse liegen die Weiler Gross- und Klein-Mbueni, letzteres die Niederlassung des bekannten Massaihändlers Jumbe Kimemeta. Das linke Ufer ist flach, theilweise versumpft. Wir bemerkten einige kleine Affen, die, unbekümmert um unser Boot, aus dem Flusse tranken, sonst

war vom Thierleben wenig zu ersehen. Schon bei Pangani hatte
ich die altgewohnte, liebgewordene Beschäftigung der topographischen Aufnahme begonnen, während die Sansibaris jene
eintönigen, aber oft melodischen Ruderlieder erschallen liessen,
die mir vom oberen Congo her so wohl bekannt waren. Der
Fluss schlängelt sich in scharfen Biegungen durch das Land, bald
treten am rechten, bald am linken Ufer die Berge nahe. Dieselben sind am Untertheile meist kahl und nur die Gipfel und die
leicht gewellten Kämme sind bewaldet. Dazwischen sieht man
viele Landgüter, Schambas der Araber, wo Mais und Zuckerrohr
gebaut wird, und die Cocospalme, die schönste ihres Geschlechts,
in reichen Gruppen die einfachen Wirthschaftsgebäude beschattet.
Oefter erschallt vom Ufer lauter, munterer Gesang: es sind
Schwarze, die unter Aufsicht eines Arabers die Kurbel einer
Zuckerpresse drehen. Dazwischen dehnen sich unbebaute, mora-
stige Strecken aus, wo die sumpfliebende Raphia und die zierliche, oben flaschenförmig aufgetriebene Arecapalme aus dem
Gewirre von Buschwerk und Gras emporragen.

An einer scharfen Flussbiegung warfen die Leute Kupfer-
münzen ins Wasser und baten uns, ein Gleiches zu thun, da der
Scheitani, der Teufel, hier sein Wesen treibe; es geschah. Der
Scheitani scheint jedoch unser Opfer nicht mit Wohlgefallen aufgenommen zu haben, denn unfern von unserem Ziele fuhren wir
auf eine Sandbank. Glücklicherweise bemerkten uns die Leute
am Strande bald und schickten ein elendes Canoe, in welchem
wir einen Seitenarm eine Strecke weit hinauffuhren, worauf wir
landeten und nach wenigen Minuten Marsch die ärmlichen Hütten
von Pombue (Pongwe) erreichten. Zwischen denselben wogte
ein fröhliches Leben. Unsere Träger, meist mit rothen englischen
Uniformröcken bekleidet, die Askari (Soldaten) mit netten blauen
Matrosenanzügen, und einige Indier Sewah Hadschi's begrüssten
uns lärmend; bald erhoben sich die lichtgrünen, doppelt bedachten
Zelte am Dorfplatze und der Koch begann unser Mahl zu bereiten.

Die Landschaft um Pombue ist typische Campine, hohes Gras
mit eingestreuten Büschen, und erinnert lebhaft an einzelne Striche
am unteren Congo. Als die Nacht hereinbrach und die Lagerfeuer
aufleuchteten, als die Cicaden und Frösche ihren lauten Chor an-

stimmten und fern am Horizont der Schein der Grasbrände glühte, da traten die unvergesslichen Nächte am Congo deutlich vor mein Gedächtniss und ich konnte mich mit dem glücklichen Bewusstsein zur Ruhe legen: Wieder im Busch!

Am 28. bemühten wir uns einige Ordnung in den allgemeinen Wirrwarr zu bringen und verblieben zu diesem Zwecke in Pombue. Das fatale Geschäft des Lastenvertheilens hatten Sewah Hadschi's Indier zwar bereits besorgt, doch gab es unter den 200 Trägern gar manchen, der mit seiner Last nicht zufrieden war und allerlei Einwände erhob. Auch mussten für die Privatlasten und Instrumente besonders kräftige und anscheinend verlässliche Leute ausgewählt werden. Auch die sechs Esel, die den Weg von Bagamoio hierher glücklich zurückgelegt hatten, mussten Packsättel und Treiberjungen bekommen. Dabei überbot sich Jedermann in Versicherungen seines Muthes und seiner Treue, und die Askari standen rein zum Vergnügen unaufhörlich Posten. Die Buden der indischen und arabischen Krämer, welche Cocosnüsse, Cigaretten, Honig u. s. w. feilboten, wurden förmlich gestürmt und Alles schien voll lärmender Begeisterung und Unternehmungslust. Wir wussten freilich, dass diese Stimmung nicht allzuernst zu nehmen war.

Am Morgen des 29. August wurde zum erstenmale mit der Karawane aufgebrochen und die bunte Linie der Träger mit rothen und weissen Röcken schlängelte sich über die Hügel. Anfangs erscholl lauter Gesang, sehr bald aber wurden die Leute stiller, als die Sonne höher stieg und die noch ungewohnte Last zu drücken begann. Der Weg führte durch offenes Campinenland, in welchem einzelne gegabelte Dumpalmen verstreut standen; im Nordosten ragte der breite, waldige Rücken des Tongueberges auf. Wir kamen an einigen Dörfern vorbei, wo Suahili gemischt mit Waschensi wohnen, welche ziemlich ärmlich und verkommen aussehen. Die Weiber tragen Metalldraht an den Beinen und Scheiben im Ohrläppchen. Der Name dieses kleinen Stammes der Waschensi, die das nächste Hinterland von Pangani bewohnen, hat in der Suahili-Sprache geradezu die Bedeutung „Wilde" bekommen. Heute wird jeder Eingeborene des Innern, sei er auch aus Manyema oder Uganda, als „Mschensi" (pl. Waschensi), Wilder, bezeichnet.

Dann durchschritten wir Reisfelder und eine sumpfige Mulde und stiegen eine ziemlich steile, leicht bewaldete Anhöhe hinan, wo an mehreren Stellen die Gneisplatten zu Tage treten. Bald darauf erreichten wir unser heutiges Ziel, die Tabaksfarm Deutschenhof (Lewa) der Deutsch-ostafrikanischen Plantagen-Gesellschaft. Im netten, auf Pfeilern erbauten Wohnhause der Farm wurden wir von dem Director, Herrn Koch, aufs liebenswürdigste empfangen. Unsere Träger, welche dieser erste Marsch sehr ermüdete, kamen erst nach und nach an. Beim Abendaufrufe stellte es sich heraus, dass bereits einige Leute fehlten, was uns nicht in Erstaunen setzte, da Ausreisser beim Antritt jeder Reise vorzukommen pflegen.

Ein Spaziergang durch die Farm lehrte uns diese bedeutende Anlage kennen, wo der Tabak überall sehr schön gedieh und zahlreiche Arbeiter, meist Eingeborene der nächsten Umgebung, emsig thätig waren. Die Leute bekamen als Taglohn etwa 20 Pesa. In dem neuen Magazin der Farm stand bereits die gewichtige Tabakspresse, deren Transport ganz ungeheure Anstrengungen erfordert hatte. Wahrhaft bewunderungswürdig war die Unermüdlichkeit, mit welcher Herr Koch und die übrigen Beamten der Farm ihrer Aufgabe oblagen. Wie wenig ahnten sie damals, dass ihre Mühe umsonst und sie bald gezwungen sein würden, als Flüchtlinge die Farm zu verlassen!

In Lewa weht bereits eine kühlere Brise, so dass man nach dem Aufenthalt in den schwülen Strassen Sansibars förmlich auflebt. Mit Vergnügen gedenke ich der Stunden, die wir mit den Beamten der Farm auf der schönen Veranda des Wohnhauses verlebten. Dasselbe ist auf der Kuppe eines Hügels gelegen und gewährt einen Ueberblick auf die Farm mit ihren langen Reihen grüner Tabakspflanzen und dem Berge Tongue als Hintergrund. Auf dessen Gipfel erkennt man durch das Fernrohr ein verlassenes Fort des Sultans von Sansibar. An dem bewaldeten Abhange sollen zahlreiche Dörfer verstreut liegen. Die erquickend kühle Luft und das angenehme Zusammensein mit Landsleuten brachte Abends bald eine gehobene Stimmung hervor, zu welcher unser „Expeditions-Orchester", eine Spieldose mit auflegbaren Scheiben, nicht wenig beitrug.

Am 30 August liessen wir unsere ganze Karawane antreten
und eröffneten den Leuten unseren Entschluss, mit 50 Trägern
und 10 Askari eine Tour durch das grossentheils unerforschte
Usambara-Gebirge zu unternehmen. Die übrigen Leute sollten
unter Anführung des arabischen Muiniampara Hassani auf der Ka-
rawanenroute nach Gondja am Pare-Gebirge ziehen, wo wir mit
ihnen zusammentreffen wollten. Dieser Vorgang war keineswegs
ein ungewöhnlicher, da die Karawanenrouten den Leuten sehr
genau bekannt sind und Träger unter Anführung eines arabischen
Aufsehers sehr oft schon viel weiter geschickt wurden, als von
Lewa nach Gondja. Andererseits war es uns unmöglich, in ein
unbekanntes Gebirge, von welchem wir voraussetzen durften, dass
die Wege sehr schlecht und die Nahrung vielleicht spärlich wäre,
eine Karawane von 250 Mann (einschliesslich der Reserveträger)
mitzunehmen. So wählten wir denn die 60 Leute für Usambara
aus und hiessen die übrigen am Morgen des 31. August abziehen. Unter Flintenschüssen und lauten „Kuaheri"-Rufen brachen
sie in langer Kette auf, die untersetzten, schwer bepackten Pagasi
(Träger) verloren sich nach und nach im Gebüsch und bald bog
auch der letzte Askari, sein Gewehr schwingend, um eine Wald-
ecke. Dumpf verhallte der Lärm der Karawane und das Singen
der Träger im Busch. Wir haben die Leute nie wieder gesehen . . . . . .

Doch auch wir verweilten nicht mehr lange in Deutschenhof, sondern zogen, begleitet von den Glückwünschen des Herrn
Koch und seiner Collegen, mit unseren 60 Leuten ab. Bevor ich
auf die Beschreibung unserer Reise übergehe, seien einige Worte
der schwarzen Mannschaft gewidmet, von welcher in der nächsten
Zeit unser Wohl und Wehe hauptsächlich abhing.

Am nächsten standen uns natürlich die persönlichen Diener,
als welche Dr. Meyer sich die beiden Somali ausgewählt hatte,
während ich mir in Sansibar zwei Jungen, Hamissi und Tschansi
(Chanzy), anwarb. Die Somali entpuppten sich mit der Zeit als
recht faul und indolent und zeigten sich von Anfang an ziemlich
unbrauchbar. Ueber meinen Jungen Hamissi ist wenig zu sagen,
er war ein echter Suahili aus Sansibar, heiterer Gemüthsart, aber
ziemlich faul und ungeschickt. Weit mehr Aufmerksamkeit verdient

Tschansi, ein Comoromann aus Angasidja, der schon ein recht bewegtes Leben hinter sich hatte. Er diente nämlich vier Jahre am Congo unter der strengen Zucht des Lieutenants Valcke und hatte zuletzt sogar Antwerpen besucht. Tschansi (dessen Name vom General Chanzy herzuleiten ist) war ein äusserst anstelliger und wohlerzogener Diener, der Alles verstand und zu Allem brauchbar war, auch ziemlich gut Kikongo und Kru-englisch sprach, so dass ich mich von Anfang an mit ihm verständigen konnte. Uebermässig sympathisch war er allerdings nicht zu nennen, da er einerseits ein falsches, kriechendes Wesen zur Schau trug, das durch unmögliche Grimassen oft sogar komisch wirkte, andererseits zur Frechheit ziemlich geneigt war. Letztere Eigenschaft kam wohl am Congo nie zur Geltung, wo eine eiserne Disciplin und die völlige Unmöglichkeit, fortzulaufen, gerade die Sansibariten in guter Zucht hält. Man kann sich überhaupt für den Congo oder für sonst ein Gebiet, wo das Entspringen ausgeschlossen ist, gar keinen besseren Diener wünschen, als Tschansi, und ich würde keinen Augenblick zögern, ihn trotz seines unbedingt schlechten Charakters und der bewiesenen Treulosigkeit für solche Länder wieder anzuwerben. Anders freilich liegt die Sache in Ostafrika, besonders im Küstengebiete, wo das Fortlaufen ein allzubequemer und naheliegender Ausweg für unzufriedene oder unbotmässige Schwarze ist. Vielfach wirkte auch der Umgang mit einigen seiner Landsleute aus Angasidja schädlich auf Tschansi ein und machten ihn, den Begleiter Valcke's auf zahlreichen Zügen am Congo, schliesslich zu einem gemeinen Dieb und Verräther.

Ein höchst wichtiges Paar waren der Mpischi mkubwa (der grosse Koch) und der Mpischi mdogo (der kleine Koch), besonders der erstere, der schon mehrere Reisen ins Innere mitgemacht und ein breites, gutmüthiges Gesicht besass, das an eine Flusspferd-Physiognomie erinnerte. Diese Suahiliköche verstehen es ganz vortrefflich, den lieben Gott zu copiren, d. h. aus nichts etwas hervorzubringen. Giebt es nun gar etwas, was in Usambara meist der Fall war, und ertheilt man den Leuten überdies noch einige Anleitung, so hat man sich über die Verpflegung ganz und gar nicht zu beklagen. In dieser Hinsicht ist Ostafrika dem Westen des Continents weit überlegen, wo meist irgend ein beliebiger

Mann aus der Karawane zum Kochen befohlen werden muss, der dann an Ungeschicklichkeit das Höchste zu leisten pflegt. Allerdings müssen auch die Suahiliköche überwacht werden, um sie an Unreinlichkeit und Materialverschwendung zu hindern.

Eine besondere Gruppe bildete der alte Präparator Mabruki mit seinen Leuten, ein Mann, der schon die Reisen Dr. Fischer's und andere Fahrten mitgemacht hatte und zu zoologischen Sammelzwecken angeworben worden war. Mabruki fühlte sich allerdings schon sehr als grosser Herr, führte sein eigenes geräumiges Zelt mit und beschäftigte sich persönlich nur mit Jagd. Das Präpariren überliess er seinen Assistenten Mbaruk, einem ganz schändlichen Spitzbuben, der mir vom Congo her bekannt war, und Mabruki wadudu (Fliegen-Mabruki), einem halb verrückten Uganda-Jungen. Letzterer Bursche wusste sein Geschäft, Schmetterlingfangen, mit so vielem Ernst und so unnachahmlicher Würde auszuführen, dass er bald zum Karawanen-Narren aufrückte und durch sein komisches Auftreten und seine laute, bellende Stimme immer neue Lachstürme entfesselte. Er war übrigens gar nicht so dumm als er sich anstellte, und besorgte das Einfangen und Einlegen der Schmetterlinge mit vielem Eifer und Geschick.

Das Oberhaupt der eigentlichen Mannschaft, war der Muiniampara Muinikambi bin Hassani aus Pangani. Ich hatte denselben als Muiniampara (Oberaufseher) der schwarzen Arbeiter von Leopoldville am Stanley-Pool kennen gelernt und die gute Meinung, welche ich dortselbst von ihm bekam, fand auf unserer Reise ihre volle Bestätigung. Muinikambi ist ein langer, dürrer Bursche von tiefschwarzer Hautfarbe und hervorragender Hässlichkeit, aber freundlichem und bescheidenem Benehmen. Er besass zwar auch den Fehler der meisten Muiniamparas, sich kein gehöriges Ansehen vor den Leuten verschaffen zu können, doch war er in dieser Hinsicht immer noch weit besser als viele andere. Er selbst zeigte musterhaften Gehorsam und Willigkeit, besonders in seiner Hauptaufgabe, die Nachzügler und säumigen Träger anzutreiben. Er musste daher am Marsche immer am Ende der Karawane gehen und war für jeden fehlenden Mann verantwortlich. Muinikambi verlegte viele Aufmerksamkeit auf die Pflege seiner Person und stolzirte selbst in den elendsten

Buschdörfern in blendend weissem Hemde und fein gesteppter Kappe, sein Spazierstöckchen schwingend, umher.

Auf ihn folgten im Range die Askari (Soldaten), Leute, welche keine oder nur eine kleine Last zu tragen haben und mit einem guten Hinterladergewehr ausgerüstet waren. Unter ihnen befanden sich auch drei echte Maskat-Araber, malerische Gestalten mit scharf geschnittenen Gesichtszügen. Wir hatten uns von diesen besonders viel erwartet, schliesslich entpuppten sie sich jedoch als vornehm thuende Faullenzer. Obwohl diese edlen Wüstensöhne von der Omanküste oft stundenlang zurückblieben und bei jeder Arbeit so thaten, als ob sie gar nicht zur Karawane gehörten, waren sie doch jederzeit bereit, in langen, salbungsvollen Reden ihre Vortrefflichkeit und Ueberlegenheit über die Suahili darzulegen. Im Gegensatze zu ihnen stand der alte Mgaia, ein Soldat Dr. Fischer's und Busenfreund des Präparators Mabruki, ein kohlschwarzer, hässlicher Neger, der aber vor keiner Arbeit zurückschreckte und den Esel auf unglaubliche Art über die Berge und durch die Wälder Usambaras lootste.

Unter den Askari waren auch einige Comoroleute aus Angasidja, die ziemlich häufig nach Sansibar kommen und sich im Aeusseren von den Suahili nicht unterscheiden. Sie sprechen jedoch unter sich eine eigene Sprache und pflegen die Suahili an Intelligenz, aber auch an Hinterlist und Charakterlosigkeit zu übertreffen.

Die Hauptmasse der Mannschaft bildeten natürlich die Träger, welche in Lasten zu 65 engl. Pfund unser Privatgepäck, Munition, Instrumente und Tauschwaaren trugen. Jeder von ihnen war ausserdem mit einem Kapselgewehr und Pulverhorn ausgerüstet. Es waren grösstentheils Suahili, theils von der Insel, theils vom Küstengebiete. Der Trägerdienst ist diesen Leuten völlig zum Gewerbe geworden, jahraus, jahrein durchziehen sie die Hochebenen und Gebirge Innerafrikas theils mit arabischen, theils mit europäischen Karawanen. Unter ihnen finden sich auch Leute aus dem Innern, die theils als Sklaven, theils auf andere Art nach der Küste verschlagen wurden. Eine kleine, abgesonderte Gruppe bildeten die Waniamwesi, muntere, sehr kräftige Bursche, die unter lautem Gesang ihre Lasten am Kopf trugen und stets

gemeinsam marschirten. Bei den Rasten pflegten sie in langgezogenen, weinerlichen Tönen zu jammern, was aber nicht ernst
gemeint war. Die Verständigung mit allen diesen Leuten geschah
auf Kisuahili, welche Sprache wir bald ziemlich fliessend sprechen
lernten. Ich unterhielt mich anfangs mit den alten Congoarbeitern
auf Kikongo, doch ist die Stammesähnlichkeit der Bantusprachen
eine so grosse, dass ich bald fast unmerklich gänzlich ins Suahili
gerieth, das mir von meinem Aufenthalte bei Tippo Tip her nicht
fremd war.

Eine besondere Stellung gewissermassen über den Parteien
nahm unser schwarzer Clerk Ediston ein, von uns gewöhnlich „der
Commerzienrath" genannt. Dieser, ein aus Makua (Mozambique)
stammender junger Bursche, der vielleicht etwas indisches oder
portugiesisches Blut in den Adern hatte, wurde uns in Sansibar
von Sewah Hadschi als Schreiber und Dolmetsch empfohlen. Da
er sehr gut englisch sprach, Beinkleider und Stiefel trug, fühlten
wir uns wenig zu ihm hingezogen, indem wir einen „Hosennigger"
fürchteten. Er versicherte aber hoch und theuer, dass er niemals
mit der englischen Mission etwas zu thun gehabt und seinen
Unterricht in Bombay genossen habe, so dass wir ihn schliesslich
annahmen. Er war uns von sehr grossem Nutzen. Alle jene
lästigen und zeitraubenden Geschäfte, die der Weisse sonst selbst
besorgen muss, das Abmessen und Vertheilen des Baumwollzeuges
an die Mannschaften als „Poscho" (Wegzehrung), die ganze Buch-
führung über die Waaren u. s. w. besorgte er mit grossem Geschick. Grössere Diebstähle seinerseits waren dabei nicht gut
möglich, da er niemals Geld, sondern nur Waaren in die Hand
bekam, von welchen sich höchstens ganz kleine Partien auf die
Seite bringen liessen. Dabei vertrug sich der Commerzienrath vortrefflich mit den Leuten und war uns gegenüber von musterhafter
Bescheidenheit und Anspruchslosigkeit.

Auf unserer Reise von Lewa durch Usambara nach Gondja
kamen keinerlei ungewöhnliche Ereignisse vor und die Marsch-
tage verliefen so ziemlich in gleicher Weise. Bei Tagesgrauen
ertönte täglich die helle Signáltrompete Muinikambi's, die Schläfer
erbarmungslos aus ihren Träumen weckend. Unter unvermeidlichem
Jammern und Klagen, das auch durch die Morgenkühle im Ge-

birge veranlasst wurde, begannen die Träger ihre Lasten zu schnüren und ihre Turbans als Polster zu wickeln. Die Askari brachen eilig die Zelte ab und der Koch bereitete für uns Europäer ein leichtes Frühstück. Wir hatten unsere primitive Toilette rasch beendet und stärkten uns an einer Schale dampfenden Cacaos, einigen gebratenen Bananen oder etwas kaltem Fleisch. Aus den beiden eingeborenen Wegweisern, den Virongosi, wurde der anscheinend verständigere ausgewählt, der bei mir zurückblieb, um die Ortsnamen anzugeben, während der andere die deutsche Flagge ergriff und mit Dr. Meyer den Zug eröffnete.

Die Träger luden nun mit Hilfe der Askari unter übertriebenem Ach und Weh die Lasten auf die Köpfe und zogen mit Jauchzen und Gesang ab. Doch brauchte es immer eine gute Weile und mancher Aufmunterung, bis Alle flott geworden und ich mich mit meinem Stabe, d. h. den Leuten, welche die Instrumente trugen, in Bewegung setzen konnte. Ein gutes Stück hinter uns erst folgte Muinikambi mit einigen Askari als äusserste Nachhut und der alte Mgaia mit dem Esel. An Reiten war natürlich bei den schändlichen Waldwegen gar nicht zu denken, und heute noch ist es mir räthselhaft, wie der alte Mgaia den grossen, kräftigen Esel über die unglaublichsten Terrainhindernisse und tiefen Gewässer geschafft hat. Oft fürchteten wir den guten Mgaia mit seinem „grauen Freund" nie mehr zu sehen, beide aber kamen immer wieder, oft freilich erst Stunden nach allen Anderen. Die Marschgeschwindigkeit ist besonders bei anstrengenden Wegen keine grosse, die Leute schreiten zwar ziemlich tüchtig aus, pflegen jedoch häufig kurze Rasten zu machen. Fast alle zehn Minuten trifft man auf kleine Gruppen von Trägern, die schwätzend und lachend um einen Bach im kühlen Waldesdunkel lagern und den antreibenden Msungu (Europäer) scheelen Blickes betrachten.

Gewöhnlich pflegten wir gegen Mittag zu lagern und nur selten dehnten sich unsere Märsche bis 3 oder 4 Uhr Nachmittags aus. Der Lagerplatz, meist in der Nähe eines Dorfes, wurde durch Einstecken der Flagge in den Boden bezeichnet. Sofort begannen die Askari die Zelte aufzuschlagen, die Dienerjungen brachten das Feldbett in Ordnung und richteten in unseren Blechwannen ein Bad her. Die Lasten wurden zu einer Masse vereinigt und mit einer wasserdichten Decke verhüllt. Die Träger und Soldaten stellten um unsere Zelte herum ihre niedrigen Schutzdächer auf, unter welchen sie ihre Schlafmatten aufbreiteten. War ein geeignetes Gewässer in der Nähe, so ging fast Alles baden, denn die Körperreinlichkeit des Suahili ist selbst auf der Reise eine grosse, und für ein Stück Seife giebt er seine letzte Habe her.

Bald brennen überall die Lagerfeuer und die einzelnen Gruppen der Träger kochen ihr Mittagmal. Auch unser Mpischi ist, bereits an der Arbeit und kocht heissen Thee und ein Frühstück, da die Hauptmahlzeit erst Abends folgt.

Der Nachmittag vergeht unter fortwährender, freiwilliger und unfreiwilliger Beschäftigung. Nach dem Essen will man sich, vielleicht vom Marsche und dem Bade ermüdet, einen Augenblick der Ruhe gönnen; doch hat man seine Rechnung ohne Mabruki wadudu gemacht. Kaum hat man sich niedergelassen, so scharrt es an der Zeltwand und eine rauhe Stimme ruft „Mbuana!" (Herr). Es ist Mabruki wadudu, der erschienen ist, um seine Ausbeute an Schmetterlingen vorzuweisen. Um seinen Eifer nicht zu entmuthigen, fühlt man sich natürlich veranlasst, die Schmetterlinge sofort zu besehen, die bereits ganz nett in Papier eingeschlagen sind. Die Inspection, während welcher Mabruki die furchtbarsten Gesichter schneidet, ist zur beiderseitigen Zufriedenheit vollendet und wir winken dem schmetterlingfangenden Sohn Ugandas, uns in Ruhe zu lassen. Aber er geht nicht.

„'Taka kartassi, mbuana". (Ich brauche Papier, Herr.)

„Schon wieder Kartassi, du hast doch gestern einen ganzen Bogen bekommen, der kann doch noch nicht aufgebraucht sein?"

„'Taka Kartassi" lautet das Ultimatum. So heisst es denn aus den Koffern Papier hervorsuchen, welches Mabruki mit gewohnter Würde und der Versicherung entgegennimmt, damit mindestens einen Monat auslangen zu wollen. Mit der Ruhe ist es natürlich vorbei und die gewöhnlichen Nachmittagsbeschäftigungen beginnen. Dr. Meyer nimmt einige Photographien von Personen und Landschaften auf und vertieft sich mit Ediston in Gespräche über den „inneren Dienst", über Poscho, Glasperlen, weisses Zeug, blaues Zeug u. s. w. Dann lässt er die Mannschaft antreten und visitirt die Gewehre, welche im Allgemeinen ziemlich rein gehalten werden. Ich ersteige inzwischen mit meinem „Stabe" einen nahegelegenen Aussichtspunkt, um mein kartographisches Material zu ergänzen. Dann beaufsichtige ich mein Specialgebiet, die Küche, und sehe zu, ob Tschansi, der dazu besonderes Geschick besitzt, im Dorfe gut eingekauft hat. Später treten die „Gesellschaftlichen Pflichten" unabweislich an uns heran. Der Dorfchef hat seine Toilette vollendet und erscheint in einem unmöglichen Aufzuge mit riesigem Gefolge, um uns ein Schaf, ein Böcklein, oder gar einen Ochsen und Vegetabilien zu übergeben. Natürlich wollen die Leute etwas zu sehen bekommen und die Drehorgel sowie das Bilderbuch erregen immer neue Lachstürme und Ausbrüche der Verwunderung. Kaum ist der Häuptling in sein Dorf zurückgekehrt, so heisst es, ihm den Besuch erwidern und ihm seine Geschenke überbringen, wobei das Dorf genau besichtigt wird.

Nimmt man dann Tinte und Feder zur Hand, um das Tagebuch in Ordnung zu bringen, so giebt es fortwährende Störungen. Da erscheint der alte Mabruki, zornentbrannt den Vogelpräparator Mbaruk herbeiführend, und meint, der Junge wolle und wolle einmal nichts arbeiten. Mbaruk, der im Gesicht die Narbe eines prachtvollen Kurbatschhiebes trägt, wie solche nur am Congo ausgetheilt werden, bekommt seine fast alltäglichen Prügel und zieht mit seinem Vorgesetzten ab. Vorher dreht er sich aber noch um und sagt: „'Taka schindano ku schona wadege". (Ich brauche Nähnadeln, um die Vögel zuzunähen.)

„Schindano? Ja, du hast ja erst heute Früh Schindano bekommen!"

„'Taka schindano!" heisst es unerbittlich, und soll die Arbeit nicht ins Stocken kommen, so muss sein Begehren erfüllt werden. Auch er schwört natürlich, mit der erhaltenen Nadel jahrelang auslangen zu wollen. Inzwischen versammeln sich die Waniamwesi, welche mein Privatgepäck tragen und daher besondere Gunst geniessen, um meinen Feldtisch und beginnen mit vielen „I! I!" und der komisch langgezogenen Betonung, welche ihnen eigen ist, mir etwas vorzujammern. Ich verstehe zwar kein Wort, weiss aber der langen Rede kurzen Sinn und gebe ihnen Schnupftabak, worauf sie erfreut abziehen. Dann ist unter Umständen etwas Ruhe, man kann arbeiten und sich mit den Eingeborenen befassen, wohl auch einige anthropologische Messungen ausführen. Mit der Raschheit der Tropen ist die Nacht hereingebrochen, unser Magen beginnt gewaltig zu knurren, endlich ertönt der ersehnte Ruf des Mpischi: „Tschakula taiari!" (Essen fertig!). Wir setzen uns an den weissgedeckten Tisch, wo die freundliche Glaslampe leuchtet, und beginnen eben mit Hochgenuss die ersten Löffel Suppe zu geniessen, da erscheint Mbaruk. „Was willst du?" lautet die wenig freundliche Ansprache. „'Taka Schindano". — „Zum T . . . . . mit deinem Schindano!" und der vielgeprügelte Vogelabhäuter enteilt schleunigst. Nun wird die Kunst des Kochs aufs eingehendste gewürdigt. Manchmal lässt sie freilich zu wünschen übrig, dennoch erinnere ich mich niemals so genussvoll gespeist zu haben als auf meinen Reisen in Afrika, besonders in Usambara. Unsere Jungen lösten sich täglich in der Tischbedienung ab. Einmal hatten die Somali Dienst, dann bekamen wir das Tischtuch zerknittert, das Geschirr schmutzig und die Speisen kalt oder halb verschüttet, konnten jedoch mit dem Bewusstsein essen, von ehrlichen und treuen Menschen bedient zu werden. Das nächstemal kamen die Suahili daran. Dann war Alles in schönster Ordnung und Reinlichkeit und Tschansi servirte rasch und mit affectirter Höflichkeit, die er wahrscheinlich den Kellnern in Antwerpen abgelernt hatte. Allerdings mussten wir uns sagen, dass wir von lügnerischen, falschen Schuften bedient wurden, was mir wenigstens den Appetit keineswegs schmälerte, so dass ich den Suahili-Tagen immer weitaus den Vorzug gab. Als Tischgetränk diente anfangs Rothwein oder Cognac und Wasser, später der nationale Pombe, den wir bald sehr zu schätzen wussten.

Der schönste Moment des Tages war entschieden der, wo der schwarze Kaffee gebracht wurde und wir in unseren behaglichen Feldstühlen eine Pfeife oder Cigarette rauchten. Von den Lagerfeuern der Mannschaft erscholl Lachen und fröhliches Geplauder, die Waniamwesi liessen die Kalebassen-Pfeife mit Haschisch kreisen, sogen sich die Backen voll des betäubenden Rauches und husteten dann taktmässig im Chorus, dass es durch die Nacht schallte. Wir aber gedachten in angenehmen Gesprächen

4*

der Wechselfälle unserer Reise, der Aussichten für die Zukunft und der fernen Heimat und verfielen oft auf Themen, die von der urwüchsigen afrikanischen Wirklichkeit himmelweit entfernt waren. Manchmal erschienen um diese Zeit auch einige Askari und verständigere Träger und kauerten sich im Halbkreise nieder, eine Ansprache erwartend. Dann plauderten wir mit ihnen oft längere Zeit und sie berichteten von den ungeheuren Zügen, die sie mit Dr. Fischer, mit Thomson oder verschiedenen Arabern bis ins Herz des Continents unternommen. Diese Unterredungen hatten wenigstens den einen Vortheil, dass wir dabei Suahili lernten. Manchmal fand sich auch der Dorfchef ein, dann wurde die Musikdose in Gang gesetzt und bereitete uns mit ihren heimatlichen Melodien mindestens eben so viel Vergnügen als den erstaunten Eingeborenen. Lange dauerten diese Symposien übrigens nie, um halb 9 Uhr war alles im Lager schon stille und die Müdigkeit liess auch uns die Feldbetten aufsuchen.

Eben hat man dann seinen letzten Rundgang durchs Lager vollendet und hüllt sich behaglich in die Wolldecke, die in den kühlen Gebirgen sehr nothwendig ist, als sich ein Kratzen an der Zeltwand vernehmen lässt. Man steckt den Kopf zur Spalte hinaus und erblickt Mabruki wadudu, das Schmetterlingnetz in der einen, die Blechschachtel in der anderen Hand. „'Taka nini, Kumanina?" (Was willst du, Elender) — „'Taka Kartassi, mbuana". Sofort fliegt ihm der nächste erreichbare Gegenstand an den Kopf und unter der lauten Heiterkeit einiger Träger, die den Vorgang beobachtet, enteilt er in kühnen Sprüngen nach seinem Schlafplatze, um sich dort zu verkriechen, während seine Jagdthiere, die Wadudu, ungestört um die verglimmenden Lagerfeuer schwärmen. Die Nacht verläuft ruhig, falls unser Esel nicht seine mächtige Stimme erhebt oder ein paar Köter ihr widriges Gekläff anstimmen, oder falls es nicht etwa gar den Ameisen einfällt, unser Lager in Schwärmen zu überziehen. In letzterem Falle freilich ist es mit der Nachtruhe fast völlig vorbei.

Derart verlaufen die Tage am Marsch. Manchem wird ein solches Dasein vielleicht beschwerlich und hart vorkommen. Mir aber erschien das afrikanische Lagerleben selbst bei weit geringerem Comfort stets als ein herrliches und genussvolles und gerade die Tage, die ich in Usambara verlebt, gehören zu den schönsten meines Lebens.

Ich kehre zu der Beschreibung der Reise zurück. Kurz nachdem wir die deutsche Plantage verlassen, gelangten wir an die Stelle, wo rechts der Pfad nach Magila, links die Karawanenstrasse nach Korogwe und Masinde abzweigt. Wir folgten dem ersteren und zogen durch wenig anziehendes Land, durch niederen Wald und steife, hohe Grasmassen nach Norden. Manchmal tauchte der Tongueberg, diese isolirte Fortsetzung der Usambaraberge, im Hintergrunde auf. Wie stets zu Beginn einer Reise marschirten die Leute noch sehr schlecht und machten häufig keuchend und mit Schweiss bedeckt kleine Rasten. Wir überschritten den Kwakohafluss, wahrscheinlich der Oberlauf des Ukumbine, dessen spärliches Wasser zwischen harten Gneisplatten rieselt. Die Dörfer sind bereits mit Stangengittern eingezäunt, doch zeigen die prächtigen Cocosgruppen, dass wir der Küste noch nahe sind. In einem Haine solcher Palmen liegt das Dörfchen Muhania, wo wir Lager schlugen und durch ein Bad und den köstlichen Inhalt einiger Cocosnüsse (Matafu) uns laben konnten. Denn auch dem Europäer, der durch die lange Seereise und den Küstenaufenthalt des anhaltenden Gehens entwöhnt wird, fallen die ersten Märsche etwas sauer, bis nach einigen Tagen die nöthige Uebung erlangt und das Reisen erst wahrhaft angenehm wird.

Am 1. September durchzogen wir bergigeres Land. Stets ist der Campinen-Charakter noch vorherrschend, doch nehmen die eingestreuten Waldgruppen an Ausdehnung und Ueppigkeit zu. Zahlreiche kleine und grössere Gewässer durchfurchen das Land, welches einen freundlichen und fruchtbaren Eindruck macht. Am nördlichen Horizont treten die Waldberge Usambaras schärfer aus den bläulichen Dunstmassen. Man durchzieht viele Felder und berührt mehrere Marktplätze und Dörfer der Eingeborenen. Diese gehören zum Stamme der Wabondëi, deren Sprache zwischen Kischambā und Suahili stehen soll und welche bereits ziemlich urwüchsig aussehen. An Stelle des an der Küste üblichen „Jambo!" vernahm man schon das Begrüssungs-Zwiegespräch: „Nihedi! — Hm, Hm — Niokai! — Hm Hm — Hm Hm", welches durch die fortgesetzten „Hm Hm" anfangs sehr komisch berührt. Beim Dorfe Tengue öffnet sich plötzlich der Blick auf die schöne Mulde von Magila. Dieselbe ist nach Norden durch die steile, oben waldige Masse des Magilaberges begrenzt. Am Fusse desselben dehnt sich die Mulde aus, durchzogen von mehreren Hügelreihen und reich bewässert vom Mkulumusi und einigen seiner Zuflüsse. Auf jedem der Hügel erblickt man die reizenden Palmengruppen und runden braunen Hütten eines Dorfes. In der Mitte dieses offenbar fruchtbaren und stark bevölkerten Gebietes erheben sich auf grünem Hügel die hohen, blendend weissen Gebäude der englischen Mission Magila.

Bald darauf überschritten wir den klaren, rauschenden Mkulumusi und erstiegen einen der Hügel, um in dem hübschen kleinen Dorfe Ndumi, im Schatten hoher Cocospalmen unsere Zelte aufzuschlagen. Der Dorfchef, ein alter Knabe, auf dessen lumpigem rothen Fez ganze Humusschichten lagerten, begrüsste uns freundlich und brachte ein Schaf zum Geschenk. Die Eingeborenen bestehen aus einem Gemisch von Wabondëi und Waschambā, selbst einige Wasegua-Colonien sollen in der Umgegend zu finden sein. Politisch untersteht das Land dem Häuptling Kibanga von Handëi. Nachmittags besuchten wir die englischen Missionäre. Wir überschritten einen Bach auf einer Knüppelbrücke und stiegen auf gutem Wege die Anhöhe hinan. Die Gebäude der Mission, besonders die Kapelle, sind wirklich sehr schön. Sie wurden von Maurern aus Sansibar aus dem anstehenden Gestein erbaut, wobei ein in der Umgebung aufgefundener Urkalk als Bindemittel diente. Leider herrscht in Magila ein ähnliches Missionssystem wie zu Mombassa, und von ausgedehnteren Culturen ist nichts zu bemerken. Es verlautet, dass die katholische Mission von Bagamoio Magila zu übernehmen gedenkt. Dies wäre sehr erfreulich und es ist zweifellos, dass Magila bei seiner fruchtbaren und wasserreichen Lage unter den Händen der erfahrenen Patres und ihrer Zöglinge rasch zu einem kleinen Paradiese erblühen würde.

Die englische Mission besitzt noch eine Zweigstation zu Msosuë, östlich vom Mlingaberg, die von Einem Missionär verwaltet wird.

Abends hielten wir grossen Schauri mit dem Bondëi-Häupt-
linge Kibanga, der zufällig eben in Magila weilte. Zur Erklärung
des Wortes „Schauri" sei angeführt, dass es im Osten Afrikas
dieselbe Bedeutung hat, wie im Westen „Palaver". Es heisst also
vor allem „Verhandlung, Berathung", in übertragener Bedeutung
aber auch „Angelegenheit", ja selbst „Streit" und „Krieg", ist
mit einem Worte ein äusserst dehnbarer Begriff.

Kibanga ist ein hochgewachsener, sehr lichtfarbiger Mann, der
dem Herrschergeschlecht der Wakilindi angehört und einen guten
Eindruck macht. Er trug einen uralten, wettergebräunten europäischen Filzhut, ein braunes Hemd und ein langes arabisches
Schwert. Unsere Verhandlung war dadurch sehr erschwert, dass
wir Kibanga nicht recht begreiflich machen konnten, wo wir
eigentlich hinreisen wollten, da die Karten uns im nördlichen
Usambara völlig im Stiche liessen. Schliesslich erklärte er sich
bereit, uns zwei Wegweiser nach dem Dorfe Mkalamu zu geben,
welches, wie wir vermutheten, in unserer Marschrichtung gelegen
war. Wirklich fanden sich am nächsten Morgen zwei speeretragende
Wabondëi ein, unter deren Führung wir den Weitermarsch antraten.

Nach den vorhandenen Karten zu schliessen, sollten wir
heute in das Usambaragebirge eintreten, eine Aussicht, die uns
mit einiger Spannung erfüllte. Denn alle Reisenden, die den Süden
des Landes oder selbst nur die umliegenden Ebenen durchzogen,
sind voll des Lobes von Usambara. Die „ostafrikanische Schweiz"
nennt es der Eine und Andere erklären es als ein wahres Paradies
an Schönheit, Fruchtbarkeit, gesundem Klima und freundlicher
Bevölkerung. Ohne die Angaben unserer Vorgänger im entferntesten zu bezweifeln, brachten wir denselben doch einiges Miss-
trauen entgegen. Denn wie leicht kann Jemand, der wochenlang
durch wüste Steppen gezogen, veranlasst werden, ein nur mässig
bewaldetes und bewässertes Land als Paradies zu erklären! Auch
hatten die älteren Forscher die centralen und nördlichen Theile
des Landes, also den grösseren Theil desselben gar nicht kennen
gelernt, während die dürftigen Notizen, welche über die neueren
Reisen deutscher Colonialapostel bekannt wurden, dem Verdachte
allzu grossen Optimismus unterlagen. Was wir jedoch im östlichen

Usambara kennen lernten, war ganz dazu geeignet auch uns die
höchste Meinung von dem Lande beizubringen, welches entschieden
zu den schönsten und üppigsten gehört, welche ich in Centralafrika
kennen gelernt.

Von Magila ausgehend durchzogen wir erst schönes Busch-
land und ausgedehnte Bananenpflanzungen mit vielen kleinen
Dörfern am Fusse des Magilaberges, der theils bewaldet, theils
trotz seiner Steilheit mit Pflanzungen bedeckt ist. Wir überschritten
mehrere Gewässer und traten dann in die lange, von Höhenrücken
durchzogene Thalfurche, welche der Sigi und seine Zuflüsse durch-
strömen. Zur Linken ragen die dunklen Waldkämme des Msasa-
berges auf, zur Rechten erblickt man die felsgekrönten Häupter
des Finga- und Mlingaberges, im Norden thürmen ferne Gebirge
sich höher empor. Das Land ist grösstentheils mit prächtigem
Walde bedeckt, mit welchem Gebüsch und Felder von Bohnen,
süssen Kartoffeln, Bananen und Maniok wechseln. Auf den Hügeln
sind die Dörfer mit ihren dichten Hecken und dem niedrigen,
schachtähnlichen Eingangsthore verstreut. Die meisten derselben,
in welchen noch zahlreiche Cocospalmen zu sehen sind, sind
allerdings nur klein und zählen 10 bis 12 Hütten. Die Eingeborenen, Waschambā, sind in dunkles Zeug gehüllt und starren
unsere Karawane verwundert an. Denn wenn auch die Waschambā
öfters nach der Küste ziehen, um ihre Producte feilzubieten, und
wohl auch manchmal ein Suahilihändler sich in ihre Berge verirrt,
so ist doch eine grössere Karawane im Gebirge etwas Unerhörtes.
Dies merkt man auch an den Wegen, die sich häufig an steilen
Abhängen dahinziehen, und zwar nicht steinig, aber sehr schlecht
und von Baumstämmen versperrt sind. Dadurch wurde unser Marsch
sehr verlangsamt, was mir aber nur angenehm war, da meine Aufnahme an Genauigkeit gewann. Je weiter wir nordwärts kamen,
desto schöner wurde das Land und aus dem dichten Grün der
Thalgründe erhob sich immer deutlicher der felsige Doppelgipfel
des Geisterberges der Waschambā, des Mlinga. Wir lagerten im
Dorfe Hewumu, welches auf einem Hügel am Fusse des Finga-
berges gelegen ist. ·

Auch am 3. September wanderten wir stets noch in der
Thalmulde, welche vom Mlingaberge einerseits und von dem

Msasa- und Makuelikamme andererseits eingeschlossen und von
mehreren secundären Hügelketten durchzogen ist. Dazwischen
fliessen zahlreiche kleinere und grössere Gewässer, unter letzteren
auch der Hauptfluss, der klare, ansehnliche Sigi, den wir an
einer Stelle überschritten, wo er in drei Arme getheilt ist. Die
Vegetation ist stets reich, an den tief eingeschnittenen Furchen
der Flüsse gedeihen schöne, aber junge Wälder, in den Mulden
dichtverfilzte Krautpflanzen und Gräser, zwischen welchen der
enge Weg in zahllosen Schlangenwindungen sich zieht. An be-
wohnten Dörfern kamen wir nicht vorbei, wohl aber an verlassenen Dorfstätten, von den letzten Kriegen der Eingeborenen
herstammend. Dort hatten die ungebunden aufwuchernden
Culturpflanzen kleine, eigenthümliche Vegetationsgruppen, Siedel-
haine, gebildet, deren einer
uns und den Leuten Gelegenheit zu einem improvisirten
Gabelfrühstück mit Papaias
und Cocosmilch gab.

Des Mittags erreichten wir
das Dorf Muëmtindi, welches
nahe am Wasser auf einem
Hügel gelegen und von zwei
Balkenzäunen und einer dichten lebenden Hecke umgeben
ist. Trotz dieser Vertheidi-

Reis stampfende Weiber.

gungsmassregeln besitzt das Dorf nur zehn ärmliche, viereckige
Lehmhütten, welche auf nacktem Lateritboden erbaut und um
einige Felsblöcke gelagert sind. Der Leute wegen mussten wir in
diesem wenig einladenden Orte einen Tag rasten. Die Eingeborenen benahmen sich anfangs recht scheu, und erst am
zweiten Tage brachte der Dorfchef, ein ganz junger Mann, sein
Geschenk, ein fettschwänziges Schaf, etwas Reis und ein Ei.
Doch bekamen wir viele gute Kürbisse und Reis zu kaufen,
den die Weiber durch Stampfen in grossen Holzmörsern von den
Hülsen befreiten. Dennoch scheinen Mais und Maniok die Hauptnahrung der Leute, welche auch sehr schöne Tabakpflanzungen
besitzen.

Am 5. September zogen wir noch immer in der Sigimulde
weiter, welche im Norden durch die hohen Gipfel der Gondjaberge und des Lukindo abgeschlossen erscheint. Die Wege sind
durch die dichte Vegetation stets schwer gangbar. Wir kamen
an einem Dorfe und an mehreren verlassenen Dorfstellen vorbei.
Bei einer derselben waren mehrere, allerdings schon recht ver-
kümmerte Cocospalmen zu beobachten. Von hier aus sahen wir
zum .erstenmale das Dorf Mkalamu, dessen Hütten hoch am Bergkamme an einem steilen Felsriff förmlich angeklebt erscheinen.

Bald darauf verliessen wir das breite Thal und durchschritten
eine waldumschlossene Lichtung, in deren Mitte eine runde Zauber-
hütte der Eingeborenen stand. Dann ging es steil durch Wald
den Berg hinan. Mächtige, mit grünen Flechten bewachsene
Felsblöcke lagen am Wege, zwischen welchen kleine Wasserfälle
rauschten, die von hohen, lianenumschlungenen Bäumen beschattet
werden. Auf einem Vorplateau des Mkalamukammes, bei den
unbewohnten Hütten von Unter-Mkalamu schlugen wir Lager.
Mehrere Signalschüsse lockten Eingeborene herbei und unter
Führung eines alten, dürren Burschen stieg ich mit Tschansi und
drei Askari weiter, um die Felsenfeste Mkalamu zu besuchen.
Der Weg führt erst bergab und durch eine buschige Mulde, die
von mehreren Bächen bewässert ist. Dort trafen wir eine köstliche Quelle, die unter einem überhängenden Felsblock hervor-
rauscht und uns bei der herrschenden Hitze eiskalt vorkam, obwohl sie 21° C. Temperatur hatte. Dann gings sehr steil einen
schattenlosen Hang hinan, der mit dichter grasiger Vegetation
bedeckt war, in welcher einzelne Bananen und schöne Bambus-
gruppen aufragten. Zur Linken sieht man den Kamm, der in
senkrechten, leicht röthlichen Wänden abfällt und von dem Blocke,
auf dem das Dorf liegt, gekrönt wird. Wir durchzogen dichten,
prachtvollen Wald, in dessen Schatten abermals eine Quelle entspringt, wo die Einwohner von Mkalamu ihr Wasser holen.

Aus dem Waldesdunkel hervortretend, erreicht man den Kamm
und erblickt plötzlich, riesenhaft aus den Waldmassen auftauchend,
die gewaltige, haushohe Granitmasse des Mkalamufelsens. Der
mächtige, zerklüftete Block, in dessen Spalten grüne, wuchernde
Vegetation Fuss fasst, die Hütten des Dorfes und die dunklen

Gestalten der Eingeborenen, die schreiend in schwindelhafter Höhe sich bewegen, dies Alles bringt einen wahrhaft überraschenden Eindruck hervor. Der Felsen fällt nach drei Seiten in völlig senkrechten, wohl 30 Meter hohen Wänden ab, nur die Nordostseite ist gangbar und mit Lehm bedeckt. Dort befindet sich das Dorf. Der Pfad dahin, der Schwindeligen nicht zu empfehlen wäre, führt am steilen Südosthange, knapp am Fusse des Felsens, der hier von tiefen, finsteren Klüften zerrissen ist. Die Nordostseite ist durch einen kräftigen Balkenzaun versperrt, durch dessen Thor man ins Dorf gelangt. Dasselbe hat etwa 40 Hütten, die am steilen, lehmigen Abhang verstreut liegen. Jede derselben steht

Mkalamu.

auf einer festgestampften, rothen Lehmfläche, ist rund, niedrig, von Lehmwänden eingeschlossen und mit dickem Bananendach gedeckt.

Vegetation ist auf der Höhe keine vorhanden, die Felder liegen am Berge verstreut. Wie mir scheint, hat die Felsenfeste Mkalamu deshalb trotz ihrer verwegenen Lage selbst für afrikanische Verhältnisse keinen besonderen strategischen Werth, da sie sehr leicht von Nahrung und Wasser abgeschnitten werden kann. Allerdings sind die Eingeborenen, die ihre Hausthiere Nachts stets eintreiben und einen ziemlich organisirten Wachdienst am Thore halten, vor Viehdiebstählen und plötzlichen Ueberfällen gesichert.

Die Bewohner waren auf unseren Besuch nicht vorbereitet, die Weiber verkrochen sich schreiend in den Hütten und brachten auch ihre Kinder rasch in Sicherheit. Einige Männer jedoch führten mich auf die Höhe des Felsens, wo nach drei Seiten der Abgrund gähnt und der nackte Steinboden in mächtigen Felsplatten zu Tage tritt. Dort hatte der Häuptling Kissatu mit seinen Aeltesten sich am Fusse eines Flaggenstockes malerisch gelagert. Er sah recht aufgeweckt aus und trug ein reinliches Sansibar-Hemd und einen Maskat-Turban, auch seine alten, meist förmlich verschrumpften Minister trugen zur Feier des Ereignisses Fez und Speere in den Händen. Kissatu empfing mich sehr freundlich, schenkte mir ein Schaf und liess mir eine Mahlzeit von gekochten Bananen bringen. Auch fragte er mich, ob ich ein Bruder des weissen Mannes (wahrscheinlich eines englischen Missionärs) sei, der ihn vor längerer Zeit besucht und so ausserordentlich gut behandelt hätte. Obwohl ich nur vermuthen konnte, wer mein Vorgänger gewesen, beeilte ich mich doch die Frage im orientalischen Sinne zu bejahen, umsomehr, als jeder Reisende, der an einem Orte ein gutes Andenken hinterlässt, an seinem Nachfolger wirklich wie ein Bruder handelt.

Der Mkalamufelsen gewährte einen prächtigen Ueberblick über das südliche Usambara mit der charakteristischen Sigimulde, und ich machte mich sofort daran, eine trigonometrische Rundsicht aufzunehmen. Dabei gab mir Kissatu mit Bereitwilligkeit und mit dem Localpatriotismus eines Fremdenführers alle Namen mit verschiedenen Erläuterungen an und zeigte einen für einen Neger bemerkenswerthen Stolz auf die weite Aussicht von seiner Höhe. Freilich konnte er nicht mit Polykrates sprechen: „Dies Alles ist mir unterthänig", denn seine Herrschaft reicht nicht viel über Mkalamu hinaus. Während ich die breiten Felsgipfel der Gondjaberge und des Lukindo anpeilte, erzählte er mir, dass dort viele Dörfer zerstreut lägen und sein Vater, ein mächtiger Häuptling, dort regiere, dem auch er unterthan sei. Alles Land jedoch erkenne die Oberhoheit Kimueri's, des Königs in Wuga, an, nur Handëi und das südliche Sigithal hat Kibanga nach langen Kämpfen erobert. Früher gehörte Letzterem das Land bis Hudu, doch habe man ihn von dort verjagt. Obwohl gegenwärtig Frieden herrsche, sei demselben doch nicht recht zu trauen und daher sehen sich die Waschambā der Grenzdistricte genöthigt, gleich wilden Thieren auf den unzugänglichsten Felsen zu hausen und die schönen Thäler brach liegen zu lassen. Inzwischen hatte sich der Himmel verdunkelt und im Thale ging ein starker Regen nieder. Bald hüllten sich die dunklen Waldkämme in Wolken und die kreisrunden, braunrothen Flecken, welche die Dörfer bezeichneten, verschwanden im Nebel. Nur die hohen Felsgipfel des Lukindo und Mlinga waren von der Sonne bestrahlt, so dass man zwischen ihnen hindurch in die weiten Küstenniederungen bei Tanga blicken konnte, die ohne scharfe Grenze am Horizont mit dem blauen Ocean verschwammen.

Von Kissatu und vielen Dorfbewohnern begleitet, stieg ich nach dem Lager ab, wo wir alles durchnässt fanden, während in Mkalamu kein Tropfen Regen gefallen war. Kissatu bekam sein Geschenk, bestehend aus 4 Rupies in Silber und einem Fez, worüber er sehr erfreut war. Er erbat sich noch eine Flagge für die Stange am Gipfel seines Felsens. Da Usambara vertragsmässig zur deutschen Interessensphäre gehört, nahmen wir keinen Anstand, ihm eine deutsche Flagge zu schenken, obwohl wir im Uebrigen nicht daran dachten, unserer wissenschaftlichen Expedition einen colonialpolitischen Beigeschmack zu geben. Da unsere Führer aus Magila hier entlassen wurden, so versprach Kissatu, uns zwei Wegweiser bis Hundu mitzugeben, die sich denn auch am nächsten Morgen pünktlich einfanden. Mit ihnen überschritten wir am 6. September erst eine Anhöhe und gelangten zu dem ansehnlichen Semdoëbach, der noch dem Sigigebiete angehört. Abermals überstiegen wir auf steilen Waldwegen einen Kamm und fanden in einer Mulde das Dorf Mkokola, welches das übliche Stangengitter und etwa 20 Hütten besitzt. In der Mitte des Dorfes ragen ein paar steile Felsen auf, an welchen die nackte Dorfjugend fröhlich umherklettert.

Wir bekamen etwas Honig und Zuckerrohr und sahen am nördlichen Hange einige magere Cocospalmen, die hier ihren äussersten Punkt landeinwärts erreichen. Ich wurde schon durch diese verhältnissmässig küstenferne Lage in Erstaunen gesetzt, da ich die königliche Palme in Westafrika nur knapp am Meer kennen gelernt habe. Allerdings gedeihen die Cocospalmen bei Mkokola offenbar nicht mehr gut.

Dann begann die Hauptarbeit des Tages, die Ueberwindung des hohen Kombolaberges; derselbe ist ganz mit dichtem Urwalde bedeckt, der mich in seiner Ueppigkeit vielfach an die Bergwälder Fernando Póos erinnerte. Die mächtigen Waldriesen, deren oft blendend weisse Stämme sich erst im Obertheil zur dichten Laubkrone verzweigen, sind von grossblättrigen Lianen umschlungen und von zahlreichen parasitischen Pflanzen überwuchert. Darunter gedeiht auf dem feuchten, nur leicht röthlichen Boden eine fast undurchdringliche Vegetation von Busch und Graspflanzen. Die Wege sind geradezu fabelhaft schlecht, die Träger mit ihren schweren Lasten kommen auf dem glatten, lehmigen Boden nur mit der grössten Anstrengung vorwärts. Der Hauptkamm wird erst nach Ueberwindung mehrerer steiler Vorberge erreicht, zwischen welchen klare Gebirgsbäche rauschen. Der Abstieg zu denselben, so grossen Reiz er auch durch den Einblick in die herrlichen Vegetationsmassen gewährte, war doch für uns wahrhaft qualvoll, da die Träger nur Schritt für Schritt vorrücken konnten. Beim Aufstiege wurde mir in einiger Entfernung der Siedelhain des Dorfes Kiserui gezeigt, welches Krapf 1852 besuchte und das heute längst verlassen und verödet liegt. Kurze Rast hielten wir an einem überhängenden Felsen, den die Eingeborenen Kangangoroka nennen. Von dort ging es im letzten Anstiege sehr steil bergan und mit fröhlichem Jauchzen erreichten wir, aus dem Walde hervortretend, den grasigen Kamm des Kombolaberges. Zu unseren Füssen erblickten wir, gegen Süden sich erstreckend, die weite Thalmulde des Luengera, welche bei Korogwe, dessen Lage durch einige spitze Hügel bezeichnet wird, ins Panganithal einmündet. Dieselbe ist vorzugsweise grasig, theilweise aber auch bewaldet, von Hügelketten durchzogen und von hohen, dunklen Waldbergen eingeschlossen, deren einzelne, wie der Lutindi, steile, bezeichnende Felsgipfel tragen. Braune Dorfstätten mit ihren ringförmigen, grünen Hecken sahen wir nur wenige im Thale, durch die Kriege ist es fast ganz verödet und dient den räuberischen Schaaren der Massai als bequemes Einbruchsthor ins Panganithal.

Mit der Erreichung dieses Gipfels glaubten wir das Schwerste überstanden zu haben, doch war der Abstieg so steil und der Weg so feucht und glatt, dass die Träger sich nicht aufrecht erhalten konnten und zur Fortbewegung einen Körpertheil benützten, auf dem man im Allgemeinen mehr zu sitzen als zu gehen pflegt. Endlich erreichten wir das niedrige Waldjoch zwischen Lutindi und Kombola, welches die Wasserscheide zwischen Luengera (Pangani) und Wadiri (Umba) bildet. Wir hatten noch ein gutes Stück nach Seite des letzteren abzusteigen, bevor wir mit sinkender Sonne das Dorf Nkisara erreichten, wo Dr. Meyer mit der Vorhut schon seit Stunden angelangt war. Die Träger waren mit Koth und Schlamm bedeckt und sehr ermüdet, nur das Versprechen „Kescho ta schinda" (Morgen wird gerastet) konnte sie zu einem schwachen Jubelgeschrei begeistern. Nkisara liegt auf einer Stufe des Wadirithales, welches vom Kombola- und Hunduberg eingeschlossen ist. Thalauswärts blickt man in die dürre, graubraune Steppe, durch welche das Vegetationsband des Flusses sich schlängelt und wo Abends mächtige Grasbrände auflodern. Das Dorf hat etwa 30 ärmliche Hütten, doch sieht man schöne Ziegen und Schafe und die Bewohner, deren Hauptnahrung Bananen und Bohnen sind, sehen kräftiger aus als die Waschambā des Sigigebietes. Der Rasttag in Nkisara verlief ruhig, wir vertheilten zum erstenmale Poscho (Zehrgeld) in Baumwollenzeug. Bisher hatten wir den Leuten Kupfergeld gegeben, welches auch in Nkisara, ja fast überall in Usambara gangbar ist. Da dies aber nicht vorauszusehen war, hatten wir nicht genügende Mengen Kupfergeld mitgenommen.

Am Morgen des 8. September fand sich, dass zwei Träger fortgelaufen waren, was jedoch keinen weiteren Aufenthalt verursachte. Wahrscheinlich waren die Leute durchs Luengerathal nach Korogwe entflohen. Wir verfolgten den Abhang des Hunduthales und stiegen, am kleinen, neuen Dorfe Scheschuhi vorbei durch dichten Wald leicht abwärts. Vielfach bemerkten wir darin Bambus und wilde Orangen, manchmal überschritten wir abgeholzte und bebaute Strecken, wo viel Tabak und Zuckerrohr gedieh. Das Hunduflüsschen ist ein sehr schönes, klares Bergwasser, welches unter hohen Bäumen über die Steinplatten rauscht.

Am jenseitigen Thalhange ging es sehr steil bergan. Die Wege waren stellenweise recht gut, meist aber wie gewöhnlich schlecht und durch Felsplatten versperrt. Es war erstaunlich, wie rasch unsere Träger, die doch im Allgemeinen in solchen Bergwanderungen nicht geübt waren, sich eingewöhnt hatten und mit welcher Leichtigkeit sie bereits stiegen. Am Tage nach dem Poscho pflegten viele sich's freilich bequem zu machen und einen Eingeborenen zu engagiren, der die Last schleppte, während der Träger als grosser Herr nur mit dem Gewehr hinterherschlenderte. Freilich war das Zehrgeld für solchen Luxus nicht bemessen und wenn es am letztem Tage nichts mehr zu essen und auf den Feldern nichts zu mausen gab, so wurde eben der Gürtel strammgezogen und — gefastet.

Höher oben nahm der Boden eine grell ziegelrothe Farbe an und erschien mir als typischer Laterit. Die Vegetation war dem ungeachtet eine sehr reiche, einzelne Palmen erhoben sich zwischen reizenden Pandanus ähnlichen Pflanzen und die Laubbäume waren stark mit Bartflechten bewachsen. Stets ist das Dorf Hundu sichtbar, welches, das Land beherrschend, auf steilem Felsvorsprunge am Hange gelegen ist. Schon um 10 Uhr Morgens durchschritten wir gebückt die Thore der beiden Balkenzäune, welche die einzig zugängliche Seite von Hundu versperren. Das Dorf besitzt etwa 20 Hütten, die auf der Höhe des schmalen Felsvorsprunges auf gelbrothem Boden verstreut liegen. Die äusserste Ecke wird ähnlich wie in Mkalamu von gähnenden Abgründen gebildet, an deren Fuss das Dörfchen Unter-Hundu und das Wadirithal gelegen ist. Wir hatten herrlich klares Wetter und der Blick konnte ungehemmt über das weite Panorama Süd-Usambaras schweifen. Die Felspyramide der Lutindi und die dunkle, breitschulterige Masse des Kombolaberges lagen vor uns, dahinter tauchten die felsgekrönten Waldkämme des Sigithales, Mlinga, Mkalamu und Lukindo auf, bereits wohlbekannte Gestalten. Zur Linken erhob sich, in die Ebene vorgeschoben, der flache Doppelgipfel des Kingongoi. Einen grossartigen Eindruck machte jedoch der Anblick der weiten Nyikasteppe, auf welche wir wie von einer hohen Insel herabsahen. In scheinbar unendlicher Grösse dehnt sich die graubraune Fläche mit eingestreuten Gebüschen, nur unterbrochen von den Galeriewäldern der Flüsse und von öden Bergkuppen, die gleich wüsten Eilanden aus dem dürren Grasmeer sich erheben. Unter diesen bemerkten wir die unbewohnten Grevi- (Jerewi) Berge, welche Von der Decken und Kersten vor Jahren überschritten und auf ihrer Karte verzeichnet haben. Im fernen Nordosten leuchtete die blaue Fläche des Meeres auf, während im Norden die Ebene am Horizont in scharfer Linie abschloss. Der Dorfchef von Hundu war sehr lichtfarbig und hatte halb arabischen Typus, gehörte also jedenfalls dem Wakilindi-Geschlechte an. Er benahm sich nicht übermässig freundlich.

Am Morgen des 9. September war es recht empfindlich kalt und ein scharfer Wind brachte Nebel, der bald Alles mit seinem grauen Schleier verhüllte. Die Schwarzen sind in solchen Fällen förmlich unzurechnungsfähig und kaum in Bewegung zu setzen, da nichts so ungünstig auf sie einwirkt als Kälte und Regen. Wir stiegen sehr steil durch den Wald bergan, zu beiden Seiten rauschten frische Bergwässer. Je höher wir kommen, desto mehr nimmt die Vegetation afrikanischen Gebirgscharakter an. Der Wald lichtet sich, aus dem dichten Gewirre des Unterholzes erheben sich vereinzelt die prachtvollen, hohen Laubbäume, noch dichter als im Unterland von Lianentauen und Schmarotzerpflanzen umschlungen. Nesselgewächse werden auffallend häufig und auch der König des tropischen Bergwaldes, der herrliche Baumfarn, tritt in einzelnen Exemplaren auf Besonders schön sind die wilden Bananen mit riesigen, unzerschlissenen, saftgrünen Blättern. In einigen Stunden erreichten wir die Höhe des Niëloberges, wo jedoch der Wald jeden Ausblick hemmte. Auch beim Abstieg ging es zuerst durch einen förmlichen Hohlweg zwischen Laubmauern, wo der laute Gesang der Waniamwesi-Träger ganz eigenthümlich hallte. Erst von einer Lichtung konnten wir die neue Welt überblicken, über deren Beschaffenheit die vorhandenen Nachrichten keinerlei Aufschluss gegeben hatten.

Abermals lag eine tiefe, weite Thalmulde unter uns, jenseits welcher der felsige Grat der Mschihuiberge sich erhob, der sich nach Nordwesten zu den höheren, zerklüfteten Kämmen der rauhen Jaschatuberge aufthürmt. Diesen vorgelagert war die niedrigere, breite Masse des Ula. Nahe, aber abgrundtief unter uns dehnte sich die trostlose Nyika gleich einem erstarrten braunen Ocean aus. Als wir den Berg weiter herabstiegen, änderte sich plötzlich der Landschaftscharakter und fast schien es, als ob auf das „glückliche

Usambara" ein „steiniges Usambara" folgen sollte. Steinig war der Boden allerdings noch nicht, doch an Stelle des Waldes und der saftigen grünen Weiden, die wir bisher durchzogen, trat steifes, hartes Gras mit eingestreuten verkrüppelten Büschen. „Saua-saua Vivi" (ganz wie bei Vivi), sagten die Sansibariten. die früher am Congo gedient hatten, und wirklich, die Aehnlichkeit war eine auffallende. An den Gewässern freilich gedeiht dichterer Busch, aber auch dieser hat ein fremdartiges Aussehen und ist besonders durch die abenteuerlichen, kronleuchterartigen Formen der Baumcacteen und der mächtigen Euphorbien ausgezeichnet, bei welchen die kleinste Verletzung einen wahren Springquell weissen, ätzenden Saftes hervorruft. Die Thalmulde selbst, obwohl allerseits von trostlosem Campinenland

Wasserträgerin.

umgeben, ist jedoch fruchtbar und wir durchschritten in derselben schöne Pflanzungen von Zuckerrohr, Bananen, Bohnen, Kürbissen, Tomaten, Reis. Maniok und Papaias, bevor wir das kleine Dorf Mschindi mit etwa 15 Hütten erreichten. Obwohl mir nicht bekannt ist, dass jemals ein Weisser vor uns Mschindi besucht, zeigten sich die Eingeborenen doch gar nicht sehr überrascht durch unsere Ankunft, woraus wir schlossen, dass sie häufigen Verkehr mit der Küste unterhalten. Dies wurde auch dadurch bestätigt, dass die Leute uns bald Kupferpice brachten, um dieselben gegen Rupien umzutauschen.

Im Uebrigen liess sich's in Mschindi sehr gut leben, ein Dorfchef machte zwar nicht seine Aufwartung, doch bekamen wir ausserordentlich reichliche und billige Nahrung, so dass der Koch ein wahrhaft lucullisches Mahl bereiten konnte.

Am 10. September durchzogen wir die völlig flache Kumba-mulde, welche allerdings fruchtbar und wasserreich, sogar theil-weise versumpft ist, aber im Charakter ihrer Vegetation der Sigimulde in keiner Weise ähnelt. Besonders sind auch hier die Cacteen und Euphorbien in erstaunlicher Grösse entwickelt, und niedrige, knorrige Lianen verschlingen sich in den unglaublich-sten Windungen zu wahren gordischen Knoten. Durch letztere, durch dicke, gefallene Baumstämme und sumpfige Stellen war das Fortkommen sehr erschwert und die Träger konnten sich des vielersehnten Flachgehens nicht recht erfreuen. Um 9 Uhr kamen wir an eine Stelle, wo ein Bach eine lehmige Thalstufe überwindet und als kleiner Wasserfall in einen Tümpel stürzt. Er tritt aus einem kleinen Schilfsumpf, der die Bäche aufnimmt, welche den drei Felsbergen Mavumbi, Nigale und Ibumba ent-strömen und den District von Mschihui bewässern. Bald darauf erreichten wir das Hauptdorf desselben, Maschëua, mit etwa zwanzig Hütten, die auf einem kahlen Hügel gelegen sind, von welchem man die genannten Felsberge und einen Theil der Kumbamulde mit den einzelstehenden Massen des Ula und Kongoi überblicken kann.

Schon in Mschindi hatten wir allerlei Wunder von dem grossen Masëuasee gehört, der in der Kumbamulde gelegen sein sollte. Wir massen diesen Angaben allerdings keinen besonderen Werth zu, da ein wirklich grösserer See von den Bergen zu sehen gewesen sein müsste, hielten es aber doch für unsere Pflicht, die Sache in Augenschein zu nehmen. Geführt von einem Eingeborenen verfolgten wir den sogenannten Massaiweg, d. h einen der Pfade, welchen die Massai benützen, um aus den nörd-lichen Ebenen ins Luengenathal zu gelangen. Derselbe war durch dichtes Dorngestrüpp nahezu ungangbar, so dass wir nur schwer durchkamen. Schliesslich trafen wir auf eine offene Stelle und auf zahlreiche Flusspferdspuren, wodurch unsere Erwartung etwas höher gespannt wurde. Um so grösser war unsere Enttäuschung, als schliesslich ein waldumgebener Schilfsumpf als der berühmte Masëuasee bezeichnet wurde. Mühsam drangen wir am rechten Abhange eine Strecke weiter, um einen Ueberblick zu gewinnen. Von dort sahen wir, dass der Masëua etwa eine Stunde lang und 30 Minuten breit ist und nur wenige offene Stellen besitzt, von welchen man das tiefe Grunzen der Flusspferde vernimmt, die hier wahrscheinlich eine alpine Sommerfrische besitzen. Der Ausfluss, der recht ansehnlich sein soll, fliesst als Kumba dem Luengera zu.

Nach Maschëua zurückgekehrt, fanden wir die Eingeborenen zahlreich versammelt und bereits in inniger Freundschaft mit unseren Trägern. Sie sahen viel unverfälschter und weniger von Cultur angehaucht aus als die bisherigen Waschambā und hatten scharfgeschnittene, oft auffallend jüdische Gesichtszüge, auch häufig Kinnbärte. Sie führten wenige Gewehre, sondern meist Bogen und Pfeile und rauchten aus langen Pfeifen entsetzlichen Usambara-Knaster, dessen „Aroma" der afrikanischen Tabakcultur ein trauriges Prognostikon stellen lässt. Einige alte Herren mit Hakennasen, rothen Mützen und dunklen Ueberwürfen, die ohneweiters als schwarz gefärbte polnische Juden gelten konnten, wurden uns als die Häuptlinge von Mschihui vorgestellt. Vor diesem „Parterre von Königen" gaben wir denn unsere übliche Vorstellung mit Spieldose, Magazingewehr und Bilderbüchern und erregten grosse Begeisterung. Unsere Leute kauften inzwischen sehr viele Lebensmittel und besonders guten Honig. Letzteren bekamen wir überhaupt so häufig, dass wir unsere Getränke u. s. w. nur mehr damit süssten. Der Jumbe (Häuptling) von Maschëua zeigte übrigens etwas sonderbare Rechtsbegriffe. Er brachte nämlich eine Ziege als Geschenk und empfing sein Gegengeschenk. Am nächsten Morgen jedoch wusste er im Tumult des Aufbruches die Ziege wieder verschwinden zu lassen und ins Dorf zu bringen. Leider erfuhren wir den Vorfall zu spät, sonst hätten wir, um das Princip zu wahren, die Ziege, die einmal unser Eigenthum geworden, energisch zurückverlangt.

Unser Weg führte durch theilweise verbranntes Campinenland in den Mulden des Kumba und Mgambo, stets in Sicht der
steilen Felsberge Jamba, Gombello und Fuschi. Im Graslande
zerstreut liegt der Dorfcomplex von Magoda mit etwa 30 Hütten.
Der sehr beschränkte Wegweiser, welcher an der Spitze der
Karawane ging, leitete dieselbe auf einen falschen Pfad, der nach
Wuga Kimueri's führt. Mein Kirongosi Katta aus Hundu merkte
dies zwar sofort, doch dauerte es geraume Weile, bis alle Träger
auf den richtigen Pfad zurückgekehrt waren. Durch diese Ver-
zögerung waren wir genöthigt, in dem elenden Dorfe Hankuni
mit zehn kleinen Hütten zu verbleiben. Doch fanden wir einen
schönen Lagerplatz am Ufer des kühlen Mgamboflusses im
Schatten eines grossen Baumes, der mitten in einem Kürbisacker
lag, wo es von Grillen wimmelte. Den Hintergrund bildete die
schlanke Felspyramide des Gombello.

Am 12. September legten wir einen längeren Marsch durch
recht traurige Gegend zurück. Fast überall herrscht Campinenland vor, die Thäler sind häufig versumpft und der Wald, falls
von einem solchen gesprochen werden kann, besteht fast nur aus
Euphorbien und Dorngestrüpp, welches das Gehen erschwert.
Bis oberhalb des Dorfes Kitivo, das in verbranntem Graslande
liegt, zogen wir im Thale, dann verfolgten wir einen kleinen
Wasserlauf, der in einem breiten Hochkessel, einem Kaar, wie
man in den Alpen sagen würde, entspringt. Allerseits ragen
die steilen, öden Hänge auf, von wilden Felsgraten gekrönt,
unter welchen der Gomeniberg und der Gombello hervorragen.
In scharfem Anstieg führte der Weg den sonnbestrahlten Hang
hinan. Der Boden war mit spärlichen Gräsern und einzelnen,
verkümmerten Büschen bedeckt, zwischen welchen zahllose weisse
Quarz- und glänzende Glimmersplitter verstreut lagen. Das war
ein „steiniges Usambara", wie es nicht schöner gedacht werden
konnte.

Auf der Höhe des Dasseïberges grüssten uns kühlere Lüfte
und ein weiter Ausblick entschädigte uns für unsere Mühen.
Wir blickten in eine Mulde hinab, die in ihrer Trostlosigkeit den
bisherigen schönen Thälern freilich wenig glich. Jenseits derselben, im Süden und Südosten ragten Kongoi und andere ferne

Bergkämme auf, die freundlicheres, grünes Ansehen hatten, und über welche, wie man uns angab, der Weg nach Bumbuli und Wuga Kimueri's führt. Ein anderes Wuga, jenes des Häuptlings Jaschatu, lag nördlich von uns, ebenfalls den Blicken nicht sichtbar und von uns getrennt durch die hohen, charakteristischen Felsberge des Gomeni und Haschatu.

Beim Abstiege überschritten wir zahlreiche trockene Wasserrisse und erreichten schliesslich Nachmittags das Dorf Haschatu, welches auf einem niedrigen Hügel in der Mulde liegt und etwa zwanzig Hütten besitzt. Eigentlich hätte am nächsten Tage gerastet werden sollen, doch war das Dorf so elend, das Wasser so schlecht und weit entfernt, ferner die ganze Gegend so trostlos und arm, dass die Träger aus freien Stücken erklärten, hier nicht bleiben zu wollen. Zufällig war gerade der Häuptling Jaschatu anwesend, der von Kimueri völlig unabhängig sein soll, wahrscheinlich weil Letzterer es sehr vernünftigerweise nicht der Mühe werth findet, ihn im Besitze seines Steinlandes zu stören. Jaschatu, der sich bald bei uns einfand, ist ein grosser, schön gebauter Mann mit intelligenten, energischen Gesichtszügen. Er erschien ohne Gruss, starrte uns einige Zeit schweigend an und zog dann plötzlich wieder ab, ein Geschenk für uns zurücklassend. Da wir eine solche Behandlung denn doch nicht gewöhnt waren, wiesen wir dasselbe zurück und erklärten, den Häuptling Jaschatu nicht zu kennen. Se. Hoheit fühlte sich dadurch veranlasst, wieder zu erscheinen, er benahm sich diesmal etwas freundlicher, so dass wir die Ueberzeugung bekamen, dass seine Zurückhaltung nur auf angeborener Schüchternheit und Scheu zurückzuführen war, da das Erscheinen von zwei Weissen in seinen Erblanden ihm doch ein zu neues Ereigniss sein mochte. Zuletzt gab er uns ein Schaf, eine Ziege und Honig und erhielt eine Pistole von uns, so dass die Freundschaft wieder hergestellt war.

In Haschatu schied zu meinem grossen Bedauern Katta, der Wegweiser aus Hundu, einer der wenigen vernünftigen Wegweiser, die ich in Afrika besessen. Für den Reisenden, dem es sich nur darum handelt, ein bestimmtes Ziel zu erreichen, ist freilich irgend ein Eingeborener, der den Weg kennt, als Führer genügend; für den Topographen jedoch, dem das Erfragen der

Nomenclatur und der directe Verkehr mit den Eingeborenen von höchster Wichtigkeit ist, kann der Besitz eines guten Wegweisers eine wahre Lebensfrage genannt werden. Denn im Allgemeinen sind die Naturvölker, nicht nur in Afrika, sondern selbst im europäischen Orient, abgeneigt, die Ortsnamen ihrer Heimat dem Reisenden anzugeben. Sie verstehen nicht warum er so eifrig nach Allem frägt und vermuthen irgend eine üble Absicht. Es ist daher nicht gut thunlich selbst zu fragen, und ich liess die Namen stets durch meine schwarzen Diener in meiner Gegenwart in Erfahrung bringen. Auf den Wegweiser allein sich zu verlassen, wäre unvorsichtig, da man nicht verlangen und erwarten kann, dass derselbe alle Namen auf Tagreisen weit kennt. Das Fragen der Diener war jedoch in unserem Falle dadurch sehr erschwert, dass Erstere das Kischambā nicht sprachen, während viele Eingeborenen fast nichts Kisuahili verstehen. Als Wegweiser wurde natürlich wo immer möglich ein Mann ausgewählt, der Kisuahili sprach. Auf dessen Verständigkeit im Ausfragen der Eingeborenen kam es in hohem Grade an. Darum bekleidete der „Kirongosi" mir gegenüber immer eine Ausnahmsstellung. Seine Wünsche wurden, wo irgend möglich sofort erfüllt, und selbst ein Benehmen, welches bei den eigenen Leuten als bodenlose Frechheit strenge bestraft worden wäre, wurde beim Kirongosi als gelungener Scherz belächelt, um diesen wichtigen Mann bei guter Laune zu erhalten.

Im Allgemeinen theile ich die Wegweiser in vier Gruppen: die Verständigen, die Dummen, die Diensteifrigen und die Boshaften.

Das Ideal eines Menschen ist der verständige Wegweiser. Er kennt vor Allem das Land genau und wartet nicht, bis man ihn zehnmal frägt, sondern sagt die Namen von selbst, ja macht den Reisenden auf manche Terrainobjecte aufmerksam. Er kann sich mit dem Reisenden und seinen Dienern vollkommen verständigen. Er giebt nie einen falschen Namen an; weiss er einmal etwas nicht, so sagt er dies ungescheut und fragt den nächsten begegnenden Eingeborenen in unauffälliger Weise. Leider sind solche Perlen höchst selten, ich habe in Afrika eigentlich nur zwei, den Stromführer Saladjum von Wangata am

Congo und den Jungen Katta von Hundu als solche kennen
gelernt.

Der dumme Wegweiser weiss anfangs erst gar nicht, was
man eigentlich von ihm will. Er fasst die Fragen des Reisenden
als müssige Neugierde oder schlechte Witze auf und starrt entweder verwundert oder grinst, ohne zu antworten. Niemals sagt
er einen Namen von selbst, und die Frage: „Wie heisst dies,
wie heisst jenes?" muss bis zum Ekel wiederholt werden. Ueberhaupt weiss er sehr wenig und die fehlenden Namen müssen
durch die Diener mühsam von Eingeborenen erfragt werden, da
der Führer dazu unbrauchbar ist. Mit sehr viel Geduld bekommt
man auf diese Art eine lückenhafte, aber doch im Allgemeinen
richtige Nomenclatur.

Der dumme Wegweiser ist der normale. Viel gefährlicher als
er ist der „Diensteifrige". Dieser weiss meistens gar nichts, will
aber seine Unkenntniss um keinen Preis zeigen und erfindet mit
erstaunlicher Phantasie die unglaublichsten Namen. Freilich ist er
sehr leicht zu überführen, wenn man ihn nach einiger Zeit um
den Namen eines schon früher bezeichneten Objectes fragt. Er
giebt dann regelmässig einen anderen Namen an, weil er den
zuerst erfundenen bereits wieder vergessen hat. Zum Ausfragen
der Eingeborenen ist er nicht zu brauchen, da er niemals zugeben
will, dass ein von ihm genannter Name falsch sei. Er fragt deshalb immer ob ein bezeichnetes Object nicht so oder so heisse,
worauf die Eingeborenen unabänderlich mit „Ja" antworten. Dieses
lügenhafte Wesen vieler Wegweiser entspringt meist nicht aus
Böswilligkeit, sondern gerade aus dem Gegentheil; er will dem
Weissen Vergnügen machen, indem er ihm recht viele Namen
angiebt. Diese Art Wegweiser verursachen unsägliche Mühen und
man kann noch froh sein, wenn es gelingt, sie in einfach dumme
Wegweiser zu verwandeln.

Am ärgsten sind natürlich die „Boshaften", die aus Aber-
glauben oder Schlechtigkeit absichtlich falsche Angaben machen
und die Eingeborenen zu solchen verleiten. Glücklicherweise
kommen sie aber nur selten vor, da Leute, welche eine solche
Abneigung gegen Weisse besitzen, sich im Allgemeinen überhaupt nicht als Wegweiser hergeben. Aus dem Genannten ist

zu ersehen, welch grosse Wohlthat ein vernünftiger Führer für den Topographen ist, der durch Routenaufnahme, astronomische und barometrische Beobachtungen, Winkelmessungen und andere Arbeiten ohnehin fortwährend in Athem erhalten wird und dann wenigstens das übliche Repertoire von Kniffen und diplomatischen Künsten ruhen lassen kann, um eine richtige Nomenclatur zu erfahren. Mit grossem Bedauern entlässt man daher einen anstelligen Burschen, wie den guten Katta aus Hundu, und betrachtet seinen Nachfolger mit der bangen Frage: „Zu welcher Classe magst du wohl gehören?"

III. Capitel.

Von Haschatu nach Masinde und Kwambugu.

Am Morgen des 13. September herrschte trübes, nebeliges Wetter, welches sich bald darauf in Regen verwandelte. Dies rief bei den Bewohnern von Haschatu grossen Jubel hervor, da seit fünf Monaten kein Tropfen Regen gefallen war. Allgemein schrieb man diesen günstigen Witterungsumschlag unseren segensvollen Zauberkünsten zu und wir fanden es nicht für gut, diesem Gerücht, welches für uns so vortheilhaft war, ernstlich zu widersprechen. Weniger freundlich als die Menschen, schienen die Bienen gegen uns gesinnt, denn sie fielen in wahren Schwärmen über uns her, während wir unser Frühstück verzehrten. Uebrigens ist ihr Stich nicht sehr empfindlich. Unser Weg führte in der Thalmulde aufwärts durch welliges, sehr trostloses Campinenland, welches fast völlig abgebrannt ist. Nach etwa zwei Stunden, während welcher man die Wasserscheide zum Umba überschreitet, wird die Vegetation etwas reicher und man passirt einige trockene Wasserläufe. Unter einem mächtigen, überhängenden Felsen suchten die Träger für einige Zeit Schutz vor Regen und Kälte Unser neuer Kirongosi erzählte dabei allerlei Mordgeschichten von dem arabischen Bandenführer Mbaruk aus Mombas, der seine Raubzüge bis in dieses Gebiet auszudehnen pflegte und der Schrecken des Landes war. Schliesslich besiegte ihn der Sansibar-General Matthews und heute soll er ein friedlicher Unterthan Seïd Khalifah's sein.

An einer Quelle vorbei, deren Temperatur 18⁰ C. betrug, stiegen wir durch schöne Bananen- und Tabakpflanzungen zur Höhe des Dorfes Kasita mit etwa 15 Hütten. Dasselbe gehört zum Complex von Makania, dessen Ortschaften auf den benachbarten Bergen verstreut liegen, und untersteht noch dem Häuptlinge Jaschatu. Von dem Dorfe, welches über 1300 m hoch liegt, erblickt man in der Ferne die hohen Centralketten Usambara, darunter den waldigen Baga und den Magamba, den ich später näher kennen lernen sollte. Nach abwärts sieht man einerseits in die öde Thalmulde von Haschatu, andererseits gewährt ein Sattel im Randgebirge Ausblick nach der unermesslichen Nyikasteppe, deren häufiger Anblick aus bedeutender, schroff aufragender Höhe einer Usambarareise so eigenartigen Reiz verleiht. Die Leute kamen in grossen Mengen und brachten viele Lebensmittel zum Verkauf, so dass die Träger den Rasttag am 14. September gehörig geniessen konnten. Weniger war dies bei mir der Fall, da ich von einem lästigen Fieber geplagt wurde.

Der Marsch am 15. September führte durch ödes, mit dürrem Gras bedecktes Land, aus dem die blattlosen, halb verkohlten Bäumchen hervorragen. Wir überschritten mehrere Höhen, von welchen man zum erstenmale die tief einschneidende, weite Bucht erblickt, welche die Steppe in dem nördlichen Steilabfalle des Gebirges bildet. Der östliche Randpfeiler derselben ist der Kimbo, eine zerklüftete, kahle Felsmasse, im Norden ragt als äusserster Vorsprung Usambaras die ferne, spitze Felspyramide des Mbaramuberges auf. Ausser vielen trockenen Wasserrissen überschritten wir auch einen fliessenden Bach und kamen gegen Mittag in eine Mulde, die von dem versumpften Kitivo bewässert wird. Dort liegt das ärmliche Dorf Uandani, umgeben von elenden, halbvertrockneten Pflanzungen, am Fusse des steil aufragenden Berges, der das Felsdorf Mnola trägt. Unfreundlich wie das Land waren auch seine Bewohner, eine schmutzige, scheue Gesellschaft, die bei unserer Annäherung das Dorfthor verrammelte und Niemand einlassen wollte. Da wir jedoch Nahrung kaufen und deshalb mit den Leuten in Verbindung treten mussten, so suchten wir durch längeres Verhandeln bei verschlossener Thür die Schwarzen von unserer Harmlosigkeit zu überzeugen, was schliesslich auch gelang. Uandani gehörte nicht mehr zu Jaschatu's Gebiet, sondern leistete wieder Kimueri von Wuga Gehorsam. Bereits in den letzten Tagen war die Kälte besonders Morgens sehr empfindlich geworden, in Uandani jedoch fiel das Thermometer am Morgen des 16. September gar auf die für Centralafrika unerhörte Temperatur von $+5^0$ C. Die halbnackten Träger kauerten zitternd an den Feuern und waren nur mit Mühe vom Fleck zu bewegen, obwohl gerade das Marschiren sie am ehesten erwärmen konnte. Dann ging es steil zu einem hohen Bergkamm an, von dem aus man abermals einen schönen Blick auf die weite, braune Ebene mit ihrer steilen Umrahmung geniesst. Im Norden taucht der breite Kegel des Kisigao im Taitalande auf. In der Höhe ist das Land etwas besser; besonders die ziemlich zahlreichen Wasserrisse, in welchen Tümpel oder schmale Rinnsale zu finden sind, ermöglichen reichere Vegetation an ihren Ufern. Nachdem wir einige Zeit am Steilabfalle gegen die Ebene gewandert, stiegen wir abermals landeinwärts zu einer Mulde ab, wo das kleine Dorf Kihitu am Fusse eines schroffen Felsens gelegen ist, der die Aussicht nach der Ebene versperrt. Das Erklettern desselben mittelst einiger Spalten und Wurzeln, ein kleines alpines Kunststück, scheint ein Lieblingssport der löblichen Dorfjugend, die sehr erstaunt war, als ich ihr dasselbe nachmachte und sogar meine „Zauberwerkzeuge" (Instrumente) hinaufhisste, um eine trigonometrische Rundsicht herzustellen. Auch hier waren die Eingeborenen scheu und zurückhaltend, waren noch schmutziger und rauchten noch schmählicheren Tabak als anderswo. Wie fast überall im Campinenlande Usambaras war die Nahrung spärlich und so theuer, dass wir uns veranlasst sahen, eine Rakete steigen zu lassen, worauf die Preise etwas fielen. Seit drei Tagen zeigte sich kein Häuptling mehr und der übliche Geschenkaustausch schien gänzlich aus der Mode gekommen. Unsere Stimmung war gerade keine glänzende, denn zwar bereisten wir ganz unerforschtes Gebiet, aber dasselbe war so trostlos und unfruchtbar, dass wir uns fragen mussten, ob es denn überhaupt der Mühe werth sei, derartiges Land zu entdecken und aufzunehmen. Schon fürchteten wir, dass das ganze nördliche Usambara trauriges Campinenland sein mochte und dass die gute

Meinung, welche frühere Reisende von der „ostafrikanischen
Schweiz" verbreitet hatten, nur für den Süden des Landes Be-
rechtigung habe.

In dieser pessimistischen Stimmung verliessen wir am
17. September das ungastliche Kihitu. Schon zu Beginn des
Marsches wurden wir jedoch durch die breiten, auffallend guten
Wege angenehm berührt, die meist in den steilen Hang eingeschnitten sind, der in mehreren Absätzen nach der Ebene abfällt. Die Bäche, die wir überschritten, waren wasserreicher, die
Bananen- und Tabakfelder, zwischen welchen einzelne Hütten
verstreut liegen, verloren etwas von ihrem verdorrten Aussehen.
Ueberhaupt wurde das Land zweifellos freundlicher. Erst fanden
wir noch einige schlanke Palmen, je höher der Pfad jedoch den
Komascharuberg hinanführt, desto mehr nehmen Farnkräuter und
dichtes, niedriges, wohlriechendes Gestrüpp überhand, zwischen
welchem feines, an die Heimat erinnerndes Gras spriesst. Stets
schweift der Blick ungehemmt über die weite Steppe, in welche
die wilden Felsberge Usambaras gleich Vorgebirgen unvermittelt
einschneiden. Alles Wasser fliesst hier dem Umba zu, dessen
grüner, geschlängelter Vegetationsstreif tief unten in der Ebene
zu verfolgen ist und uns Von der Decken und seiner Gefährten
gedenken liess, die von dort aus vor fast 30 Jahren die Höhen
zuerst erschaut haben, auf welchen zu wandeln uns nun vergönnt war.

Steil führte der lateritrothe Pfad zur Höhe des Randberges
hinan und deutlich konnte man die ganze Karawane überblicken,
welche, der Kirongosi mit der deutschen Flagge voran, dem
Kamme zustrebte. Kaum hatte der Vortrab denselben erreicht,
als die ersten Träger ihre Lasten niederlegten und in ein wahres
Freudengebrüll ausbrachen. Wir im Nachtrab wurden natürlich
neugierig und begannen den Hang förmlich hinanzulaufen.
Als wir auf der luftigen Höhe standen, konnte auch ich mich
nicht enthalten, den prächtigen, überraschenden Anblick, der sich
uns bot, mit einem kräftigen Juh-Schrei zu begrüssen. Alle Be-
fürchtungen, dass das ganze nördliche Usambara sich als trauriges Campinenland erweisen könnte, waren durch einen Blick
aus dem Felde geschlagen; es war kein Zweifel, das „steinige

Usambara" lag hinter uns und wir traten in ein neues, schöneres „glückliches Usambara". Für unsere Leute bedeutete dies ein Ende der Hungertage, für uns die Entdeckung eines unbetretenen, vielversprechenden Gebietes in Deutsch-Ostafrika. Umgeben von schönen Bergzügen, deren Gipfel theils bewaldet sind, theils in steile Felsthürme auslaufen, dehnte sich eine weite wellige Mulde zu unseren Füssen. Unter den Hügeln, die in derselben verstreut sind, nimmt sofort ein abgestutzter Kegel unsere volle Aufmerksamkeit in Anspruch. Er ist sehr steil, im Obertheile felsig, am Hange mit niederer Farnvegetation und dichten Waldgruppen bedeckt. Auf seinem nach Nord geneigten ebenen Gipfel liegen dicht aneinander gereiht die Hütten des Dorfes Mlalo, etwa 150 an der Zahl, vom ringförmigen Gitterzaune eingefasst. Der Anblick dieser zahlreichen, bienenkorbähnlichen Hütten auf der steilen Felskuppe, mit den breiten Flächen der Berghänge als Hintergrund, muss eben so eigenartig als malerisch genannt werden. Die ganze Mulde jedoch ist ziemlich dicht bewohnt und bildet den District Schele. Ueberall sieht man ein Netz rother, vom Vieh breitgetretener Pfade über die Hänge sich schlängeln, ausgedehnte, wohlgepflegte Pflanzungen von Bananen, Tabak, Zuckerrohr und anderen Culturgewächsen sind zu sehen, und das glatte braune Buckelrindvieh, sowie Ziegen und Schafe treiben sich auf den Weiden umher. Mehrere mit grünen Hecken umgebene grössere Dörfer liegen auf den Hügeln der Mulde und einzelne Hüttencomplexe in grosser Zahl sind bis an die Bergkämme hinan zu erkennen. Zahlreiche Bäche rieseln von den Höhen und vereinigen sich in dem Umba, der in einem theilweise versumpften Thalriss der Mulde entspringt, den Hügel von Mlalo umfliesst und der Ebene zueilt.

Rasch stiegen wir in die Mulde hinab, kamen an einem netten Steg des Umba vorbei und erklommen auf gutem Pfade den Mlalohügel zur Hälfte, wo wir auf schöner Grasterrasse lagerten. Schon bei unserem Abstiege hatte sich in Mlalo das Leben eines gestörten Ameisenhaufens bemerkbar gemacht. Als wir von der Komascharuhöhe herabblickten, waren nur wenige Menschen durch das Fernrohr im Dorfe zu sehen. Als aber die Karawane, von deren Nahen man offenbar nichts wusste, bemerkt

Gruppe von Waschambā.

war, änderte sich rasch der Schauplatz. Aus allen Hütten stürzten dunkle Gestalten und liefen eilig im Dorfe umher, man sah Speere blitzen und das dumpfe Brausen zahlreicher Menschenstimmen drang bis zu uns. Auf allen Pfaden sah man Männer und Weiber aus den Feldern rasch und schweigend dem schützenden Weichbilde des Dorfes zueilen. Als wir unseren Grasplatz erreicht hatten und die Zelte aufschlugen, waren die Felsen um das Dorf herum buchstäblich mit Menschen bedeckt, die schreiend und mit wilden Bewegungen das unerhörte Ereigniss besprachen. Einige unserer Leute stiegen zum Dorfe hinan und wollten einkaufen, doch fanden sie alle Thore geschlossen und die Eingeborenen riefen ihnen zu, sie könnten mit uns nicht in Verkehr treten, bevor ihr grosser Sultan Kiniassi dies nicht gestattet hätte. So musste sich denn Muinikambi in eine weisse Toga hüllen und rothe Schuhe anziehen, fünf nette Askari wurden so fein als möglich ausgestattet und zogen als Gesandtschaft feierlich zur Residenz des „grossen Sultan" hinan. Da die diplomatischen Verhandlungen sich in die Länge zogen, begann ich Circummeridianhöhen der Sonne zu messen und Dr. Meyer las wie gewöhnlich die Chronometer ab. Eben waren wir zu Ende, als oben ein furchtbarer Lärm sich erhob und eine förmliche Procession den Schlangenweg herabzog. Voraus zog das Orchester des Sultans, bestehend aus einem Burschen, der eine alte Schiffsglocke unaufhörlich wüthend schwang, mehreren Leuten, die Holzpfeifen bliesen, und Einem, der einer Ziehharmonika die entsetzlichsten Töne entlockte. Dahinter schritt der Sultan, beschattet von einem uralten Regenschirm, und ihm folgten etwa 50 Leute in kriegerischem Schmuck, die fortwährend Gewehre losschossen. Wir wollten einem solchen Empfange gegenüber natürlich nicht zurückstehen und befahlen unseren Trägern, jeder drei Schüsse abzufeuern. Sie thaten dies mit allerlei Sprüngen und Geschrei, und bald hallten die Bergwände von den Schüssen, deren Knallen die wimmernde Schiffsglocke kaum übertönen konnte. Der ganze Aufzug wirkte so komisch, dass wir uns nicht enthalten konnten, dem „grossen Sultan", der schliesslich bei uns erschien, ins Gesicht zu lachen, was diesen in grosse Verlegenheit brachte, so dass er sich hilflos nach allen Seiten umblickte. Bald jedoch endete der Lärm und wir fanden

uns wieder in jenen feierlichen Ernst, der bei solchen Gelegenheiten in Afrika unerlässlich ist. Der alte Kiniassi machte einen
sehr guten Eindruck. Es ist ein dürres, schmächtiges Männ-
lein mit schwarzer Hautfarbe, Kinnbart und kleinen, gutmüthig
dreinblickenden Augen. Er trug einen bunten Turban und ein
braunes Maskat-Hemd, schien sich aber in dieser Kleidung etwas
fremdartig vorzukommen. Neben ihm sass sein Sohn, ein auffallend hübscher und aufgeweckter, etwa sechzehnjähriger Junge
mit blitzenden Augen und feinen Extremitäten. Letzterer hatte
zwar auch dunkle Hautfarbe, aber fast europäische Gesichtszüge, wie man dies in Usambara nur bei den Wakilindi antrifft. Möglicherweise war seine Mutter ein Mkilindiweib, denn
der alte Kiniassi konnte als geradezu typischer Mschamba bezeichnet werden. Mit längerer Ansprache, welche ein Mlalomann,
der lange an der Küste gewesen, ins Suahili übertrug, begrüsste
uns Kiniassi als erste Weisse in seinem Gebiete und überbrachte
als Geschenke einen schönen Buckelochsen, ein Schaf, sowie
Zuckerrohr, Bananen und andere Feldfrüchte, worauf er wieder
nach seinem Dorfe abzog. Nun war die Freundschaft besiegelt
und in hellen Haufen kamen die Eingeborenen vom Dorfe herab,
darunter auch viele ganz hübsche junge Weiber und niedliche
aber schmutzige Kinder. Sie brachten Lebensmittel aller Art in
grossen Mengen und zu lächerlich billigen Preisen, so dass die
Leute wieder einmal schwelgen konnten und auch unserem Koch
Gelegenheit gegeben war, seine Kunst zu zeigen. Darin liegt
eben der hohe Reiz des Buschlebens: heute hungrig in trostlosem Gebiet und bei unfreundlichen Eingeborenen, morgen im
Ueberfluss schwelgend in schönem, gastlichen Lande, ein ab-
wechslungsreiches, herrliches Dasein!

Nachmittags stieg ich zur Höhe des Dorfes hinan. Das Gitter
besteht aus zähen Palmstämmen und besitzt zwei starke Thore.
Auch die Hütten sehen; gut aus, sie haben solide Lehmwände
und dichte Blätterdächer, die weit herabreichen. An der höchsten
Stelle ist eine Felsgruppe aufgelagert, auf welche ich mein Stativ
stellte, um nach den verschiedenen Punkten der Mulde Peilungen
auszuführen. Bald erschien Kiniassi im Hauskleide, mit Lendenschurz, hoher Korbmütze und langer Usambara-Pfeife, aus der er

qualmende Wolken blies, während er und einige seiner schmutzigen Minister mit zu Zöpfen geflochtenen Kinnbärten mir bereitwillig alle Ortsnamen nannten. Später kam Dr. Meyer mit den Hauptleuten unserer Karawane und wir begaben uns in den Hüttencomplex Kiniassi's zur officiellen Gegenvisite. Dabei gaben wir die übliche Vorstellung, wobei die „Hofdamen" aus allen Spalten und Ritzen der Hütten hervorlugten und sich um Kiniassi's grimmiges Drohen mit der langen Pfeife wenig kümmerten. Dann wurde geheimnissvoll ein dicht verhülltes und verschnürtes Bündel mit den Geschenken herbeigebracht und von Muinikambi mit absichtlicher Wichtigthuerei und Langsamkeit ausgepackt, so dass die allgemeine Spannung aufs höchste gedieh. Schliesslich kamen denn die Herrlichkeiten zum Vorschein: ein Paar rothe Schuhe, eine kleine Drehorgel, Ringe mit „Edelsteinen", „goldene" Ketten, Blechteller und andere Gegenstände jener Art, die der Küsten-kaufmann als „fancy articles" bezeichnet. Der alte Kiniassi wollte erst ein etwas enttäuschtes und gleichgiltiges Gesicht machen, wie dies bei afrikanischen Potentaten gewöhnlich ist, als aber sein Sohn sein Entzücken unverholen äusserte und auch aus dem Hintergrunde die begeisterten Ah! und Oh! der Hofdamen erklangen, da fiel auch er aus der Rolle und zitterte förmlich vor Freude, wie ein Kind bei der Christbescherung. Und doch hatte Alles, was wir brachten, in Europa zusammen nicht einmal 4 Mark gekostet! Nun wurde Kiniassi sehr gemüthlich, man brachte trefflichen, erfrischenden Zuckerrohr-Pombe herbei und eine kleine Verbrüderungs-Kneiperei begann, bei welcher der „Kronprinz" von Mlalo, unser besonderer Freund, sich sogar das deutsche „Prosit!" aneignete. Dann führte uns der Häuptling an das Nord-ende des Dorfes, wo man einen weiten Blick auf die Ebene und die fernen Taïtaberge geniesst. Kiniassi beklagte sich bitter, dass die Massai und Wataïta fortwährend räuberische Einfälle in sein friedliches Thal machten, was er hauptsächlich dem Mangel einer kräftigen Zauberflagge zuschrieb. Er bat uns dringend um eine solche und versprach, ihr einen hohen Flaggenstock errichten und sie in Ehren halten zu wollen. Wir gaben ihm denn auch ein mächtiges schwarz-weiss-rothes Banner und wollten ihm sogar einen Oeldruck Bismarck's als kräftigen Zauber schenken. Diesen wies er aber energisch zurück mit der Begründung, dass ihm der Mann nicht gefiele, so dass wir mit unserem Bismarck beschämt abziehen mussten.

Kiniassi untersteht zwar nominell dem Häuptling Kimueri von Wuga, doch scheint die Autorität desselben eine sehr geringe zu sein. Abends hüllte dichter, undurchdringlicher Nebel unser Lager ein, während wir behaglich im Zelt sassen und bei einem Glase Pombe diesen ereignissvollen Tag besprachen.

Am nächsten Morgen war es wieder sehr kalt und wir brachen rasch auf, nachdem wir dem alten Kiniassi unsere Grüsse hinterlassen. Der Weg führt am jenseitigen Abhange des Mlalohügels bergab nach dem Umbaflusse, der hier schon recht ansehnlich und mit zwei glatten, dünnen Baumstämmen überbrückt ist, deren Ueberschreitung mit den Lasten und mit dem Esel gerade nicht einfach war. Letzterer, der Esel, hatte in Usambara bereits hohe Berühmtheit erlangt, da er der erste seines Stammes im Gebirge war, und nach uns, den weissen Männern, entschieden am sensationellsten wirkte. Unterhalb der Stelle, wo man den Umba überschreitet, bekommt derselbe bald ein sehr starkes Gefälle und dürfte in Katarakten die Randstufe nach der Ebene überwinden. Der Hügelzug, der sich zwischen Umba und einem starken Nebenbache ausdehnt, ist mit Pflanzungen bedeckt und durch ein ausgebildetes Bewässerungssystem bemerkenswerth. Dann geht es auf gutem Pfade den Hang hinan, den die niedrige Farnvegetation bedeckt, unterbrochen von vielen Feldern und Hüttencomplexen. Zuletzt gelangt man in eine Hochmulde, die sich zwischen dem Felskopf Semauscha und einem anderen felsigen Berge ausdehnt. Von der Jochhöhe geht es jenseits in das tiefe Thal des Bagaibaches, an dessen Rand sich prächtige Vegetation und zahlreiche Baumfarne angesammelt. Weiter führt der Pfad abermals steil einem Kamme zu, durch schöne Grasfelder, auf welchen zahlreiche reizende Ericas spriessen, was lebhaft an die Alpen erinnert. Von der Höhe erblickt man rückwärts die wüsten Jaschatuberge und im Norden, inselartig der Ebene entsteigend, den regelmässigen Kegel des Kisigao. Dann stiegen wir steil zum Uatëuebache ab, an dessen Ufern wir Lager schlugen. Derselbe ist von üppiger Waldvegetation eingesäumt und so klar und kalt, dass ein Bad

darin ganz herrliche Erquickung gewährte. Die Eingeborenen des
Dorfes Tëue, welches nicht allzuweit entfernt ist, kamen bald in
grossen Mengen und brachten Lebensmittel, darunter auffallend
viel Yams zum Verkauf.

Am 19. September legten wir einen sehr beschwerlichen
Marsch durch die Waldwildnisse des Schagaiuberges zurück. Gleich
jenseits des Uatëuebaches versperrte ein grosser Baumstamm den
Weg, ein Hinderniss, dessen Ueberwindung mit der Karawane
eine volle Stunde Zeit raubte. Dann hatten wir einige Bäche zu
überschreiten, an welchen besonders schöne Baumfarne und wilde

M b a r a m u.

Bananen auffielen, und steil ging es den Berg hinan. Der Wald ist
üppig, aber von etwas anderem Charakter als am Kombolaberge.
Das Unterholz ist viel weniger dicht und verfilzt, die Bäume
stehen einzelner, dennoch greifen ihre dichten Laubkronen derart
in einander, dass oft nur ein Dämmerlicht auf den Boden fallen
kann. Sehr alte, mächtige Waldriesen, wie sie besonders am
Niëloberg häufig waren, sind am Schagaiu seltener, doch versperren oft gestürzte Stämme den Weg, und mehr als einmal hörten
wir das Krachen eines fallenden Baumes.

Nicht selten sind die Bäume von schönen, grossblätterigen
Schlingern umrankt, doch bemerkt man die langen Bartflechten
weniger. Nach langem, mühsamen Anstieg auf den unwegsamen,

steilen Waldpfaden erreichten wir nach Ueberwindung mehrerer Vorkuppen um 1 Uhr die Kammhöhe und stiegen abwärts. Um 2 Uhr traten wir plötzlich aus den Walde und erblickten vor uns das Thal des Mbaramubaches, auf dessen äusserster, gegen die Ebene vorgeschobener Randkuppe das Dorf Mbaramu mit etwa 60 Rundhütten und zwei starken Gitterzäunen gelegen ist. Dahinter dehnte sich die Ebene und am Horizonte ragten die Kämme des Pare- und Uguenogebirges auf. Noch mussten wir steil zum Mbaramubache absteigen, der dem Umba zufliesst, um hierauf wieder ansteigend auf rothen, in den Laterit der Hänge einge- schnittenen Pfaden unser Lager unterhalb des Dorfthores von Mbaramu zu erreichen.

Man schien in Mbaramu von unserer Ankunft und guten Absichten bereits unterrichtet, denn Alles kam uns freundlich ent- gegen, und der Dorfchef, ein dicker, gemüthlicher Herr, machte bald seine Aufwartung. Er erinnerte sich noch ganz wohl, dass zwei Weisse (Von der Decken und Kersten) vor vielen Jahren, als er noch ein Junge war, am Fusse des Mbaramuberges in der Ebene lagerten. Die beiden Forscher hatten ein gutes Andenken hinterlassen, welches uns — nach 26 Jahren — noch sehr zu statten kam. Der Häuptling brachte als vorläufiges Geschenk eine mächtige Kalebasse mit Zuckerrohrwein, der uns nach dem langen Marsch sehr erquickte. Am 20. September hielten wir Rasttag in Mbaramu, den die Leute sich in den Bergen reichlich verdient hatten.

Vom höchsten Punkte des Dorfes, wo der Hüttencomplex des Häuptlings gelegen ist, machte ich Peilungen nach den ver- schiedenen Bergen. Rechts, jetzt in nächster Nähe, ragte die Pyramide des Mbaramu-Felsberges steil aus der Ebene, mit dem waldigen Schagaiu verbunden durch einen hohen, grasigen Kamm, auf den das Dorf Pungule wie ein Adlernest geklebt ist. Zu unseren Füssen sind einige Dörfer und das Gewirr von Galerie- wäldern der Umbazuflüsse sichtbar, die, sich einend, um das Nordende des Felsberges dem Hauptflusse zustreben. Dahinter liegt unabsehbar die graubraune, sonnenbestrahlte Steppe, die nirgends so frei und grossartig sichtbar ist, wie von Mbaramu. Die fernen Kämme und Kuppen, die gleich grauen Luftgebilden

aus der Einförmigkeit der Ebene tauchen, erhöhen noch den Eindruck der Unendlichkeit, den diese hervorbringt. Leider verhüllte der Kilima-Ndscharo, der von Mbaramu sonst deutlich zu
sehen ist, sein Haupt in dichte Dunstmassen und es war mir
nicht vergönnt, den König der afrikanischen Berge auch nur von
ferne zu schauen.

Die angenehme kühle Luft und die unvergleichlich gross-
artige Aussicht liessen uns den Rasttag in Mbaramu froh geniessen, umsomehr als auch für unser leibliches Wohl reichlich
gesorgt war. Denn der Häuptling brachte einen schönen grauen
Ochsen, ein Schaf, etwas Honig, Milch, Pombe und selbst Reis;
er erhielt dafür eine Kinderpistole, einige Messer, Messingketten,
Schnupftabak und rothe Schuhe, womit er sehr zufrieden war.

Unsere behagliche Ruhe in Mbaramu wurde einzig durch
den Gedanken getrübt, dass wir morgen diese prächtigen Höhen
verlassen und nach der heissen, wasserarmen Ebene steigen
sollten. Denn unsere geplante Durchkreuzung Usambaras war
vollendet und überraschend gut gelungen. Ohne besondere Schwierigkeiten, als jene, welche das Terrain bot, hatten wir 20 Tagreisen auf fast völlig unerforschtem Boden zurückgelegt und
genaue Aufnahmen ausgeführt. Wer Afrika kennt, der weiss, wie
ausserordentlich selten die genaue Durchführung selbst eines
bescheidenen Reiseplanes möglich ist. Uns ward dieses seltene
Glück in Usambara zu Theil. Konnten wir dies als günstiges
Omen für unsere weiteren Pläne nehmen oder hatten wir vielmehr den Zorn der Götter zu fürchten? Die Zukunft sollte
es lehren.

Am 21. Morgens fanden sich die versprochenen Wegweiser
nicht ein und wir mussten zu unserem Bedauern den Häuptling
aus seinem Harem rufen lassen. Der würdige Potentat erschien
sehr verschlafen und im tiefsten Négligé, beschaffte aber doch
bald zwei wegkundige Leute. Dann ging es sehr steil in Serpen-
tinen den Berg hinab, an einigen kleinen Hüttencomplexen vorbei.
Je tiefer man kommt, desto wärmer wird es, desto mehr nimmt
die Vegetation des Hanges trostlosen Steppencharakter an. Immerhin sind noch Pflanzungen sichtbar, die durch abgedämmte Rinnsale des Mbaramubaches bewässert werden. Gegen 10 Uhr hatten

wir den Abstieg vollendet und erreichten die Ebene, die jedoch hier ein ziemlich freundliches Aussehen hat, da sie von drei Bächen durchzogen wird, an deren Ufer Galeriewälder gedeihen. Dazwischen sind einige Dörfer verstreut. Während im Osten die wohlbekannte Masse der Mbaramuberge nun himmelhoch über uns aufragte, erblickte man am nördlichen Randkamme des Pondethales auf steiler, oben breiter Felskuppe das merkwürdige Bergdorf Mti, welches höher als Mbaramu gelegen ist. Es hat mindestens 150 Hütten, die auf lateritrother Terrasse dicht bei-einander liegen. Wir hielten am Pondebache Mittagsrast, an einer Stelle, wo offenbar Karawanen zu lagern pflegen, wie durch Aschenhügel und das Gedeihen einzelner verwilderter Cultur-pflanzen bezeugt wurde.

Hier wurde die sogenannte „telekesa" gemacht, das heisst alle Leute kochten ab und füllten die Kalebassen und sonstigen Gefässe mit Wasser, da sich bis Gondja nur wasserlose Einöde dehnt. Etwas nördlich von unserem Rastplatze dürfte Von der Decken gelagert haben, doch gab es damals in der Ebene noch keine Niederlassung, während inzwischen mehrere, zu Mbaramu gehörige Dörfer errichtet worden sind. Um 2 Uhr p. m. zogen wir weiter, in die flache, trostlose Nyika hinaus, über die der Weg sich als hellrothe Schlange zieht. Ich bestieg unseren grauen Freund, den trefflichen Langohr, der auf den fetten Weiden Usambaras trotz der schlechten Bergpfade förmlich dick geworden war und nun die öde Steppe mit missbilligendem Geschrei begrüsste. Der Unterschied war aber auch zu grell. Wohin man blickte, war nichts zu sehen als halbhohes, dürres und theilweise verkohltes Gras, Stachelgestrüpp und Succulenten. Einzelne Dumpalmen, Tamarinden und Schirmmimosen, mit breitem tischartigen Wipfel, die dem Rande der Steppe etwas mehr Leben gaben, verschwanden weiter draussen vollständig.

Wir zogen erst längs des Randes des Usambaragebirges, das in ungeheuren, trostlosen Steilhängen mauerartig zur Ebene abfällt, nicht ahnen lassend, welch' reiche Fülle prächtiger Thäler und Berge sich hinter diesem wenig einladenden Walle aus-dehnt. Bald verliessen wir den Fuss des Usambara-Abfalles, der hier zu den wilden, steilen Felsmassen des Mbalu-Districtes sich aufthürmt, und zogen in die offene Steppe hinaus, aus der einzelne steinige Hügel hervorragen, während im Norden und Westen die Höhen des Paregebirges als dunkle Mauern sichtbar werden. Ich hatte so viel von dem ungeheuren Wildreichthum dieser Ebene gehört und gelesen, dass ich fortwährend nach den Hunderten von Giraffen, Tausenden von Zebras und zahllosen Antilopen ausblickte. Leider war die Jahreszeit eine so ungünstige, dass ich auf unserer mehrtägigen Wanderung in demselben Gebiete, wo Johnston fabelhafte Massen Wild erblickte, auch nicht eine Klaue zu sehen bekam. Nur einmal glaubte ich eine Antilope oder etwas Aehnliches zu erblicken, doch stellte sich dasselbe bei näherer Betrachtung als unser Somali-Junge Achmed heraus. Desto mehr machte sich das niedere Thierleben in Gestalt der bissigen, schwarzen Ameisen bemerkbar, welche unsere Nachtruhe störten. Abends schlugen wir in der Semtula-Nyika bei einigen viereckigen Wildgruben das Lager auf und verzehrten unseren einfachen Imbiss, während der Mond die öde Steppe und die dürren Formen der Stachelbüsche unheimlich beleuchtete.

Bei Tagesanbruch wurde am 22. September der Marsch fortgesetzt. Das Land nimmt stellenweise förmlichen Wüstencharakter an, der nackte mit Quarzknollen bestreute Lateritboden liegt offen zu Tage. Nach zwei Stunden, als wir an einer steinigen Hügelkette vorbeikamen, erblickten wir bereits an der dunklen Bergwand des Paregebirges den leuchtenden, weissen Streifen des Thornton-Falles, der nach dem verdienstvollen Geologen der Von der Decken'schen Expedition benannt ist und das Wahrzeichen von Gondja bildet. Bei der überhandnehmenden Hitze konnten viele Leute sich nicht enthalten, ihr Wasser auszutrinken, worauf sie bald darauf vom Durst geplagt wurden und erschöpft liegen blieben. Sie mussten später von Askari, die ihnen Wasser entgegenbrachten, abgeholt werden. Der Erste, der umfiel, war der Somali Ali, von dem man doch am ehesten Gewöhnung an Wassermangel erwarten konnte, da das nördliche Somaliland gerade auch nicht übermässig feucht sein soll. Ein paar tüchtige Stockschläge, die auch auf manchen Träger belebend einwirkten, hätten ihn wohl auf die Beine gebracht, doch sind solche Massregeln bei dem rachsüchtigen Charakter der Somali nicht anzurathen.

Gegen Gondja zu wird der Boden dunkler, von Rissen durchfurcht und das Dorngestrüpp dichter. Erst um halb 1 Uhr erreichten wir den Lagerplatz beim Dorfe Majanga (District Gondja), wo alle Leute sich mit dem kühlen Wasser des Flusses erquicken konnten. Die Eingeborenen sind Wapare, die Sembodja von Masinde unterstehen und welchen man es wohl anmerkt, dass ihr Dorf an der grossen Karawanenstrasse liegt. Die Männer tragen weisse Sansibar-Hemden, die Weiber buntes Zeug, grosse Ohrklötze und viele Glasperlen um den Hals. Proviant ist in Gondja reichlich zu bekommen.

Unsere erste Frage galt natürlich der Hauptkarawane, die schon längst hier durchgekommen sein sollte und die wir nächsten Tages in Kisuani zu treffen hofften. Zu unserem Schrecken erfuhren wir, dass Niemand eine solche Karawane gesehen habe und dass die Leute in Masinde, der Residenz des Usambara-Königs Sembodja, aufgehalten worden seien. Angeblich hatte der Sultan von Sansibar dem Sembodja einen Brief geschrieben, in welchem er ihm befahl, unsere Leute nach der Küste zurückzuschicken. Dies schien uns sehr unwahrscheinlich und wir vermutheten, dass eine der in Ostafrika so häufigen Massendesertionen eingetreten war. So unangenehm dies auch schien, so fassten wir es doch keineswegs als Unglück auf, da Expeditionen, die schliesslich die grössten Erfolge erzielten, wie jene des Grafen Teleki und Schiffslieutenant v. Höhnel, anfangs unter ähnlichem Missgeschick zu leiden hatten. Vor Allem galt es, nach Masinde zu ziehen, um die Sachlage klar zu sehen, dann mussten wir eben, ähnlich wie unsere Vorgänger in solchen Fällen, nach der Küste zurückkehren und neue Träger anwerben. Davon, dass ein heftiger Aufstand ausgebrochen war, der unsere Pläne endgiltig durchkreuzen sollte, hatten wir natürlich keine Ahnung.

So hiess es denn am nächsten Morgen statt landeinwärts dem Kilima-Ndscharo zu weiterzureisen, unsere Schritte nach Süden, gegen Masinde zu lenken. Der Thorntonfall war anfangs noch schön sichtbar, ebenso ein Dorf Mlato, das ähnlich wie in Usambara hoch am Berggrate gelegen ist. Wir kamen noch an mehreren Dörfern des Gondja-Districtes vorbei, durchzogen Pflanzungen und Waldland und traten schliesslich wieder in die offene

Nyika, die knapp ans Gebirge heranreicht. Der Steilabfall desselben hat ein recht ödes, aber malerisches Aussehen und gleicht auffallend jenem Usambaras. Wahrscheinlich erstrecken sich auf der Höhe ebenfalls schöne, wasserreiche und bewohnte Bergländer, die aber noch gänzlich unerforscht geblieben sind. Die Nyika am Fusse der Berge kann als „gemässigte" Steppe bezeichnet werden, man sieht viele schöne Dumpalmen und die Trostlosigkeit ist weniger auffallend. Schon um 10 Uhr Früh erreichten wir abermals Humusland, wo ein starker Zufluss des Mkomasi aus den Bergen tritt und die Ebene erreicht. Das Wasser dieses Flusses, über den ein dicker, runder Baumstamm als Brücke führt, ist in zahlreiche Canäle abgeleitet, welche die Felder bewässern. An einem solchen Wassercanal beim Thore des Dorfes Ndungu lagerten wir unter zwei grossen, schattigen Bäumen. Die Wapare, die bald zahlreich erschienen, um Nahrungsmittel zu verkaufen, haben spitzgefeilte Zähne und rasieren ihr Kopfhaar rund ab oder tragen einen Schopf. Sie sind schmutzig und sehen ziemlich verwildert und stumpfsinnig aus. Ihr Schmuck besteht aus Messingdraht und eisernen Kettchen aus Madschame (Dschagga), die vielfach im Ohr getragen werden, und aus allerlei Fetischkram. Die Weiber sind häufig dick, nicht gerade hässlich, aber mit Messingdraht und Glasperlen überladen. Als Waffen sieht man gut gearbeitete ·Bogen und Pfeile, Schwerter von der in Ostafrika weit verbreiteten lanzettförmigen Form und breite Massai-Speere. Auch hübsch gearbeitete Holzkeulen und solche aus Rhinozeroshorn' sind den Massai abgelernt. Eine Bande der letzeren lagerte oben unweit des Dorfes und machte sich durch Viehdiebstähle unangenehm bemerkbar.

Das Dorf ist mit zwei Gittern aus korbartig geflochtenen Zweigen umgeben, die lange nicht die Festigkeit der Balkenzäune Usambaras besitzen. Die Hütten sind sehr elend, rund mit hohen Lehmmauern. Das Dorf Ndungu untersteht ebenfalls dem Häuptling Sembodja, dessen Autorität sich auf das ganze südliche Paregebirge zu erstrecken scheint. Er mag hier sogar mehr Macht besitzen als im nördlichen Usambara, wo man sich um Sembodja und Kimueri recht wenig kümmert. Dies erhellt schon daraus, dass die Mbaramuleute fortwährend in Streit und Krieg mit den Wapare von Gondja leben, obwohl sie beide Sembodja unterthan sind.

Auf den Bäumen unweit unseres Lagers kletterten zahlreiche graue Affen munter umher. Gegen Abend erhoben die Frösche in den Sümpfen und Canälen ein lautes, streng taktmässiges Quakconcert. Denselben Sümpfen entstiegen auch Moskitos, Plagegeister, deren wir in Usambara bereits ganz entwöhnt waren.

Am 24. September zogen wir in dem schmalen Nyikastreifen weiter, der sich zwischen Pare und Usambara ausdehnt und der Länge nach von einigen wüsten Hügelketten durchzogen ist. Wir hielten uns auf der Seite von Pare, dessen Kämme und Felskuppen klar sichtbar sind, während die dunkle, scharf gezackte Linie des Usambaragrates sich am östlichen Himmel abzeichnet. Zwischen beiden steil abfallenden Gebirgen ragt im Südosten die ansehnliche Masse des Lassaberges aus der Ebene, von Norden gesehen einer spitzen Pyramide gleichend. Beim Ende der Hügelkette Makokani überschritten wir einen Wasserriss, der selbst jetzt, in der trockensten Zeit des Jahres, einige Tümpel enthielt. Die Nyika behält ihren gewöhnlichen Charakter, doch bei der vollständigen Flachheit und den wenig gewundenen Wegen legt man in kurzer Zeit weite Strecken zurück. Gegen Mittag kamen wir an dem grossen Waseguadorfe Kihuiro (Kwa Kihungui) vorbei, das in der offenen Ebene abseits vom Wasser gelegen ist. Es hat etwa 60 Hütten, ist von einem viereckigen Zaune umschlossen und macht in der vegetationslosen Umgebung einen eigenthümlichen Eindruck. Die Hütten besitzen die gewöhnliche Rundform, jedoch mit Vordächern, unter welchen die Berathungen abgehalten werden. Man sieht im Dorfe schönes Vieh und Geflügel, auch scheinen die Eingeborenen trotz der traurigen Lage ihres Dorfe gute Felder in der Nähe zu besitzen, da sie nicht nur Milch und Butter, sondern auch reichlich Feldfrüchte zum Verkauf brachten. In Kihuiro halten sich stets viele Suahili und Halb-Araber auf, die sofort mit unseren Leuten fraternisirten, was den übelsten Einfluss auf Letztere ausübte.

Noch hatten wir etwa 20 Minuten zu gehen, bevor wir schönen Baumwuchs und den Fluss Mkomasi erreichten, jenseits welches wir lagerten. Leider stellte sich dort heraus, dass vier Mann während des Marsches entflohen waren. Unser gezwungener Rückzug sowie die Nachrichten aus Masinde wirkten sehr demoralisirend auf die Leute, besonders da es hiess, dass ein

Befehl ihres Oberherrn, des Sultans von Sansibar, die Haupt-
karawane zurückgerufen habe. Unser Menu erhielt Abends eine
Abwechslung durch die Fische, die wir im Mkomasi angelten.
Da bis Mkumbara auf eine sehr weite Strecke kein Wasser zu
finden ist, sollte am nächsten Tage Telekesa gemacht und die
Nacht hindurch marschirt werden.

Am 25. September stellte ich, wie stets an solchen Rast-
tagen, mein Instrument auf und begann eifrig Zenithdistanzen
der Sonne zu messen, während Dr. Meyer die Uhrzeiten ablas und
ins Manuale eintrug, was ebenfalls vollste Aufmerksamkeit erfordert. Wir waren in unsere Arbeit ganz vertieft, als Muinikambi weinend und verstört herbeikam und meldete, dass die
17 Waniamwesiträger vor Kurzem am hellen Tage entlaufen
seien. Die Waniamwesi? Nicht möglich! Die Waniamwesi, denen
keine Last zu schwer, kein Berg zu steil und keine Arbeit zu
viel, die durch ihre Unermüdlichkeit und ihr harmlos munteres
Wesen schon längst eine begünstigte Stellung in der Karawane
einnahmen — gerade sie sollten fortgelaufen sein? Doch da war
nichts zu ändern. Kurz bevor wir zu beobachten anfingen, kamen
einige Waniamwesi und bettelten in ihrer gewöhnlichen naiven
Art um Schnupftabak. Als wir dann durch die Beobachtung
gänzlich in Anspruch genommen waren und die übrigen Leute die
heisse Mittagszeit meist verschliefen, schlichen sie einzeln davon,
ergriffen ihre Gewehre, die sie wohl schon des Nachts draussen
versteckt hatten, und liefen hinaus in die weite Steppe. An
Verfolgung war nicht zu denken, denn wir hatten weder eine
Ahnung, wohin diese unermüdlichen Steppensöhne sich gewandt
hatten, noch konnten wir wagen, die vorhandenen Mannschaften
unter solchen Umständen allein zu lassen. Es galt also, Eingeborene anzuwerben, und Muinikambi und der alte Mabruki
brachten auch nach langen Verhandlungen eine Anzahl wüst aussehender Wasegua mit Bogen, Pfeilen und Gewehren, die sich
bereit erklärten, gegen die hohe Löhnung von 5 Doti Merikani
(weisses Baumwollenzeug) per Mann die Lasten bis Mkumbara
zu tragen. Als die Verhandlung schon geschlossen schien, stellten
sie plötzlich noch unverschämtere Forderungen und entfernten
sich schliesslich bis auf drei Mann. Die Lage war eine recht un-

angenehme. Alle Lasten waren verschnürt und für uns war es
von höchster Wichtigkeit, Masinde bald zu erreichen, um nicht
vorher durch neue Desertionen völlig lahmgelegt zu werden.
Alles was tragen konnte, Askari, Köche, Jungen und Präparatoren,
wurde belastet, selbst die Herren Somali mussten sich bequemen,
auch einmal ernstlich mitzuthun. Dennoch blieben schliesslich
12 minder wichtige Lasten liegen, die wir unter Aufsicht Muinikambi's und des alten Dr. Fischer'schen Askari Mgaia zurück-
liessen; sie sollten in wenigen Tagen nachkommen. „Mbote,
mfumu, mbasi takwisa!" (Lebe wohl Herr, morgen komme ich!)
rief mir Muinikambi auf Kikongo beim Abschied zu. Ich habe
den Mann nie wiedergesehen.

Inzwischen war es fast 6 Uhr geworden und der Abend
breitete seine Schatten über die öde Steppe, in die wir, ein Häuflein von kaum 40 Mann, eilig hinauszogen. Dr. Meyer musste seine
schwere Elephantenbüchse tragen und ich besorgte neben der
topographischen Aufnahme, die später bei Laternenschein und
Mondlicht nach Kräften fortgesetzt wurde, das Geschäft eines
Aufsehers beim Nachtrab. Mit der Plötzlichkeit der Aequinoctien
war die Nacht hereingebrochen und die rasch ausschreitenden,
schweigenden Träger sahen mit ihren weissen, flatternden Hemden ganz gespensterhaft aus. Auch die Einsamkeit und Oede der
Natur in der Nyikasteppe mit ihren abenteuerlichen, stacheligen
und knorrigen Büschen und mit den fernen Bergmassen, auf
welchen die Grasfeuer glühten, machten bei diesem fluchtartigen
nächtlichen Marsch einen ergreifenden Eindruck. Oefter verloren
wir den Weg und mussten schliesslich in völliger Finsterniss
eine Stunde warten, bis der Mond aufgegangen war. Bei Tagesgrauen hatten wir schon den Lassaberg weit hinter uns und
erreichten das Gebiet der Dumpalmen. Dort sahen wir zwei
schlanke, langbeinige Gestalten mit einem Hunde durch die Ebene
auf uns lossteuern. Es waren Massai, und ich freute mich schon
sehr, Angehörige dieses berühmten Stammes kennen zu lernen,
als sie plötzlich Kehrt machten und eben so rasch, als sie gekommen waren, wieder verschwanden.

Später, zwischen den verästelten Dumpalmen, sahen wir aber
noch einen ganzen Trupp Massai mit etwa 20 Eseln. Die Männer

waren durchwegs El-Moran (Krieger), mit breiten, scharfen Speeren und Schwertern bewaffnet. Sie hatten scharfgeschnittene, wilde aber nicht unschöne Gesichter, eine hohe, schöne Gestalt und ein freies, höchst ungezwungenes Benehmen. Als Kleidung trugen sie kleine Mäntelchen aus Ochsenhaut, die von einer Schulter herabhingen und etwa bis an den Nabel reichten. Sie trugen Dschagga-Kettchen oder Stäbchen im Ohr und hatten das Haar meist zu kurzen, dicken Zöpfen vereinigt, mit Fett und rothem Lehm beschmiert. Am Scheitel steckten öfters einzelne Federn. Die Weiber sind mit Ochsenfellen bekleidet, haben kahlen Schädel, Massen Eisen- und Messingdraht-Reifen um den Hals und ganz unglaubliche Gewichte von Eisenkettchen und Messingdraht-Spiralen in den Ohren, deren Läppchen wohl 15 cm weit herabhängen. Die Leute, welche dabei fabelhaft schmutzig sind, machen einen höchst urwüchsigen Eindruck, mehr als irgend ein Stamm, den ich bisher in Centralafrika kennen gelernt, mit Ausnahme der Bube von Fernando Póo.

Wir hatten uns inzwischen dem Abfalle des Usambaragebirges genähert, erreichten aber erst gegen 10 Uhr, erschöpft von dem Nachtmarsche, wieder Wasser bei dem ärmlichen Wakambadorfe Mkumbara, knapp am Fusse der Bergwand. Die Eingeborenen, eine wenig anziehende Gesellschaft, sehen sehr suahilisirt aus. Sie leben anscheinend mit den Massai im besten Einvernehmen und besitzen viele Esel.

Am Morgen des 27. September bemerkten wir mit Schrecken, dass fast sämmtliche Askari mit den guten Hinterladergewehren, meine Diener Tschansi und Hamissi und alle Träger mit Ausnahme von sieben fortgelaufen waren. Auch der Koch und Küchenjunge waren verschwunden und hatten den grössten Theil des Proviants und Geschirrs mitgenommen. Am Abend vorher hatten die Leute ruhig und ordnungsmässig ihren Dienst verrichtet und durch keine Andeutung ihre Absicht kundgegeben, uns zu verlassen. Man wird vielleicht den Vorwurf gegen uns erheben, dass wir unter den gegebenen Umständen Nachts nicht selbst Wache hielten. Doch hätte dies keinen Zweck gehabt, denn wenn einmal eine Karawane, die Askari inbegriffen, sich fest in den Kopf gesetzt hat, fortzulaufen, so sind zwei Weisse entschieden nicht im Stande, sie

endgiltig daran zu hindern. Wir liessen denn unser Häuflein antreten, um uns zu überzeugen, wer eigentlich noch da war. Da
war der alte Mabruki und Mabruki wadudu, der, unbekümmert um
alle Ereignisse, Schmetterlinge fing und „Kartassi" verlangte, da
waren die beiden unbrauchbaren arabischen Askari, die ebenfalls
unbrauchbaren Somali, der „Commerzienrath" und die wenigen
Träger, die theils von Muinikambi abhängig, theils vieleicht wirklich besser geartet waren. Daneben lagen hoch aufgeschichtet die
verwaisten Lasten. Um diese fortzuschaffen mussten Eingeborene
aufgeboten werden, die gegen schweren Lohn sich bereit erklärten,
das kleine Stück bis Masinde zu tragen.

Der Weg führt im theilweise versumpften Mkomasithale,
stets am Steilabfalle des Gebirges, das scheinbar senkrecht
aufragt und von den wilden, malerischen Felsthürmen der
Masindeberge gekrönt ist. Die Dörfer in der Ebene sind theils
von Wakamba, theils von Wasegua bewohnt und machen einen
recht ärmlichen Eindruck. Mehrfach begegneten wir Trupps von
Massaikriegern, die in ihren breiten Sandalen eilig daher gelaufen
kamen. Es waren interessante, dreiste Bursche, die meine Uhr,
meinen Compass und Alles was sonst noch an mir war, mit naivem
Staunen besahen und besprachen. Als sie zuletzt meine weisse
Brust erblickten, fuhren sie ganz entsetzt zurück, riefen „Ngai"
(Geist) und machten sich aus dem Staube. Bei dem merkwürdigen
frechen Benehmen dieser Bursche den Eingeborenen des Landes
gegenüber bekommt man wirklich den Eindruck, Leute vor sich
zu haben, die einfach thun können, was ihnen beliebt, was selbst
der grösste Herrscher Europas nicht von sich sagen kann.

Am Sangataflüsschen angelangt mussten wir längere Zeit
warten, bis Sembodja, der Häuptling von Masinde, uns Erlaubnis
zum Betreten seines Dorfes gab. Dasselbe liegt an der steinigen
Berglehne und hat zwei starke Gitterzäune, innerhalb welcher
etwa 100 Rundhütten dicht aneinander gedrängt stehen. Dazwischen
erblickt man einige im viereckigen Sansibarstil sehr schecht erbaute Lehmhütten, mit besonderen Gittern, die kleine Höfe ein-
schliessen: die Residenz Sembodjas. Einige niedrige Cocospalmen
sind zu sehen und an der höchsten Stelle des Dorfes steht ein Flaggen-
mast, wo alle Freitag das rothe Banner von Sansibar gehisst wird.

Der alte Sembodja empfing uns auf einem Bette sitzend in seiner Hütte, umgeben von seinen Ministern in Sansibar-Kleidern und einigen Massai-Kriegern. Er ist ein sehr lichtfarbiger, kleiner und ausgemergelter alter Bursche mit zusammengekniffenem Gesicht und kleinen, verschmitzten Augen, der fortwährend Betel kaut und den Boden mit dem rothen Saft vollspuckt. Er trug einen Tarbusch, eine rothe Weste und einen Lendenschurz, und sprach ein sehr gutes Suahili. Er theilte uns mit, dass die Träger der Hauptkarawane sämmtlich abgezogen seien, wozu sie angeblich ein Brief des Vali von Pangani an Sembodja veranlasste. Als wir nach einem Briefe des Sultans von Sansibar fragten, erklärte er erst, keinen solchen zu haben, und später, ihn nicht herzeigen zu wollen. Wir kamen dann mit unserer politischen Weisheit und erklärten ihm, dass sein Land durch den Vertrag, den er selbst mit der deutschen Ostafrikanischen Gesellschaft geschlossen, deutsches Schutzgebiet geworden sei und dass kein Vali und kein Sultan das Recht habe, unseren Leuten das Fortlaufen zu befehlen. Auch erinnerten wir ihn daran, dass ja das ganze Küstengebiet gegenwärtig unter deutscher Verwaltung stehe. Da lachte uns Sembodja einfach ins Gesicht und bat uns sehr unumwunden, ihn mit solchem Unsinn in Ruhe zu lassen, er kenne keine „wasungu" (Europäer) und „wadatschi" (Deutsche), sondern nur den Sultan und die Araber, die seit jeher die Herren des Landes gewesen. Wir verstanden diese Reden umsoweniger, als wir von den unglaublichen Erfolgen, welche die Aufständischen an der Küste täglich errangen, eben keine Ahnung hatten, und nicht wissen konnten, dass der Insurgentenchef Buschiri bin Salim der Urheber jener verhängnissvollen Briefe an Sembodja war.

Sembodja führte uns dann zu den Lasten, welche die Träger zurückgelassen, und die, wie wir uns überzeugten, ziemlich unversehrt waren. Wir schlugen dann unser Lager unter den Hütten des Dorfes auf und während der Somali, der jetzt den Koch spielen musste, wohl oder übel etwas zusammenbraute, besprachen wir, was weiter zu thun wäre. So viel war uns schon klar geworden, dass wir es hier nicht mit einer der gewöhnlichen ostafrikanischen Desertionen zu thun hatten, sondern dass höhere, arabische Einflüsse von der Küste im Spiele waren, mochten dieselben welcher

Art immer sein. Wir hofften zwar durch unsere Anwesenheit an der Küste die Angelegenheit wieder regeln zu können, doch schien dies immerhin nicht völlig gewiss und der Gedanke lag nahe, dass wir an der Ausführung unseres Reiseplanes überhaupt gehindert sein könnten. Für diesen Fall hielten wir es für unsere Pflicht, die begonnene Erforschung Usambaras durch eine Querroute von Masinde nach Mlalo zu vollenden, um wenigstens ein abgerundetes Resultat, die Karte von Usambara, heimzubringen. Wir eröffneten daher unseren erstaunten letzten Getreuen, dass wir vorerst nicht nach der Küste gehen wollten, sondern beabsichtigten, unter Umständen selbst ohne Mannschaft, von hier wieder ins Gebirge zu ziehen. Schweigend zogen sich die Leute zurück und wir dachten nichts anders, als dass sie über Nacht fortlaufen würden. Zu unserem Erstaunen waren sie aber am nächsten Morgen doch noch da und hielten, bei einander kauernd, endlose Berathungen.

Die Eingeborenen von Masinde sind der Hauptmasse nach Waschambā, doch stark mit Wakamba und Wasegua-Elementen durchsetzt, auch sprechen fast alle Suahili. Auffallend sind die lichtfarbigen Wakilindi, ausnahmslos nahe Verwandte Sembodja's, unter welchen man sehr schöne, wohlgebaute Frauen und ganz reizende, schwarzäugige Kinder sieht.

Nachmittags fanden sich unsere sämmtlichen Suahilileute, ausser zwei, ein und erklärten, mit Mabruki als Sprecher, morgen Früh fortgehen zu wollen. Der Sultan von Sansibar sei ihr Herr und da dieser befohlen habe, nicht mehr weiter zu reisen, so müsse es geschehen. Gegeneinwendungen waren fruchtlos. Der Clerk Ediston, wirklich ein guter Bursche, beschwor uns nun mit ihnen zurückzukehren und nicht allein und verlassen in den Bergen umherzuziehen. Doch wir hielten es einmal für unsere Pflicht, die Aufnahme Usambaras zu vollenden und waren entschlossen zu reisen, sei es nun mit oder ohne Mannschaft.

Von den Küstenleuten erklärten nur zwei bei uns bleiben zu wollen: Sadiki, ein einäugiger Bursche aus Kiloa, und Wadi Mamba, ein unscheinbarer, stiller Junge aus Bondëi. Ersterer schwächte den Eindruck seiner Treue durch unverschämte Geldforderungen ab, Letzterer jedoch erklärte, es sei ihm alles gleichgiltig, er habe einmal sein Angeld bekommen und werde unter allen Umständen bei uns ausharren. Daneben waren noch die beiden Somali, die laut jammerten, als sie hörten, es ginge wieder ins Gebirge, und gerne fortgelaufen wären, wenn sie dies in dem fremden Lande gekonnt hätten. Am Morgen des 29. September brachten die Leute ihre Gewehre, sagten uns ihr „Kuaheri" (Lebewohl) und zogen ab. So waren wir denn mit vier Leuten in Masinde zurückgelassen, gänzlich abhängig von der Willkür eines gemeinen, habsüchtigen Negerhäuptlings. Zwar benahm sich Sembodja noch sehr freundlich, hatte aber doch schon Dr. Meyer sein gutes Jagdgewehr abgepresst und sandte uns so elende Geschenke, dass wir wohl sahen, er hielte uns besonderer Aufmerksamkeit nicht werth. Auch im Uebrigen war der Aufenthalt in dem engen, drückend heissen und von Ameisen wimmelnden Masinde gerade kein Vergnügen, und wir strebten eifrig nach den Bergen. Zum Glück liess sich Sembodja herbei, uns 12 Leute als Träger zu geben, mit welchen wir unseren Marsch am nächsten Morgen antraten. Zelte, Badewannen und ähnliche Luxusartikel blieben natürlich zurück, was mir wenig Schmerzen verursachte, da ich im westafrikanischen Busch derartiges doch nie gekannt hatte. Köche waren die beiden Somali, die nicht nur faul, sondern auch wirklich sehr herabgekommen waren, da sie sich in ihrer Nahrung anspruchsvoll zeigten und daher mitten im Ueberfluss förmlich verhungerten. Diener und Askari waren Sadiki und Wadi mamba. Ersterer war zwar recht willig, aber höchst ungeschickt, Letzterer bei allen seinen trefflichen Eigenschaften ein völliger Wilder, der fast gar nichts Suahili verstand und kaum zu gebrauchen war. Die Träger, die Sembodja uns geliefert, waren Waschambā, Wasegua, Wakamba, Wambugu und Wapare, ein zusammengewürfeltes Gesindel, der Abschaum von Masinde, eben so schlechte und faule, als unverschämte Bursche. Disciplin war in die Leute natürlich nicht hineinzubringen, denn wir mussten dem Himmel danken, wenn sie so freundlich waren, nicht fortzulaufen. Der beste unter ihnen war der Wegweiser, der wenigstens guten Willen zeigte.

Der Weg führte erst längs des Steilabfalles der Usambaraberge durch jenen Nyikastreifen, der sich zu beiden Seiten des

7*

sumpfigen, träge fliessenden Mkomasiflusses ausdehnt. Jenseits ragte
die breite, waldige Kuppe des Mafiberges auf. Die Hitze war
eine drückende und in Schweiss gebadet langten wir Mittags an
den schattigen Ufern des Momboflusses an, wo ein Bad uns
erquickte. Dann ging es sehr steil den nahezu kahlen Hang
hinan, dessen steiniger Boden eine wahre Glut ausstrahlte. Erst
am grasigen Kamme wehte kühlerer Wind und die Vegetation
begann mehr und mehr den schönen Weideland-Charakter anzunehmen, der uns aus der Umgebung von Mlalo wohlbekannt
war. Unser Weg zog sich am steilen Abhang einer Thalmulde,
wo mehrere Giessbäche dem tief eingeschnittenen Mombo zuströmen. Ueberall sieht man kleine Canäle abgedämmt, welche
die Bananen- und Bohnenpflanzungen bewässern, die an der Berglehne zerstreut liegen. Im Hintergrunde erblickt man Wuga, die
Königsstadt Usambaras, deren zahlreiche Hütten den breiten
Gipfel eines Berges bedecken. Dahinter ragt die dunkle Masse
des Kwamongoberges auf. Der Weg, auf dem wir anstiegen, ist
wohlerhalten und besitzt sogar Abzugsgräben für das Regen-
wasser. Es begann schon zu dämmern, als wir den klaren Giessbach
Nkosoi überschritten, der etwas höher aus sumpfiger Bergwiese
entspringt und schäumend in steinigem Bett dem Mombo zueilt.
Dann ging es steil über farnbedeckte Halden auf vielbetretenem
Gewirre lateritrother Viehwege der Höhe des Wugaberges zu.
Schon hatten wir die ersten, ausserhalb einer Umzäunung gelegenen Hütten des Dorfes erreicht, als uns eine grosse
Volksmenge entgegen kam, unter welcher wir sofort den König
Kimueri, den Sohn Sembodja's, erkannten. Er ist sehr lichtfarbig,
hat fast ganz südeuropäischen Typus, aber Kraushaar, und macht
einen angenehmen, weit besseren Eindruck als sein Vater Sembodja. Er trug eine schwarze europäische Jacke und eine hohe,
abgestumpfte Mütze aus Korbgeflecht. Er reichte uns mit vielen
„Jambo!" und „Jambo sana!" die Hand, erklärte aber, dass es
uraltes Gesetz sei, dass kein Fremder, möge er nun schwarz oder
weiss sein, die Königsstadt Wuga betreten dürfe. Er wies uns
daher einen Lagerplatz in einem Bananenhain jenseits des Nkosoi-
baches an, den wir erst bei Dunkelheit erreichten. Auch schickte
Kimueri einen Hammel und Pombe als vorläufiges Geschenk.

Den nächsten Tag verbrachten wir rastend bei dem Hütten-complex gegenüber Wuga, eigentlich einem Viehstall, wo zahlreiche prächtige Rinder Abends von den Wasegua-Hirten untergebracht wurden. Im Laufe des Tages besuchten wir abermals den König Kimueri, der uns schon frühzeitig reichliche und treffliche Nahrungsmittel geschickt hatte. Er führte uns auf eine Anhöhe unweit Wuga, von welcher wir den Ort vollständig überblicken konnten. Er besteht aus etwa 200*) Rundhütten und besitzt nicht wie die meisten anderen Dörfer rings um das ganze Dorf ein Gitter, sondern nur einzelne eingezäunte Complexe. Am Westende steht eine grosse Hütte mit Lehmmauern zur Unterbringung Fremder aus Usambara. Wir brachten Kimueri sein Geschenk, eine Doppelflinte, worüber er sich sehr freute, obwohl er zahlreiche Gewehre, darunter selbst Winchester- und österreichische Werndl-Karabiner besitzt. Auch seine Unterthanen sind schon ziemlich suahilisirt, so tragen fast alle Zeugkleider und Flinten.

Mitten in der Nacht wurden wir in unserem Lager durch Lärm geweckt und erblickten drei Askari unserer Hauptkarawane, Muiniamani, Salimu und Hassani, die eben eingetroffen waren. Die Leute waren uns im Auftrage Sewah Hadschi's den ganzen Weg über Magila und Mbaramu nachgerannt, um uns den Brief eines Consulatsbeamten zu überbringen. Wäre dieser Brief klar und vernünftig gehalten gewesen, so hätte er uns wohl schweres Unheil für später erspart, leider erging er sich aber nur in allgemeinen Redensarten und enthielt nichts Thatsächliches über die Lage an der Küste. Unser Aerger über das unnütze Schreiben, welches den Ueberbringern so grosse Mühen verursacht hatte, wurde sehr durch den Umstand gemildert, dass wir eben in diesen drei Askari einen sehr schätzbaren Zuwachs zu unserer ständigen Mannschaft erhalten hatten.

Ein ganz vorzüglicher Bursche war vor Allem Muiniamani aus Tangata, ein schlanker, hübscher Suahili von einigen zwanzig Jahren. Er war einer jener ewigen Vagabunden, wie man sie an der ostafrikanischen Küste nicht selten antrifft, hatte Dr. Fischer auf seiner Reise nach Kawirondo begleitet und sonst noch allerlei

---

*) Burton spricht 1857 von 500 Hütten.

Züge ins Innere mitgemacht. Dabei sprach er alle möglichen Sprachen, von jener der Massai bis zum Kipare und Kischambā, welch letzteres uns augenblicklich am wichtigsten war. Freilich soll der gute Muiniamani, wie ich später erfuhr, bei einer anderen Expedition allerlei böse Streiche verübt haben, die ihm auch wohl zuzutrauen waren, wir aber haben ihn bis zum letzten Augenblick als brauchbar, willig und zuverlässlich kennen gelernt. Wie so viele Suahili hatte auch Muiniamani die Eigenschaft, immer nett auszusehen. Seine ganze Garderobe bestand aus einem Fez, einem weissen Sansibar-Hemde und einem Stück rothem Zeug. Letzteres benützte er einmal als Turban, einmal als Lendenschurz oder Schärpe und hielt seine paar Lumpen stets rein und sauber gewaschen.

Ein wahrer Typus war der Askari Hassani, ein echter Sansibarite, ein Kind des glücklichen Ngambo, mit breiten Schultern und sehr kräftigem Körperbau, mit Kinnbart und dickem, gutmüthigen Gesicht, das unter dem alten hohen Fez hervorlachte. Denn anders als lachend und vergnügt habe ich Hassani nie gesehen. Er sang von Morgen bis zum Abend, oder trug förmliche Rhapsodien vor, die zwar kein Versmass, aber einen deutlichen Reim hatten, was in der weichen Suahilisprache ganz hübsch klang. Er behandelte darin, unbekümmert ob ihm Jemand zuhörte oder nicht, allerlei Ereignisse der Reise, die glückliche Wiederkehr u. s. w. Abends, besonders wenn ihn etwas Pombe gelabt hatte, zog er seine Pfeife (Ndjo scheitani) hervor und blies recht geschickt eintönige Lieder in Moll, die für den, der an Negermelodien gewöhnt ist, ganz anziehend sind. Hassani hatte bereits Dr. Meyer's erste Reise mitgemacht und war zwar weniger geschickt und brauchbar als Muiniamani, aber ein guter, heiterer Junge, der bald unsere besondere Gunst erwarb. Am wenigsten sympathisch war der dritte Askari Salimu, ein älterer, etwas bequemer und geschwätziger Mann, der aber das Einkaufen von Lebensmitteln gut verstand. Er trug einen schwarzen europäischen Ueberzieher und liebte es, sich grosses Ansehen zu geben.

Verstärkt durch diese drei Leute, die durch ihren Gewaltmarsch allerdings sehr ermüdet waren, brachen wir am 2. October auf, umgingen den Berg von Wuga und verfolgten den Wagamobach, der schönes Weideland mit eingestreuten Hütten und Bananen-hainen durchströmt. Dann ging es stundenlang am steilen, linken Abhange des Simuiubaches, den wir zuletzt an einer Stelle über-schritten, wo er in reizenden kleinen Wasserfällen eine Thalstufe überwindet. Hier pflegen die Eingeborenen ihr zahlreiches, schönes Vieh zur Tränke zu treiben. Am Marsche begegneten wir mehreren Wambugu, Angehörige jenes merkwürdigen Hirtenstammes, der im Herzen Usambaras wohnt. Die Leute glichen im Aeusseren sehr den Massai, nur sahen sie viel weniger wild als diese aus. Eine weite kahle Mulde durchziehend, erreichten wir schliesslich das Dorf Kugulunde mit etwa 15 ärmlichen Hütten, die am Bergkamme ge-legen sind. Die Eingeborenen wiesen uns eine schöne, vorne offene Versammlungshütte als Wohnhaus an und brachten köstliche saure Milch. Sie scheinen mit Eifer Bienenzucht zu betreiben Von der Höhe erblickt man weithin die grünen Berge Usambaras mit ihren Waldgruppen und Felspartien und in der Tiefe die Nyika, aus der die breite Masse des Mafiberges aufragt. Abends gewährte der Sonnenuntergang einen farbenprächtigen, erhabenen Anblick.

Von Kugulunde ging es am 3. October hinab in das dorf-und bananenreiche Kwasindothal, dessen klaren, rauschenden Bach wir fast bis zur Quelle verfolgten. Im Oberlaufe durchfliesst er eine schöne Grasmulde, die von waldigen, felsgekrönten Höhen umschlossen ist. Darin sind gleich Almhütten die runden Be-hausungen der Wambuguhirten verstreut, die hier König Sem-bodja's Heerden weiden. Mit Kuhmist gefestet sind die Lehmwände der blätterbedachten Hütten, zwischen welchen man die schlanken, unbekleideten Gestalten junger Wambugu sieht, die mit gellendem Pfeifen das glatte, prächtige Buckelvieh vor sich her treiben. Reizende kleine Staare fliegen zwischen den Thieren einher und befreien die behäbigen Wiederkäuer von dem lästigen Ungeziefer. Dann führt der Weg steil zur Höhe des Galeberges hinan. Bei einigen Hütten erreicht man den Kamm, hat jedoch noch den steilen Felsen zu umgehen, auf dem das Dorf Gale gelegen ist. Dasselbe hat etwa 50 Hütten, die jenen der Wambugu gleichen, und ist, nach drei Seiten an schroffe Abstürze grenzend, nur von der vierten Seite zugänglich, die durch einen starken Balkenzaun

geschützt wird. Die Galeleute sind Waschambā, nur der Jumbe,
ein freundlicher, aber etwas einfältiger Bursche, scheint, nach seiner
lichten Hautfarbe zu schliessen, Mkilindi zu sein. Wir sind wieder
im echten Usambara: Gewehre verschwinden mehr und mehr und
Bogen und Pfeile nehmen die erste Stelle als Waffen ein. Von
der Höhe des Felsens blickt man in die prächtige Mulde unterhalb
Gale, die von wahren Bananenwäldern bedeckt ist, zwischen
welchen die runden Complexe der Dörfer hervorleuchten. Im
Hintergrunde ragen die hohen Kämme Central-Usambaras auf,
darunter der waldige Bagaberg, ein alter Bekannter von unserer
Nordroute. Wir bekamen zwei schöne Hütten etwa 20 Minuten
von Gale angewiesen, in deren dunklem Innern wir uns ganz
behaglich fühlten. Ueberhaupt war der Mangel an vielen Bequemlichkeiten auf dieser Tour weit weniger empfindlich als
wir vorher gedacht hatten und wir fühlten es als Erleichterung,
von dem lästigen Tross der Trägerkarawane befreit zu sein.

Die wellige, wohlbebaute Mulde unterhalb des Galeberges
durschreitend, deren Gewässer dem Luengera zufliessen, kamen
wir unweit des kleinen Dorfes Jamba vorbei und stiegen dann
steil zu einem Passe an, der zwischen felsigen Gipfeln hindurch-
führt. Jenseits erblickt man eine Aufeinanderfolge grasiger und
bewaldeter Hügel, der Alpendistrict Kwambugu. Wir überschritten
den ansehnlichen Mkusufluss und wanderten dann meist an Abhängen oder in Mulden, die von langsam fliessenden, oft leicht
versumpften Bächen bewässert werden, durch schöne, kühle Wald-
und Weidegebiete. Geschlossene Dörfer giebt es in Kwambugu
ebensowenig wie in den Hochthälern Tirols; einzeln in den
Thälern und an den Hängen liegen die Weiler weit verstreut
durch das Land. Doch weniger mit den Höfen als vielmehr mit
den Almhütten Tirols lassen sich die Wohnsitze der Wambugu
vergleichen. Nur dass dem Tiroler Bauern einzig der kurze Sommer
den schönen, fröhlichen Aufenthalt auf der Alm ermöglicht,
während in der Heimat der glücklicheren Wambugu ewiger
Sommer herrscht. Zu allen Jahreszeiten tönt dort der Ruf des
Hüterjungen und das Brüllen der Rinder durch die herrlichen,
kühlen Hochweiden. Unter diesen Umständen kann es nicht
Wunder nehmen, wenn die Viehzucht trefflich gedeiht und man

auf Schritt und Tritt grossen Heerden stattlicher Buckelrinder begegnet, wie ich schönere niemals in Afrika gesehen.

Alle Bedürfnisse, Kleidung und Nahrung liefert den Wambugu das Vieh, selbst die Lehmwände ihrer Hütten haben Kuhmist als Bindemittel. Sie bauen daher nichts anderes an als etwas

W a m b u g u.

Zuckerrohr, um daraus den erfrischenden Pombe zu bereiten, und tauschen den nöthigen Tabak und die Waffen gegen Milch, Butter und Häute von den umwohnenden Waschambā ein. In ihrem harmlosen Wesen und ihrer völligen Unberührtheit von jeder Cultur erinnerte das Hirtenvolk der Wambugu mich lebhaft an die Bube von Fernando Póo, und ich bedauerte sehr, durch die

Umstände verhindert zu sein, mich länger bei ihnen aufzuhalten, um ihre Sitten und Gebräuche näher kennen zu lernen.

Bei starkem Regen erreichten wir die Schäferhütten von Buma, in deren rauchigem Innern wir Unterkunft fanden. Während wir Nachmittags unsere Notizen ordneten und mit dem ältesten Mbugu der Niederlassung, einem langen, gemüthlichen Burschen, nähere Freundschaft schlossen, erschien plötzlich ein Paremann als Abgesandter Sembodja's und überbrachte unseren eingeborenen Trägern den Befehl, sofort nach Masinde zurückzukehren. Als Vorwand wurde angegeben, dass ein Brief aus Sansibar für uns angekommen sei. Der Versuch, die Leute dennoch zum Weitergehen zu veranlassen, blieb natürlich erfolglos. Einerseits konnten wir die Lasten, worunter sich auch Dr. Meyer's photographische Platten befanden, nicht im Stiche lassen, andererseits war es uns von höchster Wichtigkeit, Mlalo zu erreichen und damit den Anschluss an unsere nördliche Route herzustellen. Wir kamen denn überein, dass Dr. Meyer möglichst langsam nach Masinde ziehen sollte, während ich mit Muiniamani, Hassani, Sadiki und Wadimamba den Weg nach Mlalo fortsetzte.

Am Morgen des 5. October wartete ich, bis Dr. Meyer mit Salimu, den beiden Somali und sämmtlichen Trägern abgezogen und machte mich mit den vier Leuten und einer Last auf den Weg nach Mlalo. Bald fanden wir einen Eingeborenen, der uns als Wegweiser diente und durchschritten die endlose Reihenfolge waldiger Hügel und grasiger Thäler Kwambugus raschen Schrittes. Leichte Nebelstreifen zogen über die Grashalden, und die Hirten, welchen wir begegneten, hüllten sich frierend in ihre Ledermäntel. Bei den vereinzelten Hüttencomplexen, die wir antrafen, rief Muiniamani die Weiber an und scheu, aber freundlich pflegten sie herbeizukommen und uns köstliche Milch zu bringen. Setzte der Regen stärker ein, so kauerten wir uns wohl auch in die warmen, russigen Hütten der Wambugu und rösteten an ihrem Feuer die Bananen, die wir als Proviant mitführten. Ich fühlte mich lebhaft nach der schönen Insel Fernando Póo versetzt, die ich ebenfalls mit wenigen Leuten, im steten nahen Umgange mit den Eingeborenen durchwandert — eine Reiseart, die zwar gerade nicht bequem, aber ungleich lehrreicher, sorgloser und genussvoller ist als jene mit

einer grossen Karawane. Nach vielstündigem Marsch erreichten
wir Nachmittags die Höhe des Schegescheraiberges und begrüssten mit Freude die schöne, gegen die weite nördliche Steppe
offene Mulde von Mlalo, die zu unseren Füssen lag. Der Dorf-
hügel stellte sich hier als spitzer Kegel dar, auf dessen höchstem
Gipfel, umgeben von den braunen Rundhütten, das schwarz-weiss-
rothe Banner an langem Maste wehte. Unser Freund, der alte
Häuptling Kiniassi, hatte also sein Versprechen gehalten und die
Flagge aufgehisst. Beim Abstieg kamen wir durch einen kleinen

Mlalo.

Markt, wo Waschamba und Wambugu ihre Produkte austauschen.
Dort empfing uns eine gemüthliche, etwas angeheiterte Gesellschaft
mit stürmischer Freundlichkeit und bot uns guten Zuckerrohrwein
in halben Kalebassen. Während wir das sumpfige Quellthal des
Umba abwärts verfolgten, liefen mehrere Leute eilig voraus, um
dem alten Kiniassi die Botschaft unserer Ankunft zu bringen.
Kaum hatten wir unseren Lagerplatz unterhalb Mlalo erreicht und
uns in der halb verfallenen Strohhütte, die dort stand, halbwegs
häuslich eingerichtet, als unser trefflicher alter Freund erschien,
begleitet vom Kronprinzen und sämmtlichen Ministern, und

gefolgt von nicht weniger als sechs Jungen, die ungeheure Kalebassen mit Pombe trugen. Andere brachten Vegetabilien, Milch
und Honig, sowie einen Ochsen, dessen Annahme wir aber ver-
weigerten, weil wir ihn augenblicklich nicht brauchen konnten.
Dafür erhielt Kiniassi eine kleine, doppelläufige Pistole, worüber
er buchstäblich Thränen der Freude vergoss.

Muiniamani spielte mit Geschick den Koch, Hassani blies
unermüdlich die Flöte und ich sass behaglich mit dem alten
Kiniassi auf der Matte, im frohen Bewusstsein, mein Ziel, den
Anschluss an die frühere Route, erreicht zu haben. Alles stärkte
sich von Zeit zu Zeit mit einem Schluck Pombe. Leicht war es
gerade nicht, das Kauderwälsch von Kischambā und Suahili zu
verstehen, welches Kiniassi sprach; doch brachte ich so viel
heraus, dass er mir dringend abrieth, nach Masinde zu Sembodja
zu gehen, dem er gar nicht gut gesinnt scheint. Er wollte mich
vielmehr überreden, entweder bei ihm zu bleiben oder nach Norden zu, gegen Taïta, weiterzureisen. Auch sein hübscher, freundlicher Sohn bat mich sehr, nicht nach Masinde zu gehen. Natürlich konnte ich ihren Rathschlägen nicht folgen, da ich doch
wusste, dass Dr. Meyer bei Masinde auf mich und die Leute
wartete. Durch fleissigen Pombegenuss wurde mein alter Freund
immer gerührter und zärtlicher, und schliesslich mussten wir ihn
mit sanfter Gewalt aus der Hütte entfernen, um uns die noth-
wendige Nachtruhe auf einigen Grasbündeln zu sichern.

Trotz der empfindlichen Morgenkälte erschien der freundliche
Häuptling doch wieder bei Tagesgrauen und brachte nicht weniger
als drei kräftige Wegweiser mit, die uns bis Masinde begleiten
und das Gepäck tragen sollten. Rüstig schritten wir mit diesen denselben Weg zur Schegescheraihöhe bergan, den wir gestern herabgekommen waren. Ueber die hohen Waldberge von Mlalo und
über die weite, graubraune Umba-Nyika glänzte herrlich blauer
Morgenhimmel. Ein wehmüthiges Gefühl überkam mich, als ich
dieses schöne, friedliche Thal verlassen musste, um unsicheren
Schicksalen im dumpfen Tieflande entgegenzugehen. Wohl wenige
Punkte wären zur Gründung einer Station, sei es nun durch die
Ostafrikanische Gesellschaft, sei es durch eine praktische Mission,
so sehr geeignet, wie Mlalo. Der Ort ist durch die Ebene in

fünf Tagen von Wanga aus erreichbar, dennoch ist die zahlreiche Bevölkerung von der Cultur noch sehr wenig berührt und würde einen Europäer sicher mit Freude begrüssen. Das Klima ist köstlich kühl und sehr wahrscheinlich auch gesund, da die einzigen Winde, welche in Mlalo Zutritt haben, von der trockenen, gesunden Steppe herkommen. Der viel bebaute, wasserreiche Boden ist von seltener Fruchtbarkeit, alle Hausthiere, besonders aber prächtiges Rindvieh, in erstaunlicher Menge vorhanden. Wie leicht könnte ein deutscher Beamter oder Pater der französischen Mission hier ein kleines Paradies schaffen und bei klugem Vorgehen auch massgebenden Einfluss auf die Eingeborenen erlangen!

Unter solchen Gedanken überstieg ich den Kamm des Schegescherai und trat wieder ins Kwambuguland ein, wo feuchter Nebel und Sprühregen uns entgegenschlug. Vom alten Wege abzweigend durchzogen wir in fast endloser Folge schöne Grasmulden, wo gewundene oder leicht sumpfige Bäche sich schlängelten, und dicht bewaldete Höhen. Selten sieht man eine Hütte, häufiger begegnet man einem Mbugu, der, die lange Pfeife schmauchend, den Bogen und Speer neben sich im Grase, unter einem Baume gelagert, die ruhig grasenden Rinder hütet. Nachmittags erreichten wir den einsamen, im entlegenen Hochthale verstreuten Weiler Kinko, wo der Dorfchef uns dicke, köstliche Milch darreichte. Dann ging es sehr steil zur Höhe des Mágambaberges an, der von allen Punkten unserer Route in Usambara am höchsten ansteigt und 2000 m erreicht. Dunkler, schattiger Urwald und dicht verfilztes Unterholz bedecken seinen Gipfel. Der Nebel und Sprühregen, der uns den ganzen Tag begleitet hatte, verwandelte sich nun in einen heftigen Regenguss und es war gerade kein Vergnügen, unter diesen Umständen auf glatten, steilen Wegen durch diese nasse Wildniss zu ziehen. Endlich lichtete sich der Wald am jenseitigen Abhange und eilig liefen wir über theilweise verbrannte Grashalden, denn schon senkte sich der Sonnenball sehr bedenklich. Wir überschritten auf schmalem Stege den Mkusu in seinem Oberlaufe und stiegen über einen grasigen Sattel nach der schönen Mulde von Rusotto ab. Rasch war es dunkel geworden und bald wandelten oder tappten wir bei stockfinsterer Nacht auf den feuchten Wegen, während wahre Wasserfälle unaufhörlich vom Himmel auf uns herabstürzten. Die drei Führer aus Mlalo sagten fortwährend: „Musi hahaha" (Kischambā, „hier ist ein Dorf"), aber das Musi wollte immer nicht kommen. Wir plätscherten durch tiefe Bäche, stolperten über Steine und Wurzeln und schlugen uns durch Wälder und dichte hohe Grasmassen, bis schliesslich die drei Führer ihr „Musi hahaha" aufgaben und nach längerer Berathung erklärten, sie wüssten den Weg nicht mehr. Da sassen wir denn bei strömendem Regen in finsterer Nacht zwischen nassen Farnkräutern und liessen uns von den schwarzen Ameisen zerbeissen. Zwei Führer gingen aus, den Weg zu suchen, Muiniamani verwünschte den dritten auf Kischambā, nur Hassani blieb unerschütterlich und begann uns leise singend eine lange Romanze von „Rupia arbamia" (2000 Rupien) und „Manamuke angu" (Mein Mädchen) vorzutragen.

Endlich sahen wir einen leuchtenden Feuerbrand herannahen, den die Führer fortwährend schwangen, um ihn brennend zu erhalten. Sie hatten eine Wambuguhütte gefunden, deren Insassen sich bereit erklärten, uns Obdach zu geben. Als wir die Hütte bald darauf erreichten, schien man es sich wieder anders überlegt zu haben, denn die Holzthür war fest verrammelt. In den schmeichelndsten Tönen suchten Muiniamani und die Mlaloleute es den Wambugu begreiflich zu machen, dass wir unmöglich im Regenguss draussen übernachten könnten. Als aber drinnen kein Laut hörbar wurde, brach unsere Geduld und wir stemmten uns gegen die Thür, auf welche Muiniamani mit der Küchenaxt und ich mit dem geologischen Hammer wüthend loshieben. Als zuletzt noch das trigonometrische Stativ als Sturmbock benützt wurde, sprang die Thür krachend entzwei und über ihre Trümmer drangen wir ins pechschwarze Innere der Hütte. Wir wateten im weichen Brei; ein wohlbekannter Geruch und schnaubender, feuchtwarmer Athem drang uns entgegen, wir waren im Kuhstall. Als wir Licht angebrannt hatten, fanden wir einen zweiten Theil der Rundhütte mit Ziegen angefüllt und im dritten, einem Holzverschlage, hatten sich die angsterfüllten Bewohner verschanzt. Ich richtete mir auf den Trümmern der Thür mitten unter Buckelrindern mein Lager her und hörte eben noch, wie ein alter Mbugu mit den Mlaloleuten zu unterhandeln begann, bevor ich in tiefen Schlaf sank. Was die Buckelrinder anbelangt, so muss ich gestehen, dass dieselben an feiner Lebensart ihre unbebuckelten Vettern in Europa weit überragen. Wer jemals auf der Alm über dem Kuhstall geschlafen, der weiss, wie das europäische Rindvieh durch fortwährendes Stampfen und heftiges Schnauben die nächtliche Ruhe zu stören pflegt. Die Rinder der Wambugu aber lagen die ganze Nacht so sittsam und still, dass man wohl merkte, sie seien es gewohnt mit dem Herrn der Schöpfung im selben Raum zu leben. Allerdings schienen meine Schlafgenossen grosse Frühaufsteher zu sein, denn als der Tag kaum zu dämmern begann, erhoben sie sich und gaben mir durch einige wohlgemeinte Tritte zu verstehen, dass es Zeit zum Aufstehen sei. Da wir jedoch seit Kinko keinen Bissen gegessen, frühstückten wir erst möglichst ausgiebig, bevor wir unseren Marsch wieder antraten. Vorher lernte ich noch den Herrn der Hütte, einen alten Mbugu, kennen, der erklärte, er habe uns für — Massai gehalten, die gekommen seien, um das Vieh zu stehlen.

Dann setzten wir unsere Wanderung an den Hängen der schönen Thalmulde von Rusotto fort, durch welche man in der Ferne den hüttengekrönten Berg von Wuga erblickt. Am Waschambädorfe Heniangu vorbei stiegen wir auf einen Kamm und in ein anderes Thal, in welchem mehrere Sumpfbäche dem Mombo zufliessen, die sämmtlich den felsigen Masindebergen entströmen, welche am Ende des Thales aufragen. Die rechte Thalwand bildet der Randkamm Usambaras gegen die Nyika am Mkomasi, auf dessen grasiger, grüner Höhe das Dorf Mlago mit runder Hecke gelegen ist. An geknickten Zweigen und Spuren eines Stiefels im feuchten Boden erkannten wir, dass Dr. Meyer hier vor nicht langer Zeit durchgekommen, und stiegen daher rasch zur Höhe des Randkammes an. Dort fanden wir uns am steilen Absturz, über dessen felsige Hänge der Pfad in vielen Windungen bergab führt. Leichter Nebel umhüllte die Höhe, auf der wir standen, doch häufig zerriss der Wind die Dunstmassen für Augenblicke und gewährte uns reizvolle Ausblicke auf die abgrundtief unter uns liegende, sonnbestrahlte Ebene und auf die schroffen, wilden Felsabstürze der Masindeberge zur Rechten. Mühsam und sehr

steil ging es dann, einem felsigen Wasserriss folgend, in die
Tiefe. Von einem Felsblock erblickten wir das Dorf Kwamba,
dessen Hütten eine Vorkuppe des Hanges krönen und kreisförmig
um zwei hohe, grüne Bäume gelagert sind. Dort sahen wir die
deutsche Flagge wehen, überschritten den schmalen Kamm, der
nach der Kwambakuppe führt und begrüssten Dr. Meyer, der
schon am Tage vorher in Kwamba angelangt war. In diesem
Dorfe, welches etwa in halber Höhe des Absturzes gelegen ist,
befanden wir uns schon unterhalb der Nebel und konnten frei
das breite Mkomasithal, den Mafiberg und im Nordwesten die
blaue, glänzende Fläche des Mangasees erblicken. Wir stiegen
an den Gewässern des Hokoibaches abwärts, der klar und rau-
schend den Berghöhen entströmt und sich erst in der Ebene in
einen Sumpfbach verwandelt, um träge in vielen Windungen dem
Mkomasi zuzufliessen. Bald hatten wir den leicht bewaldeten
Untertheil des Absturzes überwunden und traten hinaus in die
glühende, schattenlose Ebene, durch welche wir in kurzer Zeit
Masinde erreichten.

Waffen und Geräthe der Waschambā.

IV. Capitel.

Von Masinde nach Pangani.

Die Tage, welche wir nun in Masinde verlebten, gehören zu den peinlichsten, die ich in Afrika mitgemacht. Schon früh Morgens erschien Sembodja und quälte uns unausgesetzt mit allerlei Erpressungen. Sassen wir bei Tisch, so verlangte er unsere Gabeln, beobachteten wir die Sonne, so forderte er den Theodoliten und betrachtete überhaupt jeden Gegenstand unseres Besitzes mit gierigen Blicken. Nichts war seiner Habsucht zu gering, selbst ein paar gemeine Cocosstricke, mit welchen wir unsere Bündel zu schnüren pflegten, erregten seine Begierde. Fortwährend umstand eine dichtgedrängte Volksmenge unser Zelt, das wir in einem engen Dorfwinkel errichten mussten, und beobachtete scharf jede unserer Bewegungen. Glaubte Einer einen neuen Gegenstand oder sonst etwas Auffallendes bei uns bemerkt zu haben, so lief er sofort zu Sembodja, der dann mit empörender Unverschämtheit herbeikam, um uns abermals zu belästigen. Das Widerlichste dabei war das Gefühl gänzlicher Ohnmacht, welches wir diesem gemeinen Neger gegenüber hatten, denn ein Neger mit all' seinen niedrigen Gesinnungen ist Sembodja trotz seiner lichten Hautfarbe. Täglich ergossen sich starke Regenschauer über Masinde und ekelhafte Dünste entstiegen dem Boden des engen, unreinlichen Ortes. Dabei litten wir empfindlichen Nahrungsmangel, da Sembodja gar nicht mehr daran dachte, uns mit Lebensmitteln zu versehen. Doch versprach er uns 30 Leute zu geben, mit welchen wir nach der Küste ziehen wollten, um eine neue Karawane anzuwerben. Denn vom Ausbruche eines ernstlichen Aufstandes hatten wir noch immer keine Ahnung. Sembodja, der von Allem genau unterrichtet war, hütete sich wohl, uns etwas mitzutheilen, und das Geschwätz der Neger klang so widerspruchsvoll, dass wir daraus nicht klug wurden. Am 9. October sollte denn unsere Abreise von Masinde stattfinden. Am Tage vorher war Kimueri in schöner arabischer Tracht mit grossem Gefolge von Wuga gekommen, um seinen Vater zu besuchen. Wir begaben uns dann zu Sembodja, der wie gewöhnlich am Bette in seiner Hütte sass, und baten ihn, jetzt die versprochenen 30 Träger zu stellen. Da meinte er höhnisch, seine Leute seien beschäftigt, wir könnten weder heute, noch morgen

noch überhaupt jemals Träger von ihm bekommen. Die schwarzen Höflinge und Jungen um ihn herum lachten laut. Wir versuchten unser Glück bei Kimueri, doch erklärte dieser, in Masinde nichts zu befehlen zu haben.

Wir hatten also nur sieben Mann und fünf Esel, von welchen vier mit der Hauptkarawane gekommen waren. Diese bepackten wir mit dem Nöthigsten und mussten mit schwerem Herzen alles Uebrige, darunter auch die unschätzbaren photographischen

Sembodja.

Platten Dr. Meyer's zurücklassen. Alle Güter und Waffen, die ganze kostspielige und sorgfältig gewählte Ausrüstung der Expedition, die meisten Privatkoffer blieben in den Händen des schuftigen Negers Sembodja. Wir dachten ernstlich daran, die Sachen vor das Dorf zu tragen und dort so viel als möglich zu vernichten, doch war ja unsere Hoffnung immer noch nicht geschwunden, mit neuer Karawane später wieder Alles abzuholen.

So begann den bei strömendem Regen unser trauriger Rückzug nach Pangani. Voran ging Dr. Meyer mit Salimu, Wadimamba und Hassani, dann folgten die störrigen Esel, die alle Augenblicke ihre Lasten abwarfen und querfeldein jagten, dem trefflichen Muiniamani, der das Eseltreiben übernommen hatte, grosse Mühen verursachend. Den Schluss bildete ich mit Sadiki, der die Instrumente trug, denn die topographische Aufnahme wurde trotz aller fatalen äusseren Umstände fortgesetzt. Weit hinterher humpelten die beiden Somali, jammernd und klagend und immer mehr in Stumpf-sinn und Unthätigkeit versinkend. Einer derselben, Achmed, war durch sein fortwährendes freiwilliges Hungern so herabgekommen, dass er kaum mehr gehen konnte.

Wir zogen auf unserer alten Route zum Mombo, überschritten denselben jedoch an anderer Stelle und lagerten in einer Gras-hütte beim Dorfe Kissangā. Zwar mussten wir am Boden schlafen und waren entblösst von allen Bequemlichkeiten, dennoch aber fühlten wir uns glücklich, dem entsetzlichen Masinde entronnen zu sein. Bei meist strömendem Regen zogen wir am 10. October durch jenen schmalen Nyikastreifen, der sich zwischen dem ver-sumpften Mkomasilauf und dem hier sanfteren Abfall des Usam-baragebirges ausdehnt. Der Koth war überall unergründlich, doch bot die Nyika ein freundlicheres Bild, da das Gras allerseits zu spriessen begann. In den Dörfern am Wege, unter welchen Schigëiru das grösste ist, wohnt ein Gemisch von Waschambā und Wasegua, die alle Sembodja gehorchen. Mittags kamen wir nach der Stelle, wo eine buchtartige Vertiefung im Usambaraabfalle zu sehen ist, an deren Ende der Wururi, der Bach von Bumbuli, als Wasserfall herabstürzt. Er bildet dann einen ausgedehnten Sumpf in der Ebene, der durch die letzten Regen besonders ange-schwollen war. Kaum hatten wir diesen durchschritten, als wir auf den grossen, fast eine Stunde breiten Madumu (Hantanga) Sumpf stiessen, dessen Ueberschreitung durch hohes Gras und Schlamm-massen sehr erschwert wurde. Jenseits liegen einige kahle Hügel, auf welchen die Dörfer des Complexes Tarawanda verstreut sind.

Der Ort, bei welchem wir lagerten, hat drei Balkenzäune und grosse Rundhütten, deren uns eine mit zwei ganz netten Negerbetten angewiesen wurde. Die Eingeborenen sind Wase-gua, doch fast völlig suahilisirt. Aehnlich wie in Kwa Kihungui halten sich auch in Tarawanda stets Leute von der Küste in grösserer Zahl auf. Darunter fanden wir auch einen Jungen, der ziemlich gut englisch sprach und früher Dr. Jühlke's Diener gewesen war. Von diesen Leuten erfuhren wir zum ersten-male, dass sämmtliche Europäer aus Pangani, Tanga, Magila und

8*

Lewa fortgegangen seien. Als Grund wurde uns angegeben, dass
der Sultan dies so befohlen, und die Weissen durch General
Matthews hatte abholen lassen. Wir mussten nun allerdings ganz
aussergewöhnliche Vorgänge an der Küste vermuthen, waren aber
noch weit entfernt von der Wahrheit. Denn wie konnten wir
denken, dass es einem Haufen aufständischer Araber und Neger
gelingen konnte, angesichts der deutschen Flotte, Deutsche einfach aus dem Lande fortzujagen! Jedenfalls erheischte die Lage
besondere Vorsichtsmassregeln, die allerdings schwer zu treffen
waren, da wir so ziemlich im Dunklen tappten. Wir beschlossen
denn unseren Askari Hassani nach Pangani zu senden mit einem
Briefe an den Agenten Sewa Hadschi's dortselbst, in welchem
wir diesen ersuchten, uns sofort genaue Nachricht und eventuell
eine Dhau nach Pombue (Pongwe) entgegenzuschicken. Um diesem
Manne einen Vorsprung zu gewähren, blieben wir einen Tag in
Tarawanda. Während desselben stellte sich uns ein alter, weiss-
bärtiger Suahilihändler aus Pangani vor, der zwar eine widerlich
krächzende Stimme hatte, aber im Ganzen keinen schlechten Eindruck hervorbrachte. Derselbe machte uns das Angebot, unsere
Lasten durch seine Leute nach Pangani schaffen zu wollen. Da die
Esel zum Tragen kaum mehr verwendbar waren, da ferner der alte
Suahili erklärte, erst dann einen Lohn zu beanspruchen, wenn wir
glücklich und mit allen Lasten in Pangani angelangt wären,
nahmen wir sein Angebot an und liessen die Esel in Tarawanda
zurück. Letztere holte sich später Muiniamani, dem wir sie in
Sansibar schenkten, und brachte sie nach seiner Vaterstadt Tangata.
    Vermindert um den sangesfrohen Hassani und um die treuen
Grauthiere zogen wir am 12. October weiter. An Gesang sollte
es uns dennoch nicht fehlen, denn die Träger des Suahilimannes,
meist Leute vom Stamme der Waschensi, sangen an den Rast-
und Lagerplätzen so hübsche, mehrstimmige Lieder, wie ich sie
noch selten in Afrika gehört habe. Wir hielten uns am Marsche
ziemlich nahe am Abfalle Usambaras, der hier weniger steil und
mit Wald bedeckt ist. Dann wird die Mulde etwas hügelig und
man nähert sich der Gegend, wo der Mkomasi in den Ruvu
(Pangani) einmündet. Den letzteren, der als graues, rasch flies-
sendes Bergwasser zwischen Felsufern dahinströmt, erreicht man

Korogwe. (Nach einer Photographie von Dr. Hans Meyer.)

bei dem reizenden Dorfe Maurui, wo wieder zahlreiche Cocospalmen auftreten. Dasselbe zerfällt in einzelne Complexe, zwischen welchen Arme des Flusses strömen. Alle sind mit primitiven, aber festen Stegen überbrückt, da die zahlreichen Krokodile ein Durchwaten unmöglich machen. Die Hütten sind zwar noch rund, aber grösser und solider gebaut als weiter im Innern.

Von Maurui ab geht es mehrere Stunden im Thale und häufig in Sicht des Panganiflusses, an dessen Ufern ein schmaler Vegetationsstreifen sich dahinzieht. Nach starkem Marsche erreicht man zuletzt die hügelumschlossene Mulde von Korogwe, wo die Usambaraberge sich zum weiten Luengerathale öffnen, an dessen fernem Ende wir die wohlbekannten Gestalten des Lutindi- und Kombolaberges erblickten. Das grosse Dorf Korogwe, von Wasegua bewohnt, zieht sich sehr schön zu beiden Seiten des reissenden, etwa 20 Schritte breiten Ruvu dahin. Die schöne Ufervegetation und die zahlreichen prächtigen Cocospalmen, die sich über den Fluss neigen, die originelle, primitive Brücke und das Gewirr der runden Hütten, zwischen welchen die Eingeborenen in Suahilitracht und viele Kinder zu sehen sind, vereinen sich zu einem schönen, lebhaften Bilde.

Wir fanden in einem abseits gelegenen Complexe eine gute Hütte, mit einem Grasplatze und weichem, fast europäischem Grase davor, sowie reichliche Nahrung und frische Milch. Lange weilten wir bei prächtigem Mondschein vor der Hütte, bequem im Grase gelagert, den silberglänzenden, pfeilschnellen Ruvu und die rauschenden Palmen betrachtend, deren schönes Schattenbild sich scharf am nächtlichen Sternenhimmel abzeichnete. Leider war unser Somali-Junge Achmed nicht mit in Korogwe eingetroffen, er war durch seine unsinnige Enthaltsamkeit von aller Nahrung, die nicht gerade nach dem Somaligeschmack war, derart entkräftet, dass er am Wege zurückblieb. Obwohl wir unsere Leute sehr nöthig hatten, fühlten wir uns doch verpflichtet unseren besten Mann, Muiniamani zurückzusenden, um den Jungen zu geleiten.

Am Morgen des 13. October kamen wir nahe bei den Ruinen der Station Korogwe der deutschen Ostafrikanischen Gesellschaft vorbei. Auf einem niedrigen, rings von Sümpfen mit quakenden Fröschen umgebenen Hügel sieht man die kärglichen Reste

rother Lehmmauern. Diese, sowie einige Baumwollsträucher als
Ueberbleibsel von „Plantagen", sind Alles, was noch von der
berühmten Station Korogwe übrig geblieben ist. Der Typus der
„verlassenen Station" ist übrigens in Centralafrika bereits ein so
häufiger, dass es sich für den Kartographen bald der Mühe lohnen
wird, ein eigenes Zeichen dafür zu erfinden. Habe ich doch mit
eigenen Augen 23 verlassene europäische Stationen gesehen, von
welchen allerdings 19 auf den Congostaat entfallen, wo gar manche
Station bereits wieder verödet lag, während ihre Gründung noch
in europäischen Blättern mit Posaunenschall verkündet wurde.
Auch in dieser Hinsicht wahrt Afrika seinen Ruf als „Land der
Contraste", im Nilthale birgt es die ehrwürdigen, unzerstörbaren
Ueberreste grauer Vorzeit und im Tropengürtel wird es mit jenen
jungen Ruinen der Neuzeit, den verlassenen Stationen, besäet,
die rasch, wie sie entstanden, wieder in Trümmer sinken.

Bei Korogwe mochte man allerdings weniger bedauern, dass
es verlassen wurde, als dass man es jemals gegründet hat. Denn
die ganze Umgebung ist so versumpft und fieberschwanger, dass
es für uns, die wir die herrlichen Hochländer Usambaras kennen
gelernt, nicht leicht begreiflich war, wie man hier eine Station
errichten konnte. Der Grund lag wohl in der Nähe des stattlichen Dorfcomplexes, welcher sich weithin am rechten Ufer des
Pangani dahinzieht und durch Brücken auf gabeligen Baumstämmen mit unserem Wege verbunden ist. Eine solche führt
auch über den sehr ansehnlichen Luengera, der im Schatten hoher
Bäume rauscht und von Krokodilen wimmeln soll. Bald nachdem
wir diesen überschritten, traten wir in welliges, mit hohem Grase
und lichtem Walde bedecktes Land ein. Mittags badeten wir in
dem schönen, klaren Niusubache und zogen dann durch stets
leicht gewelltes Land weiter, bis wir um 4 Uhr Nachmittags bei
dem Dorfcomplex von Mruasi anlangten. Die einzelnen Weiler
desselben liegen zerstreut auf einigen Hügeln und sind von
schönen Feldern, besonders Bananenpflanzungen, umgeben, aus
welchen die schlanken Stämme der Papaias hervorragen. Wir
zogen nach dem Hauptdorfe, das einen starken, von prächtigen
Schlingern umrankten Balkenzaun im Usambara-Stil besitzt, und
bekamen von der gemüthlichen alten Königin, einer Freundin

Dr. Meyer's von dessen erster Reise, eine schöne Hütte angewiesen. Die Eingeborenen sind Wasegua, gemischt mit Waschensi. Ihre Hütten haben runden Grundriss und bestehen aus
zwei Räumen, die sich concentrisch umschliessen. Der Innenraum
ist mit Lehm ausgemauert, der Aussenraum ebenfalls nicht selten,
häufiger aber nur umgittert und als offener Wohnraum dienend.

Dorfthor von Mruasi. (Nach einer Photographie von Dr. Hans Meyer.)

Durch hügeliges, hoch begrastes und anscheinend fruchtbares Land zogen wir am nächsten Morgen weiter. Der Pfad
war durchwegs sehr kothig und versumpft und führte an ziemlich
vielen eingezäunten Waschensidörfern vorbei. Auf halbem Wege
begegnete uns eine Schaar von etwa 30 scharf bewaffneten Suahili-
leuten. Diese begrüssten uns mit lauter, übermässiger Freundlichkeit, drückten uns bieder die Hand und erklärten, sie seien
Soldaten des Vali von Pangani und beauftragt, uns sicher nach

der Küste zu bringen. Das schien uns nun sofort sehr unwahr-scheinlich, denn ein abenteuerlicheres Gesindel war mir so leicht nicht vorgekommen. Ihr Anführer war Djahasi (auch Muinihasi genannt), ein Comoro-Mann aus Angasidja, der uns sofort in dem charakteristischen westafrikanischen Negerenglisch ansprach, so dass ich erkannte, dass er früher am Congo gedient hatte. Die übrigen Leute trugen Korkhelme, Jägerhemden, Matrosenjacken oder andere Kleidungsstücke, welchen man ansah, dass sie Europäern gestohlen worden seien. Sie hatten nur wenige Kapsel-gewehre, die meisten trugen Mauser-Büchsen oder Flinten unserer entlaufenen Askari. Auch die blaue Uniform der Letzteren war häufig vertreten. Fast Alle waren wüst und verwegen aussehende Bursche, besonders ein herkulischer Uniamwesi-Mann Simba, der im Gesicht mit Narbenwülsten bedeckt war und das Haar bis auf einen breiten, raupenhelmähnlichen Streifen ausrasirt hatte, sah wild und abenteuerlich aus. Die Gesellschaft zeigte sich übrigens ganz diensteifrig, brachte uns stets frische Cocosnüsse und reife Papaias, die sie in den umliegenden Feldern stahlen, und suchten sich auf jede Weise angenehm zu machen. Nachmittags erreichten wir das Dorf Lewa, dessen alter, behäbiger Häuptling uns freund-lich empfing, eine Hütte anwies und mit Nahrung versorgte.

Die Bande Djahasi's hauste in Lewa nach Gutdünken. Sie schlugen Cocosnüsse von den Bäumen, rissen ungescheut Bananen ab und verlangten ausserdem noch von dem alten Jumbe Essen. Dieser war derart eingeschüchtert, dass er kaum zu sprechen wagte, liess unsere Fragen betreffs der Leute unbeantwortet und blickte uns nur scheu und traurig an. Als es dunkel wurde, zün-deten die Banditen Feuer an, nur einzelne umschlichen die Hütte, in welcher wir lagerten, und führten einige Diebereien aus. Unsere Stimmung war eine recht gedrückte und wurde erst etwas ver-bessert, als Muiniamani mit Achmed erschien, welcher sich wieder erholt und den weiten Weg bis hierher zurückgelegt hatte. Der findige Muiniamani traf unter unserer verdächtigen Begleitung gleich ein paar alte Bekannte und konnte uns bald sicher mit-theilen, was für uns ohnehin nicht mehr zweifelhaft war, dass man nämlich Böses im Schilde führe. Als der Mond die braunen Hütten und reizenden Palmengruppen Lewas zauberhaft beleuch-

tete, begannen die Leute einen Tanz, der bei den tollen, halb
europäischen, halb orientalischen Kleidungen der Bursche einen
wilden, phantastischen Anblick bot. Ihr eintöniger Gesang tönte
bis tief in die Nacht; manchmal stiess Simba, der rohe, halb
thierische Uniamwesibursche, einen wilden Schrei aus. Zuletzt
brach Lärm und Streit im Dorfe aus, da die Kerle stürmisch
vom Jumbe Betten verlangten — ein Anspruch, der nach ostafrikanischen Begriffen geradezu unerhört ist, ihnen aber schliesslich doch
gewährt werden musste.

Am nächsten Morgen (15. October) war der Askari Salimu
verschwunden und die Zahl unserer Leute auf fünf zusammen-
geschmolzen. Dagegen hatte sich die Zahl unserer verdächtigen
Begleitung über Nacht noch vermehrt und wohl 50 gut bewaffnete,
handfeste Neger liefen vor und hinter uns einher. Nachdem wir
einige Stunden durch welliges, hoch begrastes und theilweise
bewaldetes Land gezogen und mehrere Wasserläufe überschritten
hatten, erreichten wir die Stelle unserer früheren Wegabzwei-
gung nach Magila. Damit war unsere Rundtour durch Usambara
vollendet und ich konnte meine Aufnahme abschliessen. Kurz darauf
betraten wir die deutsche Tabakplantage Lewa (Deutschenhof).

Der Gegensatz zwischen jetzt und früher war ein tief betrüben-
der. Nicht mehr erblickte man lange Reihen von Arbeitern, die mit
fröhlichem Gesange die Spitzaxt führten oder anderen Beschäfti-
gungen oblagen; todt und still lag die weite Farm vor uns. Das
grosse Magazin, in welchem die Tabakpresse stand, schien unversehrt, dagegen lag das nette Wohnhaus, in welchem wir mit
Herrn Koch gemüthliche Stunden verlebt, fast ganz in Trümmern
und zeigte Spuren eines Kampfes. Am wehmüthigsten stimmte
der Anblick des Tabaks, dessen üppige, saftgrüne Pflanzen die
weiten Gehänge der Farm bedeckten und zu erstaunlicher Pracht
und Fülle gediehen waren. Trotz des eigenen Elends blutete uns
das Herz, diese herrliche, erste deutsche Ernte in Ostafrika dem
unrettbaren Verfaulen preisgegeben zu sehen. Was müssen erst
jene Männer empfunden haben, die jahrelang um den Erfolg der
Pflanzung gekämpft und gerungen hatten und zuletzt, der zwin-
genden Nothwendigkeit gehorchend, nach heldenmüthiger Gegen-
wehr Alles im Stiche lassen mussten!

Ich suchte Djahasi über die Vorgänge auf der Farm aus-
zufragen, doch antwortete er ausweichend und erging sich nur
in Schmähungen auf Njundo, den deutschen Chef von Pangani,
der Alles verschuldet habe. Doch wurde er später gesprächig
und erzählte mir in einem eigenthümlichen Gemisch von Englisch, Kikongo und Kisuahili, dass er jahrelang Bootsjunge unter
Stanley gewesen sei. Er war auch in jenem Canoe, welches seiner-
zeit mit dem österreichischen Lieutenant Kallina bei dem nach
Letzterem benannten Cap am Stanley Pool umkippte. Kallina
ertrank dabei im Congo und von der Mannschaft rettete sich nur
Djahasi und ein anderer Comoromann aus Angasidja. Ich musste
wirklich das Geschick beklagen, welches einen tüchtigen Officier
auf so traurige Weise enden liess, während es den Gauner Djahasi, für den der Congo gerade tief genug gewesen wäre, uns
zum Unheil erhielt.

Der Sumpf zwischen Lewa und Pombue war jetzt, zum Beginn der Regenzeit, stark angeschwollen und mühsam zu durchwaten. Wir hatten bereits die Küstenniederungen erreicht und
die Sonnenglut war fast unerträglich, so dass wir einige Zeit
unter einem schattigen Baume lagerten. Wir waren uns schon
vollständig klar darüber, dass die Absicht vorliege, uns aus-
zurauben, und konnten höchstens über die Art und Weise, wie
dies geschehen sollte, im Zweifel sein. Es lag mir nun vor Allem
daran, meine mühsame Aufnahme des Usambaragebirges sowie
überhaupt meine wissenschaftlichen Aufschreibungen, die ich selbst
in einer Reisetasche trug, zu retten. Ich begann daher in auffallender Weise meine Tasche, in der die Räuber natürlich Gold
vermuthet hatten, auszupacken, und zeigte den Leuten, die mit
gespannter Aufmerksamkeit zusahen, jedes einzelne Notizbuch
und Kartenblatt. Ich packte dann Alles wieder ein und erklärte
ihnen, dass diese Schriften für Schwarze zwar völlig werthlos
und nicht einmal einen Pesa (Kupfermünze) werth, dem Weissen
aber geradezu unschätzbar seien. Ich konnte auf diese Art hoffen,
die Sachen entweder behalten zu dürfen, oder doch einen etwai-
gen Dieb zu bewegen, sie aufzubewahren und später zu verwerthen,
statt sie als nutzlos fortzuwerfen. Die letztere Voraussetzung zeigte
sich denn auch als richtig, wie spätere Erfahrung lehrte.

Wir hegten immer noch eine wenn auch schwache Hoffnung, dass die Sendung Hassani's nach Pangani erfolgreich gewesen sein möchte und wir bei Pombue ein Boot Sewah Hadschi's fänden, eilten daher diesem Orte mit einiger Spannung entgegen. Am Fusse des Hügels von Pombue suchten uns Djahasi und seine Genossen mit lautem Geschrei zu bereden, ihnen gleich nach einer Farm zu folgen, wo sie uns ein Boot für Pangani und sonst noch allerlei Herrlichkeiten versprachen. Wir bestanden jedoch darauf, erst nach Pombue zu gehen und erreichten denn auch bald die ärmlichen Hütten des Ortes, in welchem ein paar Indier und Araber ihren elenden Kram feilhielten. Der Ort selbst hatte sich in den Monaten unserer Abwesenheit nicht verändert, und doch, welch' trauriger Unterschied herrschte zwischen damals und jetzt! Damals erscholl aus allen Hütten der Gesang und das Lärmen unserer Träger und zahlreiche Gruppen derselben belebten das Dorf. Am Hauptplatze erhoben sich unsere schönen Zelte, unser Koch war eifrig für das leibliche Wohl bestrebt, und zahlreiche, gut bewaffnete Askari machten sich ein Vergnügen daraus, Wache zu stehen. Jetzt lag Pombue öde und leer in der glühenden Mittagssonne, nur einzelne verdächtige Gestalten schlichen durch die Hüttenreihen. Unsere Träger, Soldaten, Diener und Köche hatten uns in treuloser Flucht verlassen, unsere Zelte lagen in Masinde, und unter dem Vordache eines arabischen Krämers verzehrten wir ein paar Cocosnüsse, ängstlich beobachtet von einer Schaar von Räubern, die jeden Augenblick geneigt schien, uns unserer letzten Habe zu entledigen.

Von einem Boote oder einer Nachricht Sewah Hadschi's war keine Rede, rettungslos waren wir der Willkür der Bande Djahasi's preisgegeben. Die beiden Somali lagen erschöpft und gleichgiltig am Boden, auf sie war nicht zu zählen. Sadiki war durchaus unverlässlich und selbst der treue, ehrliche Wadimamba war zu ängstlicher Natur, um im Ernstfalle in Anbetracht zu kommen. Muiniamani allerdings war ein entschlossener, muthiger Bursche, doch war er sicher viel zu klug, um sich zwecklos für ein paar Weisse aufzuopfern. Denn welche Aussicht konnte ein Kampf von zwei Europäern gegen eine stündlich anwachsende Horde gut bewaffneter und ziemlich disciplinirter Räuber haben,

deren Selbstbewustsein durch die Erfolge von Pangani, Kikogwe
und Lewa masslos gesteigert war? Es blieb uns also nichts anderes übrig, als den Dingen, die da kommen sollten, mit Geduld
und orientalischem Fatalismus entgegenzusehen.

Die Räuber hielten es in Pombue für gut, sich uns wieder
einmal mit auffallender Freundlichkeit zu nähern. Djahasi zeigte
die am Congo übliche bescheiden-demüthige Haltung, Magongo,
ein sauber gekleideter, wohlgenährter und ganz hübscher Bursche,
erschöpfte sich in Liebenswürdigkeit, und selbst Simba verzog
sein scheusslich tätowirtes Gesicht zu einem Grinsen und stiess
freundlich sein sollende Thierlaute aus, obwohl der lauernde
Blick seiner kleinen, funkelnden Augen nicht recht dazu passen
wollte. Alle bemühten sich, uns zu veranlassen, mit Ihnen nach
der Mundo-Schamba (Farm) zu ziehen, wo uns ein herrliches Mahl
u. s. w. in Aussicht gestellt wurde. Auch der alte Suahili krächzte
uns in seiner widerlichen Kapaunstimme dasselbe zu und theilte
uns sogar „im Vertrauen" mit, die Leute seien wirklich Soldaten
des Vali von Pangani. Da in einem Lande, wo der Unterschied
zwischen Räubern und Soldaten nicht sehr gross ist, eine solche
Möglichkeit immerhin nicht vollständig ausgeschlossen war, da
es uns ausserdem gleichgiltig sein konnte, ob wir in Pombue
oder Mundo ausgeraubt wurden und wir wenigstens näher ans
Meer kamen, so beschlossen wir nach kurzer Berathung mit den
Leuten aufzubrechen.

Der Weg führte erst über einige steinige Hügel, dann
durch die stark versumpften Waldungen im Alluvialgebiete des
vielgewundenen Panganiflusses. Später traten wir in hohen, schattigen Tropenwald ein, der sich am Flusse selbst dahinzieht.
Gegen 4 Uhr Nachmittags lichtete sich derselbe allmählich.
ausgerodete Stellen und einzelne Zuckerrohrfelder wurden sichtbar, zuletzt betraten wir einen offenen Platz, der von vier oder
fünf niedrigen viereckigen Hütten im Sansibar-Stile umgeben ist.
Er lag etwa hundert Schritte vom Flusse, an dessen Ufern reizende Gruppen von Cocospalmen und Papaias sich hinzogen. Wir
hatten die Mundo-Schamba erreicht.

Unter der Veranda der grössten Hütte stand ein in Ostafrika
gerade nicht häufiges Möbel, eine Holzbank, auf die wir uns, von

neunstündigem nahezu ununterbrochenem Marsche ermüdet, niederliessen. Bald erschien der Verwalter der Farm, der alte Nubi, der
im Gegensatze zu den Galgengesichtern Djahasi's und seiner Genossen, ziemlich vertrauenerweckend aussah. Er benahm sich scheu
und wusste offenbar den rechten Ton uns gegenüber nicht zu finden.
Die Absicht, uns auszuhungern, schien jedenfalls nicht zu bestehen,
denn man brachte ein schönes Huhn, Reis und Honig, worauf
Ali ans Kochen ging, während wir den ersten Durst mit köstlicher
Cocosmilch löschten. Trotz dieser Freundlichkeit behielten wir
doch die Waffen in Bereitschaft, da der Umstand, dass kein Weib
sichtbar war, unsere Besorgniss aufrecht erhielt. Auch unsere
Fragen betreffs des Bootes nach Pangani wurden nur ausweichend
beantwortet. Während wir unsere Mahlzeit mit sehr grossem
Appetit verzehrten, entstand unter den Leuten Aufregung und es
hiess Muiniamani sei mit dem guten Jagdgewehre, welches er
trug, fortgelaufen. Wie wir später erfuhren, hatten die Leute ihn
hinter eine Hütte gelockt, überfallen, an der Hand ziemlich stark
verwundet und gefesselt, um ihn von vorneherein unschädlich zu
machen. Bei den Somali, die todtmüde in der Hütte lagen, sowie
bei Sadiki und Wadimamba, die träge am Geschirr herumscheuerten,
hielten sie ähnliche Vorsichtsmassregeln offenbar für überflüssig.
Wir wurden übrigens in keiner Weise gestört und konnten ruhig
zu Ende essen, unseren Thee trinken und einige Cigarretten
rauchen, wobei wir noch aufs Aufmerksamste bedient wurden.

Als die Sonne untergegangen war und der Mond den breiten
Fluss und die malerischen Palmen mit seinen ersten Strahlen
beleuchtete, verlangten wir nachdrücklicher das Boot und erklärten,
falls keines zu haben sei, zu Fuss nach Pangani gehen zu wollen.
Die ganze Gesellschaft Djahasi's hatte sich scheinbar unbefangen
um uns versammelt. Ich sass knapp an der Thür des Hauses,
Dr. Meyer rechts von mir, an einen Pfosten der Veranda gelehnt.
Neben mir lag die Tasche mit meinen Schriften auf der Bank.
Im Thürrahmen stand der Uniamwesimann Simba und ein anderer
Bursche, vor mir machte Magongo sich mit ein paar Cocosnüssen
zu schaffen. Neben Dr. Meyer stand Fundi Seleman, ein hoch-
gewachsener, bärtiger Neger, sowie ein widerlich, blatternarbiger
Bursche in gewürfelter Jacke, und ein ganz junger Bursche in

Matrosentracht und Tarbusch. Der alte Suahili von Tarawanda, sowie eine ganze Menge abenteuerlicher Gestalten trieben sich auf dem mondbestrahlten Platz der Schamba herum.

Der Moment an sich hatte für uns nichts Beunruhigendes, da die Kerle sich stets um uns herumzudrängen pflegten. Das Bewusstsein drohender Gefahr kam mir erst, als ich merkte, dass Djahasi, der schräg vor mir auf einer Kiste sass, dem hinter mir stehenden Simba ein Zeichen der Beruhigung gab. Unwillkürlich griff ich nach dem Revolver, doch bevor ich die Waffe erfassen konnte, sprang Djahasi auf und ich fühlte mich plötzlich von rückwärts mit Riesenkraft umschlungen, während Simba mich würgte und Magongo mir Faustschläge ins Gesicht versetzte. Natürlich versuchte ich mein Bestes, mich loszureissen und die Waffe zu ergreifen, da ich glauben musste, man wolle uns ermorden. In diesem Augenblicke der höchsten Noth, halb erwürgt durch den bestialischen Simba, erblickte ich Dr. Meyer in gleicher Situation und mit dem Burschen im gewürfelten Rocke und einigen anderen ringend, während Djahasi ihm ein Gewehr vorhielt, und hörte das „Allah"geschrei der Somali aus der Hütte. Man hatte also auch diese überfallen. Um meinen Widerstand zu brechen, schlugen mir die Leute mit Keulen auf den Hinterkopf und ins Gesicht, so dass ich bald stark blutete. Da der alte Nubi, der unwillkürlich mein Vertrauen erweckt und die Leute auch von Rohheiten abzuhalten suchte, mir zurief: „Akuna kufua, ku funga tu" (Du sollst nicht sterben, nur gebunden werden"), gab ich jeden nutzlosen Widerstand auf.

Die Leute begannen sich nun förmlich um mein Eigenthum zu balgen, Magongo „zog" mir mit erfahrener Hand die Uhr, während die Anderen, die zu ungeschickt waren, um in die Taschen zu greifen, mir Rock und Beinkleider stückweise vom Leibe rissen. Ob der Schleuderthermometer und die Boussole, die sie dabei erbeuteten, dieser Anstrengungen werth waren, mag dahingestellt bleiben. Bezeichnend ist, dass sie erst ganz zuletzt daran dachten, mir den Revolver abzunehmen. Da ich sah, dass eine augenblickliche Lebensgefahr nicht vorlag, erfasste mich sofort der Gedanke an meine wissenschaftlichen Aufschreibungen und ich begann laut darnach zu verlangen und Nubi aufzufordern, sie zu verwahren. Nubi machte ein Zeichen der Gewährung und zeigte mir die betreffende Tasche, Djahasi jedoch schien dies für ein neues Zeichen des Widerstandes meinerseits zu betrachten und hielt mir unter Drohungen im unmöglichsten Englisch Dr. Meyer's Mauser-Magazingewehr vor. Ich forderte ihn schliesslich auf Kikongo auf, sich nicht lächerlich zu machen, da er ja dieses Gewehr doch nicht benützen könne, und fügte hinzu, er möge sich schämen, als alter Soldat Stanley's derart gegen einen Sohn Bula Matadi's (Stanley's) vorzugehen. Denn wie alle Schwarzen hielt er mich, da ich früher am Congo thätig war, für einen ehemaligen Beamten des Congostaates, für einen „Sohn Bula Matadi's". Djahasi zeigte sich von da ab nur mehr wenig und wagte es nicht, uns, die wir wehrlos und gefesselt waren, ins Auge zu blicken. So tief ist selbst den schlechtesten und rohesten Negern, die unter Stanley am Congo gedient, der Stempel seiner eisernen, auf strengen Rassenunterschied gegründeten Disciplin aufgeprägt!

Man hatte uns längst von unserer Bank auf den Boden befördert und die Arme mit Cocosstricken zusammengefesselt. Nun brachte einer mächtige Halseisen, die durch eine circa 2 m lange, schwere Eisenkette verbunden waren und uns mittelst Vorhängeschlösser angelegt wurden. Ein Schwarzer fand es dabei für nothwendig, mir meine Schnürstiefel auszuziehen. Dann wurden mir Fusseisen angelegt, welche durch einen Eisenstab verbunden waren. Der alte krächzende Suahili gab dabei die Anleitung und führte den Hammer. Er hatte sich in Dr. Meyer's Regenmantel gehüllt und kam mir viel verächtlicher und hassenswerther vor als die eigentlichen Räuber, die jedenfalls in höherem Auftrage handelten, wenn sie auch ihre Aufgabe mit der natürlichen Gemeinheit und Verrätherei der Neger erfüllten.

Man rief mir dann zu, aufzustehen. Ich hielt dies für eine gute Gelegenheit, von den sehr schmerzhaften Armfesseln loszukommen und erklärte, nicht gehen zu können: ein Weisser könne ohne Schuhe nicht gehen. Die Räuber glaubten dies wirklich und begannen mir die Schnürschuhe wieder anzuziehen, was ihnen natürlich nicht gelang. Sie banden mir denn die Arme los und unterliessen es später, mich wieder zu fesseln. Man führte uns in die Hütte hinein, wo auf einem Lehmpodium zwei ganz be-

queme Kitandas (Negerbetten) standen, auf welchen wir uns
niederliessen. Der Raum war ziemlich hell erleuchtet und ich
hatte Gelegenheit, meinen Leidensgefährten, an den mich das
Geschick mit mehreren Kilogramm schweren Ketten gefesselt,
näher anzusehen. Er hatte zwar die Arme noch gebunden, trug
jedoch ziemlich ganze Kleider und sah viel weniger zerprügelt,
überhaupt weit anständiger aus als ich, der ich mit meinen aufs
Aeusserste zerfetzten und mit Schlamm bespritzten Lumpen, mit
dem blutigen Gesichte und der mächtigen Kette um den nackten
Hals als Prototyp eines gefesselten Raubmörders gelten konnte.
Wir wechselten nur einige Worte über unsere traurige Lage,
dann sah ich eben noch, wie man Dr. Meyer's Armfesseln löste
und schlief gänzlich erschöpft ein.

Ich sollte aber nicht lange Ruhe haben. Bald ging draussen
ein Höllenlärm los, da die Räuber in der Theilung unserer Habseligkeiten begriffen waren. Simba kam ganz wüthend herein und
fragte, wo unsere Rupies seien, was uns einiges Vergnügen bereitete, da wir eben kein Geld hatten. Später erschienen die
Weiber, darunter auch einige ganz hübsche, und begannen uns
regelrecht zu „verhöhnen". Sie sagten, nun brauchten sie nicht
mehr Wasser zu tragen und Holz zu hacken, dies sei unser Geschäft u. s. w. Weit unangenehmer als dieser „Hohn" berührte
uns das Mitleid, mit welchem Magongo und einige andere gemeine
Seelen uns jetzt nachträglich belästigten. Diese verrätherischen
Schufte heuchelten nun, nachdem sie uns ausgeraubt und misshandelt hatten, tiefes Bedauern, um für den möglichen Fall einer
späteren Entgeltung auf Nachsicht rechnen zu dürfen, was so
recht die Feigheit und Niedrigkeit dieser Neger bezeichnet. Wir
wandten uns mit Verachtung ab und fanden, dass Simba, der
halb verthierte Wilde, der seine Abneigung wenigstens offen
kundgab, noch der charaktervollste dieser Gesellschaft sei.

Wir waren eben wieder eingeschlafen, als neuer Lärm und
das Eintreten zahlreicher Leute uns erweckte. Das Licht fiel voll
auf eine schlanke, aufgerichtete Gestalt, die uns sofort klar machte,
welche Feinde die eigentlichen Urheber unserer Gefangennahme
seien. Vor uns stand in weissem Sansibar-Hemde mit silber-
gesticktem Dolchgürtel, aufs Gewehr gestützt, ein junger Araber.

Er war offenbar kein Vornehmer und kam nur im Auftrage eines Höheren. Als wir ihn fragten, wie man dazu käme, harmlose, fremde Reisende in Ketten zu legen, antwortete er „testuri" (Landessitte) und zog ab, es uns überlassend, über diese hübsche Landessitte culturhistorische Betrachtungen zu machen. Uebrigens gab er den Befehl, uns unsere Wolldecken zu geben und liess auch einen Theil unserer Sammlungen in die Hütte bringen. Meine Fusseisen sollten mir abgenommen werden, doch hatte der alte Suahili sie derart angehämmert, dass dies nur theilweise gelang. Dann brachte man uns und die Betten in den hinteren Raum der Hütte, welcher ganz fensterlos und sehr ungemüthlich war und wo wir den Rest der Nacht verschliefen. Am Morgen des 16. October konnten wir wieder in den lichten Raum treten und bekamen Waschzeug. In der Farm herrschte auffallende Ruhe, die ganze Schaar von Leuten, welche Nachts gelärmt und getobt hatte, war verschwunden, es hiess, sie seien nach Pangani gegangen. Ein „Wächter" lag schlafend vor der Thür, ein Bursche Namens Hamis, der offenbar früher einmal bei Weissen gedient hatte, nahm sich unseres leiblichen Wohles einigermassen an, einige braune Kinder betrachteten uns scheu mit ihren glänzend schwarzen Augen. Die Ketten begannen uns höchst lästig zu werden, da sie uns durch ihr Gewicht das Sitzen und Stehen unleidlich machten und uns zwangen, fast den ganzen Tag am Rücken zu liegen. Bei Dr. Meyer trat noch der unangenehme Umstand hinzu, dass man ihn seiner Brille beraubt hatte, so dass er fast nichts sehen konnte.

Die Betrachtungen, die wir über unsere Lage anstellten, waren auch nicht sehr erfreulicher Natur. Vor Allem kam es uns darauf an zu wissen, in welchen Händen wir seien. Dass Djahasi und seine Genossen den Streich nicht aus eigenem Antrieb gewagt, schien uns zweifellos, sie hätten sich sonst sicher nicht des Vergnügens beraubt, uns umzubringen. Wir waren also Gefangene eines mächtigen Arabers. Nach dem, was wir bei Sembodja erfahren, mussten wir glauben, vom Vali von Pangani planmässig verfolgt zu werden und schrieben diesem die Veranlassung des Ueberfalles zu. Von dem Bestehen eines organisirten Aufstandes, der sowohl gegen Deutschland als gegen den Sultan

gerichtet war, war uns zwar nichts bekannt, doch wussten wir
nun schon, dass Kämpfe zwischen Deutschen und Eingeborenen
stattgefunden und dass unser Leben daher immer noch in grosser
Gefahr sei. Immerhin war es uns eine Beruhigung, es mit einem
Araber zu thun zu haben. Denn ein Araber, möge er auch
reich an Fehlern sein, ist doch Vernunftsgründen zugänglich,
besitzt eine gewisse Ritterlichkeit, ist mit einem Worte ein
Mensch, während dem Neger in moralischer Beziehung wenigstens
diese Bezeichnung nur sehr bedingungsweise zukommt.

Von unseren Leuten war Niemand mehr zu sehen. Die Somali
waren nach dem Ueberfalle verschwunden, entweder hatte man
sie in einer anderen Hütte gefesselt, oder sie entkommen lassen.
Sadiki hatte sich rechtzeitig gedrückt, und was aus Wadimamba
geworden, ist mir bis heute unbekannt. Dieser gute Junge verlangte zu Pombue seinen schwer verdienten Lohn, den wir ihm
denn auch, unsere letzten Gelder zusammenscharrend, ausfolgten.
Hoffentlich ist es ihm gelungen, sich und sein Eigenthum in
Sicherheit zu bringen und nach seiner Heimat Bondëi zurückzukehren. Obwohl er geistig zurückgeblieben und ein Schmutzfink
ist, bleibt er für mich doch der beste Neger, den ich jemals kennen
gelernt.

Gegen Mittag erschien die Frau Nubi's und brachte uns
Reis und recht schmackhaft in Gewürzsauce nach arabischer Art
bereitete Fische. Frau Nubi hatte sich zwar auch bei der „Ver-
höhnung" am Abend betheiligt, heute war sie jedoch ganz Mitleid und Rührung und sprach uns mit weicher Stimme wie kleinen
Kindern Trost zu. Als wirksamere Beruhigungsmittel brachte sie
auch Tabak und Thee. Dr. Meyer bezeichnet diese unsere Nähr-
mutter in seinen Schriften als „alte Negerin", was wohl seiner
Brillenlosigkeit zuzuschreiben ist. Denn in Wirklichkeit war sie
keineswegs alt, sondern eine ganz nette und angenehme Dame,
was zu ihrer Ehrenrettung hier angeführt sei.

Sie theilte uns mit, dass die Farm und damit auch die Verfügung über unsere Personen einem mächtigen arabischen Kriegsmann Namens Buschiri bin Salim gehöre, dessen Sklaven ein
grosser Theil der Räuber seien. Ich erinnerte mich dunkel, den
Namen dieses Arabers in Reiseberichten über Uniamwesi gelesen

Zusammentreffen mit Buschirr.

zu haben, doch konnten wir uns über seine Person nicht klar werden.

Den ganzen Tag über kamen Durchziehende in die Hütte, um uns anzustaunen, was insoferne nicht unangenehm war, als wir hoffen konnten, dass die Nachricht unseres Schicksals sich dadurch rasch verbreiten und auch nach Sansibar dringen werde. Abends erschien ein gut'aussehender Suahili, der uns einige Biscuitbüchsen und andere Conserven aus Pangani brachte und uns mit grosser Zungengeläufigkeit meldete, dass man uns morgen loslassen, unser Eigenthum zurückstellen und uns sonstige Wohlthaten erweisen werde. Natürlich glaubten wir kein Wort und waren bereits in recht trüber Stimmung, umsomehr, als über den Verbleib meiner Schriften nichts Sicheres zu erfahren war.

Nachts hiess es wieder in den dumpfigen hinteren Raum gehen, doch blieb Alles ruhig und unser Schlaf wurde nur durch das Schnarchen unseres Wächters gestört. An Flucht war natürlich nicht zu denken, da unsere rasselnden Ketten dieselbe unmöglich machten.

Nach der Stille der Nacht wirkte es um so erschütternder, als plötzlich noch vor Tagesgrauen Waffenlärm und der Klang vieler Stimmen draussen vernehmbar wurde. Erschreckt fuhren wir aus dem Schlafe auf und hörten eine befehlende Stimme, die energisch nach Nubi und den anderen Farmleuten rief. Gleich darauf drang heller Lichtschein in unser Gefängniss und durch die niedere Thür trat, gefolgt von der ganzen Djahasi'schen Räuberbande, eine Gruppe Araber ein. Unter diesen fiel uns sofort ein greiser, untersetzter und sehr lichtfarbiger Mann auf. Er trug einen schönen Maskat-Turban, einen goldgestickten, etwas verrissenen Burnus von braunem Comorozeug über das dünne weisse Hemd, einen Revolver im Gürtel, in der Hand ein gutes Jagdgewehr, und blickte uns mit grossen, tiefschwarzen Augen kalt und ruhig an. Wir fühlten, dass der entscheidende Augenblick gekommen sei. Der Mann vor uns war offenbar Buschiri bin Salim, und sein trotziges Aussehen sowie das seiner arabischen Begleiter, unter welchen ein bärtiger, langer Maskater auffiel, liess uns nichts Gutes hoffen und unsere letzte Stunde nicht mehr ferne glauben. Etwas beruhigte uns der Anblick eines un-

bewaffneten alten Mannes mit weissem Bart, der einen weissen
Turban trug und den wir erst auch für einen Araber hielten,
bis er sich als mohammedanischer Indier Namens Abd-el-Kerim
vorstellte. Nun wussten wir, dass Indier zwar vor den schmutzig-
sten Geschäften nicht zurückscheuen, wohl aber sich schwerlich
an einer offenen Gewaltthat persönlich betheiligen würden. Es
handelte sich also um Geld, um eine Erpressung.

Als wir Buschiri aufforderten, unsere Ketten zu lösen, antwortete er „Inschallah" und verliess mit seiner Begleitung den
Raum, uns mit dem alten Indier allein lassend. Dieser begann
nun eine längere Rede zu halten, in welcher er seine Sorge um
unser Wohl, seine Liebe zu uns u. s. w. ins rechte Licht setzen
wollte. Wir unterbrachen ihn etwas ungeduldig, worauf er
uns mittheilte, Buschiri sei entschlossen, uns umzubringen, „ku
tschindscha, ku piga bunduki", abzuschlachten, mit dem Gewehr
zu erschiessen. „Lakini a na taka fesa", aber er braucht Geld.
Dieser Zusatz zeigte uns sofort, dass unser Leben nicht in Gefahr sei, und Dr. Meyer fragte, mit wie viel Geld dem trefflichen
Buschiri denn gedient sei? Dies erfuhren wir aber nicht so ohneweiters, sondern Abd-el-Kerim erörterte erst des Längeren, wie
es nur seinen edelmüthigen Bemühungen gelungen sei, den Blut-
durst Buschiri's zu bezähmen und ihn zu veranlassen, sich auf
Lösegeld-Verhandlungen einzulassen. Zuletzt betonte er noch
seine Uneigennützigkeit und nannte die Summe von 10.000 Rupies,
welche er, wie er hinzufügte, Dr. Meyer gegen eine Anweisung credi-
tiren und sofort an Buschiri auszahlen wollte. Wenn man bedenkt, welch ungeheure Summen südeuropäische Banditen als
Lösegeld zu verlangen pflegen, so war die genannte Summe
keine allzuhohe, und Dr. Meyer zögerte unter den gegebenen
Umständen nicht, auf diese Bedingung einzugehen.

Buschiri trat darauf wieder ein und gelobte sofort nach
Unterzeichnung des Bons, unsere Ketten zu lösen, uns heute noch
sicher nach Pangani zu bringen und freizulassen. Die Sache
war allerdings bedenklich und wir äusserten offen unseren Ver-
dacht, man wolle Dr. Meyer die Anweisung durch Versprechungen
ablisten und uns dann doch ermorden. Da wies Buschiri auf seinen
Bart und erklärte, mit weissen Haaren sei er zu alt geworden,

um zu lügen. Ein Junge brachte hierauf bereit gehaltene Tinte, Papier und Feder und Dr. Meyer stellte die Anweisung aus, zahlbar durch die Firma Hansing in Sansibar an Abdallah bin Abd-el-Kerim, den Sohn des alten Indiers. Dann wurden uns die Halseisen abgenommen und den vereinten Anstrengungen mehrerer Männer gelang es auch, mich von den scheusslichen Fusseisen zu befreien, so dass wir uns wieder bewegen konnten, ohne durch eine Kettenlast behindert zu sein.

Buschiri reichte uns hierauf die Hand, bat uns das Vorgefallene durch die Kriegsverhältnisse und seine Feindschaft gegen Deutsche zu entschuldigen und empfing uns mit orientalischer Höflichkeit als seine Gäste. Immerhin waren wir noch so gut wie Gefangene, denn als wir später in einem hellen, klaren Tümpel unweit der Farm badeten, zeigte sich stets ein Wächter in der Nähe. Vom Bade zurückgekehrt, fanden wir in der Farm den alten verrätherischen Suahili von Tarawanda, der seiner Gemeinheit die Krone aufsetzte, indem er uns einen Ziegenbock anbot und uns mit widerlichem Grinsen zu versöhnen suchte. Natürlich würdigten wir den Schuft keiner Antwort und gingen zu Buschiri der es sich inzwischen im inneren Hofe der Schamba unter einer Veranda bequem gemacht hatte. Er war bis auf einen Lendenschurz völlig unbekleidet und trug selbst den kahlrasirten Schädel entblösst. Dennoch konnte man sich ihm gegenüber eines Gefühles der Achtung und der Ueberzeugung nicht entschlagen, mit einer über das Mittelmass hinausragenden Persönlichkeit, mit einem zielbewussten, energischen Manne zu thun zu haben. Seine Gestalt war eben nicht imponirend, er war eher klein als gross, neigte zur Wohlbeleibtheit, hatte eine angenehm lichtgelbbraune Hautfarbe, zierliche Extremitäten und einen etwas trippelnden Gang. Sein Gesicht zeigte einige Aehnlichkeit mit dem des verstorbenen Sultans Seïd Bargasch von Sansibar und war von einem schneeweissen Barte umrahmt. Das Merkwürdigste waren seine Augen, die trotz ihrer tiefen Schwärze etwas Adlerartiges hatten und mich an den eigenthümlich kalten, man möchte sagen grausamen Blick der albanesischen Bergbewohner erinnerte.

Als wir zu ihm traten, spielte Buschiri eben mit einem kleinen Negerkinde Nubi's und begann dann in fliessendem, sehr deut-

lichem Suahili eine Unterredung mit uns. Zuerst berichtete er
mit einer gewissen Behaglichkeit über sein Vorgehen gegen uns.
Kein Vali von Pangani, sondern Buschiri war es gewesen, der
die Briefe an Sembodja geschrieben und unsere Leute zur Flucht
veranlasst. Er fing alle Briefe von Sansibar an uns ab und
schickte schliesslich verschiedene Streifcorps, darunter auch Djahasi
und seine Leute uns entgegen. Wie er sagte, habe er diesen befohlen, uns einfach gefangen zu nehmen und die Waffen und Werth-
gegenstände abzunehmen, sonst aber Alles zu belassen und uns
nicht zu misshandeln. Er habe Djahasi, wegen Nichtbefolgung letzteren Befehles gezüchtigt, meinte aber, dass diese von schwarzen
Sklaven uns zugefügten Misshandlungen zwar schmerzen, aber
ebensowenig beleidigen können, als etwa der Biss eines Hundes.
Dennoch hielt ich ihm vor, dass der mir wohlbekannte Tippo Tip
(Hamed bin Mohammed) in einem solchen Falle doch ritterlicher
gehandelt hätte und dass der ganze Vorgang unserer Gefangennahme mir gemein und eines vornehmen Arabers und Moslems
unwürdig erscheine. Buschiri schob jedoch alle Schuld auf die Neger.

Im weiteren Gespräche erklärte er, dass es in Ostafrika nach
seiner Ueberzeugung nur drei tapfere und bedeutende Araber
gäbe, nämlich Tippo Tip, der allmächtige Beherrscher ungeheurer
Gebiete am obersten Congo; Mbaruk, vom Stamme der Msara, der
jahrelang gegen Saïd Bargasch gekämpft, und er selbst, Buschiri
bin Salim, der Besieger Mirambo's und jetziger Anführer des
Aufstandes im Küstengebiete. Er erzählte sodann von seinen bisherigen Erfolgen, wie es ihm gelungen sei, die deutschen Beamten
zu Pangani in ihrem Hause abzuschliessen, und wie letztere,
besonders „Njundo", nur durch Vermittlung des Sansibar-Generals
Matthews mit dem Leben davongekommen seien. „Dieser (Matthews)" meinte er, „wollte in Pangani bleiben, ich aber befahl
ihm zu gehen, und er ging." Wir äusserten unser Erstaunen, dass
er es wage, einen General seines Sultans derart zu behandeln.
„Was kümmert mich der Sultan", sagte er verächtlich, „ich hasse
ihn und habe seine Stadt Sansibar seit 20 Jahren nicht betreten,
da man mich dort sofort köpfen würde. Jetzt erkenne ich ihn
noch weniger an, da er sich nicht schämt, unser Land an Fremde
zu verkaufen. Sagt mir einmal, was wollen eigentlich die Deutschen

hier in Ostafrika und warum bleiben sie nicht daheim in Deutschland?"

„Deine Frage ist sonderbar, was wollten denn eure Väter, die Araber, in Ostafrika und warum blieben sie nicht daheim in Arabien?"

„Du hast recht", sprach Buschiri lächelnd, „meine Väter verfolgten dasselbe Ziel, welches jetzt die Deutschen verfolgen: sie wollten Ostafrika in Besitz nehmen. Sie gingen aber dabei denn doch ganz anders vor. Zu Tausenden kamen sie von Arabien, eroberten das Land in blutigen Kriegen und setzten sich in demselben fest. Die Deutschen aber kamen wehrlos und ohne Soldaten, nur mit einem Briefe des Sultans, der uns leerer Schall war. An einen Ort kamen zwei, an den anderen drei oder höchstens vier Beamte. Würden diese Wenigen mit Freundlichkeit gekommen sein, sich auf den Zolldienst beschränkt und Alles aufgeboten haben, um uns, die herrschende Partei der Araber, zu gewinnen, so sässen sie wohl heute noch ruhig in den Küstenstädten. Doch diese schutzlosen Leute benahmen sich trotz ihrer Ohnmacht völlig rücksichtslos, rissen Flaggen herab und hissten andere auf, gaben uns Befehle und Vorschriften, und benahmen sich überhaupt, wie wenn sie die Herren des Landes und wir Alle ihre Sklaven seien. Wir sahen der Sache eine Weile zu, dann jagten wir die Weissen einfach fort, wie man übermüthige Jungen fortjagt. Ja die Engländer, das mag ein reiches und mächtiges Volk sein, aber die Deutschen scheinen mir wohl nur „wadogo dogo" (ganz klein).

In unserer Lage konnten wir natürlich nicht daran denken, uns mit Buschiri in eine ziemlich unfruchtbare politische Debatte einzulassen. Es lag übrigens manches Wahre in seinen Worten, nur die Schlussfolgerung von der Machtlosigkeit der Deutschen war eine falsche und sollte er gar bald eines Anderen belehrt werden. In dieser Hinsicht besass Buschiri offenbar nicht jenen klaren und weitsehenden Blick, der Tippo-Tip in so hohem Grade auszeichnet und ihn stets die Freundschaft der Europäer suchen lässt. Doch ist es zweifellos, dass die Araber eine bedeutende, im Innern Afrikas nahezu unüberwindliche Macht bilden, welcher mit den Waffen ziemlich schwer, mit Geld und guten

Worten aber verhältnissmässig leicht beizukommen ist.*) Der
Congostaat hat mit dem „Sklavenhändler" Tippo-Tip erst gekämpft und ihn dann zum Gouverneur einer Provinz ernannt. Es
wäre vielleicht nicht der schlechteste Plan, wenn die deutsche
Colonialverwaltung in Ostafrika Buschiri erst bekämpfen und
dann den Wilddieb zum Oberförster, den Insurgentenchef zum Vali
einer Küstenstadt oder eines Districtes im Innern ernennen würde.

Trotz des vielen Ungemachs, welches Buschiri uns planmässig bereitet, konnte ich doch gegen ihn keine persönliche
Abneigung hegen. Er gefiel mir als entschlossener Kriegsmann
und auffallend kluger Kopf und ich würde es bedauern, ihn ein
schmähliches Ende durch Henkershand nehmen zu sehen.

Während wir uns derart mit unserem „Feinde" unterhielten,
brachten Weiber eine vortreffliche arabische Mahlzeit, der wir
gemeinsam mit Buschiri alle Ehre erwiesen. Nach dem Essen
wurde Buschiri immer gemüthlicher, fand sogar Dr. Meyer's Brille
auf und gab sie ihm, und liess uns auch einige unserer Koffer
zurückstellen, allerdings ausgeräumt. Dann erkundigte er sich
eingehend um Masinde, die Lage des Ortes, die Zahl der Gewehre,

---

*) In der Generalversammlung der englischen Ostafrikanischen Gesellschaft am
6. Juni 1889 sprach der Director derselben, Mr. Mackenzie, folgende Worte:

„Die Sklavenfrage, jenes wichtige Problem, wird auf verschiedene Weise betrachtet. Im Allgemeinen wird der Araber als ein alles menschlichen Gefühles ent-
blösstes, grausames und blutdürstiges Wesen dargestellt. Ich werde mir nicht erlauben,
den Erklärungen vieler verdienter Männer zu widersprechen, welche bei ähnlichen Angaben glaubten, dass sie durch die Thatsachen gerechtfertigt und auf Wirklichkeit
begründet seien. Ich beeile mich aber festzustellen, dass meine persönliche Erfahrung
eher das Gegentheil beweisen könnte. Und doch habe ich 15 Jahre unter Arabern
gelebt und zähle unter ihnen meine besten Freunde und Bundesgenossen. Ich pro-
testire gegen jene eben so gefährliche als unausführbare Lehre, deren
Zweck die Organisation eines Kreuzzuges gegen die Araber in Centralafrika ist. Der Araber ist ein Kaufmann von vollendeter Geschicklichkeit, der die
Sklaverei nur vom Handelsstandpunkte im Auge hat. Die Sklaverei muss freilich noth-
wendigerweise unterdrückt werden, aber nicht durch Gewaltmassregeln. Eine Institution,
die auf Gesetze und Sitten des Landes gegründet ist, kann nicht von einem Tag auf
den anderen entwurzelt werden." Wie sehr stehen diese bemerkenswerthen Worte eines gründlichen Kenners des
Orients und Ostafrikas im Gegensatze zu den schwärmerischen Projecten moderner
Antisklaverei-Apostel, wie sehr haben die bisherigen Erfolge der englischen Ostafrikanischen Gesellschaft, deren Leiter in Afrika Mr. Mackenzie ist, gelehrt, dass die von
ihm ausgesprochenen Grundsätze die einzig richtigen seien!

den Besitz Sembodja's u. s. w., so dass wir sahen, er wolle seinen jetzigen Verbündeten später bekämpfen und unterwerfen. Wir gaben ihm nach besten Kräften Auskunft, da es uns ein besonderes Vergnügen machen würde, den elenden Sembodja recht gehörig gezüchtigt zu sehen. Buschiri meinte dann, wenn wir wieder nach Ostafrika kämen, mögen wir nicht mit Sewah Hadschi, sondern mit ihm einen Vertrag schliessen, falls er nur Geld bekäme, wäre er bereit, uns bis ins Herz Afrikas zu führen. Ich glaube wirklich, dass man dabei nicht schlecht fahren würde, wie ja auch die Erfolge anderer Reisender, die sich arabischen Karawanenführern anvertraut haben, lehren.

Betreffs meiner Bücher und Aufnahmen, versprach Buschiri Nachforschungen anzustellen und den Dieb zur Herausgabe derselben aufzufordern. Es scheint, dass er sein Wort auch darin gehalten hat.

Im Laufe des Nachmittags erschien Abdallah bin Abd-el-Kerim, der Sohn des alten Indiers, ein widerlicher indischer Geck mit Lackschuhen, weissen Kleidern und Goldkäppchen, einen unangenehmen Parfumduft verbreitend. Er erzählte uns, dass er der Schwiegersohn des Millionärs Taria Topan sei und flunkerte uns noch Allerlei vor, worauf er schliesslich erklärte, sein Vater könne die Summe von 10.000 Rupies nur gegen Erhalt von 2000 Rupies Zinsen erlegen. Obwohl sehr entrüstet über diesen Wucher, musste Dr. Meyer nothgedrungen doch eine zweite Anweisung auf 2000 Rupies ausfertigen.

Vor Sonnenuntergang trat Buschiri völlig gerüstet vor das Haus und führte uns an den Fluss, wo ein schönes, den Deutschen abgenommenes Boot unser harrte, welches wir gemeinsam mit den beiden Arabern und Abdallah bestiegen. Die Strömung und eintretende Ebbe förderte unsere Fahrt, wir flogen förmlich durch die vielen Windungen des Ruvu und bekamen bald die Stadt Pangani zu Gesicht. Vom Gesange der Ruderknechte fiel mir auf, dass derselbe sich hauptsächlich mit „Njundo", dem ehemaligen Chef der deutsch-ostafrikanischen Station Pangani, beschäftigte und denselben als wahres Ungeheuer darstellte.

Wir erreichten Pangani bei Eintreten der Dunkelheit und hörten schon von weitem Schüsse und Geschrei aus der Stadt

tönen, an deren Strand bewaffnete Gestalten mit rothen Hemden
herumliefen. Wir landeten und waren sofort von Leuten umringt,
die Buschiri ehrfurchtsvoll begrüssten, während sie uns gerade
nicht liebevolle Blicke zuwarfen. Die Stadt, bei unserer letzten
Anwesenheit öde und leer, bot jetzt ein Bild wilden, bewegten
Lebens. Phantastisch gekleidete Araber und Neger, in Waffen
starrend, tauchten überall auf, aus allen Läden blitzten Gewehre
und Schwerter, und mit lautem Kriegsgesange und krachenden
Flintenschüssen zogen aufständische Banden durch die engen
Strassen. Wohl entfuhr manchem Krieger ein Schrei des Hasses
und der Wuth, als er plötzlich zwei Europäer erblickte, doch alle
traten scheu und ehrerbietig vor unserem Geleitsmanne Buschiri
zurück, der ziemlich gleichmüthig durch diese erregte Menge
schritt. Das Usagarahaus, an welchem wir vorbei kamen, stand
leer und ausgeplündert, das Zollhaus war halb zerstört und ein
mächtiger Mast für die arabische Flagge aufgerichtet worden.

Buschiri führte uns in sein Haus, ein ziemlich grosses Gebäude mit dicken Steinmauern. In der Vorhalle sassen etwa
40 gut gekleidete arabische Soldaten, die sich bei der Ankunft
ihres Gebieters schweigend erhoben, und Raum zum Durchgange
nach der engen Wendeltreppe eröffneten, welche in den Oberstock
führte. Wir fühlten uns nicht sehr behaglich und bekamen den
Eindruck, in eine Mausefalle zu gehen. Der Raum im ersten Stock
war auch gerade nicht beruhigend, es war eine ziemlich grosse
Halle mit kahlen, schmutzigen Steinmauern, durch ein flackerndes
Lämpchen düster beleuchtet: die Räuberhöhle, wie sie im Buche
steht. Von der Strasse tönte wüthender Lärm herauf. Um uns
für den Nothfall wenigstens einen Anhaltspunkt zu sichern, ergriffen wir den Indier Abdallah und erklärten, dass dieser wenigstens unter allen Umständen mit uns zugrunde gehen müsse, wenn
man uns etwa noch nachträglich ermorden wollte. Der feige
Indier zitterte am ganzen Leibe und schrie fortwährend, er habe
Leibschmerzen, er müsse hinaus, worüber Buschiri sich halb
todtlachen wollte. Letzterer gab uns übrigens erneuerte Zu-
sicherungen betreffs unserer Sicherheit und versprach uns in
kurzer Zeit nach dem Hause des Indiers Abd-el-Kerim zu bringen,
welches als Eigenthum eines englischen Unterthans uns viel mehr

Vertrauen einflösste. Doch sollten wir noch recht wilde Scenen im Hause Buschiri's mit ansehen. Erst stürzte Djahasi und seine Bande bewaffneter Neger herein, um Buschiri eine Meldung zu erstatten. Diese schien ihn keineswegs zu befriedigen, denn er hieb mit einer Flusspferd-peitsche tüchtig auf die Kerle ein, was uns viel Vergnügen bereitete. Dann kam eine Anzahl vornehmer Araber, welche stehend mit Buschiri eine stürmische Berathung abhielten. Die bronzefarbigen, bärtigen Gesichter, aus deren scharfen Zügen und blitzenden Augen wilde Erregung sprach, das Glänzen der silberbeschlagenen Waffen, die weissen, vom ärmlichen Lichte röthlich übergossenen Burnusse, welche sich scharf von dem düsteren Gemäuer des dunklen Hintergrundes abhoben, die trotzige Wildheit, die aus jeder Bewegung der sehnigen Gestalten sprach, dies Alles gab ein malerisch schönes, er-greifendes Bild, das unsere Bewunderung herausforderte, obwohl wir uns dabei nicht gerade behaglich fühlten. Der Gegenstand der Berathung wurde uns nicht recht klar, da Einzelne der Leute, offenbar geborene Maskater, in der Hitze der Rede sich ihrer arabischen Muttersprache bedienten. Buschiri und die anderen Pangani-Araber begannen dann wohl auch arabisch, kamen aber damit nicht recht vorwärts und verfielen immer wieder ins Suahili. Dies war uns ein neuer Beweis, dass den seit Generationen in Ostafrika ansässigen Arabern das Suahili schon längst weit ge-läufiger geworden ist als die Sprache ihrer Väter. Buschiri be-wahrte unter den Leuten offenbar die meiste Ruhe und Besonnen-heit und bewog sie schliesslich, mit ihm abzuziehen.

Er blieb ziemlich lange aus und kam erst, als der Lärm auf der Strasse sich etwas gelegt hatte, um uns abzuholen. Wir athmeten erleichtert auf, als wir aus dem Steinhause auf die mondbestrahlte Strasse hinaustraten, wo eine starke Begleitung arabischer Soldaten uns erwartete. Diese verwegen aussehende Bande umringte uns und, geführt von Buschiri, durchzogen wir ein Labyrinth enger Gässchen, um schliesslich das Haus des Indiers zu erreichen. Dort reichte uns Buschiri die Hand und sagte uns Lebewohl, als ob wir seit jeher gute Freunde gewesen wären. Während wir in das Haus Abd-el-Kerim's eintraten, ver-

schwand er mit seinem wilden Gefolge in dem dunklen Strassen-
gewirre.

Werden wir ihn jemals im Leben wiedersehen? Maschallah,
wie Gott will, würde der Morgenländer sagen. Doch wenn ich
später in den Blättern von Buschiri und von seinen Kämpfen
bei Bagamoio und Dar-es-Salaam las, musste ich stets an diesen
merkwürdigen Mann und an die Tage denken, die wir „in der
Höhle des Löwen" zugebracht.

Im Hause Abd-el-Kerim's, wo jener eigenthümlich süssliche
Geruch uns umfing, der für Indierhäuser so bezeichnend ist,
fühlten wir uns endlich ziemlich sicher. Man brachte uns in ein
recht nett ausgestattetes Wohnzimmer, wo wir dann nach den
Aufregungen dieser Tage die wohlverdiente Ruhe zu finden
hofften. Darin sollten wir uns aber gründlich geirrt haben. Erst
kam der indische Agent Sewah Hadschi's, erging sich in Klagen
über unser Schicksal und meldete, dass die beiden Somali, sowie
Muiniamani und Sadiki nackt ausgeraubt, aber ohne schwerere
Verletzung bei ihm angekommen seien. Auch brachte er uns
Briefe von den Consulaten in Sansibar. Darauf erschien ein herku-
lisch gebauter Comorenser mit feiner Kleidung und guten Waffen,
stellte sich als Abgesandter des Vali vor und forderte uns auf,
mit ihm in den Divan zu kommen. Wir dachten natürlich gar
nicht daran, unser sicheres Asyl in später Nachtstunde zu verlassen. So blieb denn dem Vali Seleman bin Nasr nichts Anderes
übrig, als uns aufzusuchen. Wir lernten in ihm einen fein und
intelligent aussehenden jungen Araber kennen, den der weisse
Turban als Schriftkenner bezeichnete und der ein ganz vorzüg-
liches Suahili sprach. Er berichtete uns, dass ein Verwandter des
Sultans, Seïd Hammed bin Mohammed, unlängst in Pangani angekommen sei und dass nur dessen Bemühungen uns aus unserer
Gefangenschaft befreit hätten. Wir wussten dies natürlich besser,
und erkannten, dass der Vali sowohl wie der Seïd in Pangani
eine recht traurige Rolle spielten, fanden es aber nicht nothwendig, dies auszudrücken und nickten verbindlich. Wir hatten
inzwischen erfahren, dass der Sultansdampfer „Barawa" vor dem
Hafen liege und verlangten, morgen auf demselben eingeschifft zu
werden, was der Vali uns zusicherte. Wir schickten dann zu

Buschiri und liessen anfragen, ob er mit unserer Abreise einverstanden sei, da wir uns der Gefahr nicht aussetzen wollten, bei der Abfahrt beschossen zu werden. Buschiri liess uns durch einen Boten seine Einwilligung ausdrücken. Dann erst fanden wir die ersehnte Ruhe.

Am Morgen des 19. October hofften wir dem Versprechen des Vali gemäss frühzeitig abgeholt zu werden. Doch geschah dies nicht und wir mussten noch mehrere Stunden im Hause des Indiers warten. Auf den Strassen erhob sich wieder Lärm, tanzende und singende Araberkrieger durchzogen die Strassen, manchmal einen Schuss abfeuernd. Vom gegenüberliegenden Hause der engen Strasse konnte man uns direct ins Zimmer blicken; wir wurden denn auch scharf beobachtet, ja einige ganz nette braune „Feindinnen" begannen sogar auffallend zu liebäugeln, ein Sport, dem wir unter den gegebenen Umständen nicht die richtige Aufmerksamkeit entgegenbrachten. Ali und Achmed erschienen in langen Sansibar-Hemden, die ihnen der Indier geschenkt, da man ihnen in Mundo selbst den letzten Fetzen ihrer ohnehin dürftigen Kleidung vom Leibe gerissen. Auch der brave Muiniamani stellte sich ein, er hatte noch ärgere Prügel und eine tüchtige Schnittwunde in der Hand bekommen.

Erst gegen Mittag kam der Comoromann mit einigen Bewaffneten, uns abzuholen. Es war auffallend, wie viel weniger Achtung man ihm, dem Vertreter des Sultans, in den Strassen zollte, als dem Anführer Buschiri. Das Valihaus von Pangani ist ein hübsches, lichtes Gebäude unweit des Strandes, in welchem zahlreiche Araber versammelt waren. In einem grösseren Saale fanden wir eine Gesellschaft Vornehmer, darunter den Vali und Seïd Hammed bin Mohammed, ein schwächlicher Greis mit schlaffen Zügen und müde gesenkten Augenlidern. Das Gespräch drehte sich erst um gleichgiltige Dinge, dann erlaubten wir uns doch darüber zu klagen, dass man uns im Lande des Sultans derart misshandelt und ausgeraubt habe, dass ich sogar gezwungen war, im Hemde ihm, dem Verwandten Sr. Hoheit, meine Aufwartung zu machen. Der Seïd suchte abermals seine angeblichen Verdienste um unsere Befreiung ins rechte Licht zu setzen und sagte sodann:

„Was wollt Ihr, oh Herren? Ich sehe Euch vor mir, Ihr lebt:
Wer das Leben gewonnen hat, der hat schon gewonnen!"
Mit dieser für einen Regierungsbeamten allerdings recht
bequemen Schlussfolgerung brach er ab und machte uns nur
noch alle möglichen Versprechungen betreffs Rückgabe der geraubten Gegenstände, ohne natürlich auch nur daran zu denken,
sie zu erfüllen. Dann verabschiedeten wir uns vorläufig vom
Seïd und gingen an den Strand, wo ein Ruderboot bereit lag,
welches wir mit unseren Leuten bestiegen und wo wir auch den
ärmlichen Rest unserer Habseligkeiten einluden. Die bewaffneten
Ruderknechte waren Leute des Vali. Wir fuhren längs der
sandigen Küste, am Strande begleitet von etwa einem Dutzend
Neger, welche den Bootsleuten fortwährend allerlei Zeichen
machten. Bei einem Cap begannen sie zu schreien, ohne dass
wir ihre Zurufe verstehen konnten. Trotz unserer Aufforderung,
sich um das Geschrei nicht zu kümmern, hielten die Bootsleute
doch im Rudern ein und näherten sich dann sogar dem Lande.
Obwohl die Sache nicht sehr gefährlich schien, zog ich doch
die Schuhe aus, um unter Umständen schwimmend die „Barawa",
die nicht sehr weit entfernt war, zu erreichen. Die Kerle am
Ufer sprangen ins Wasser und kamen lachend und Gesichter
schneidend auf das Boot zu. Das Ganze machte den Eindruck
einer abgekarteten Komödie, umsomehr, als die Ruderer erklärten, nur gegen ein reichliches Trinkgeld weiterfahren zu
wollen. Dr. Meyer schrieb den betreffenden Bon und wir steuerten wieder vom Lande ab. Die Leute am Ufer begrüssten
dies mit Geschrei und Gelächter; sie waren grossentheils un-
bewaffnet, geschossen wurde überhaupt nicht. Dennoch waren
wir von den fortwährenden Aufregungen derart angegriffen,
dass der Moment, wo wir die „Barawa" betraten und uns in
voller Sicherheit fühlten, uns tief erschütterte, so dass wir dem
deutschen Capitän Elson, seiner Gattin und den beiden Schiffs-
officieren nur stumm die Hände drücken konnten. Noch mussten
wir einige Tage vor Pangani liegend harren, bis Seïd Hammed
an Bord kam und wir nach Sansibar zurückdampften, wo die
Herren von der deutschen Colonie, die unsertwegen schon in
Sorgen gewesen waren, uns mit Freuden empfingen.

Der Aufenthalt in Sansibar war gerade kein sehr erfreulicher. Von der Küste, wo überall der Aufruhr tobte, kamen täglich neue Schreckensnachrichten an und die Stadt wimmelte von Angestellten der Ostafrikanischen Gesellschaft, die aus ihren Stationen vertrieben worden waren. Auch wir waren begreiflicherweise in sehr gedrückter Stimmung. An eine Wiederaufnahme der Expedition war bei den herrschenden Unruhen und bei dem Verlust der Ausrüstung und der Instrumente nicht zu denken. Die gesammten wissenschaftlichen Ergebnisse schienen unrettbar verloren und uns blieb nichts Anderes übrig, als die nöthigen Schritte zu deren Wiedererlangung einzuleiten und die Heimreise anzutreten.

Während Dr. Meyer sich auf der „Messagerie Maritime" einschiffte und auf der Seereise ein schweres Fieber durchzumachen hatte, bestieg ich wenige Tage vor ihm den kleinen Sultansdampfer „Barawa", der nach Bombay bestimmt war. Gerade üppig war das Leben auf diesem Schiffe nicht und trotz der Liebenswürdigkeit der deutschen Officiere desselben war ich herzlich froh, als wir nach sechzehntägiger Fahrt in den prachtvollen Hafen Bombays einliefen, wo ich mich gründlich zu erholen hoffte. Leider sollte ich mich abermals getäuscht haben! Denn bald nach meiner Ankunft wurde ich von einem tüchtigen Fieber ergriffen und musste meinen Aufenthalt in der schönen und interessanten Weltstadt Bombay im — Bette verbringen. In herzlicher Dankbarkeit muss ich hier des Herrn k. u. k. Generalconsuls Stockinger, Viceconsuls Prummler und Lloydarztes Dr. Unzeitiger gedenken, deren gütigen Fürsorge ich es grossentheils verdanke, wenn ich mich ziemlich rasch wieder erholte. Vollkommen erlangte ich meine Gesundheit jedoch erst auf dem prächtigen österreichischen Lloyd-Dampfer „Imperator", der mich in achtzehntägiger, schöner und genussreicher Seereise der Heimat zuführte.

Der eigentliche Zweck unserer Reise ging aber erst in Erfüllung, als es dem englischen Generalconsul in Sansibar, Colonel Euan-Smith, gelang, mit Hilfe des indischen Grosshändlers Taria Topan meine sämmtlichen Aufschreibungen, darunter vor Allem die Aufnahme von Usambara, von den Räubern wieder auszulösen.

Freilich waren wir mit grossen Hoffnungen ausgezogen und mussten uns mit bescheidenen Leistungen zufriedenstellen. Doch haben wir deshalb ein Recht, gegen das Schicksal zu murren? „Wer das Leben gewonnen hat, der hat schon gewonnen", sagte Seïd Hammed bin Mohammed in Pangani. Und er hatte recht. Wie sollten wir uns beklagen, die wir nicht nur das Leben aus dringender Gefahr gerettet, sondern auch ein wissenschaftliches Ergebniss, die erste genaue Karte des grossentheils unerforschten, herrlichen Gebirgslandes von Usambara, mit heimbringen konnten?

V. Capitel.

Land und Volk von Usambara.*)

Usambara ist jenes ostafrikanische Bergland, welches sich
zwischen dem Mkomasi- und Panganiflusse im Süden und dem
Umbaflusse im Norden ausdehnt. Es bildet ein Glied jener Folge
krystallinischer Gebirgsländer, die als ein östliches Analogon des
westafrikanischen Schiefergebirges die Küste des Indischen Oceans
begleiten und sich zwischen den jüngeren Vorlagerungen des
Littorals und den Sandsteinplateaus des Innern ausdehnen. Während
jedoch das westafrikanische Schiefergebirge ununterbrochen und
fast völlig gleichförmig durch weite Gebiete sich dahinzieht,
ragen die Bergländer Ostafrikas inselartig und ohne festen Zu-
sammenhang aus den Ebenen hervor und werden durch mehr oder
weniger breite Streifen Flachlandes unterbrochen. Den Uebergang
vom Küstengebirge zum Plateau des Innern bezeichnet jene mächtige Bruchspalte, welcher die grossartigen vulcanischen Bildungen
Ostafrikas entstiegen sind.

Das Vorland von Usambara hat eine theils flache und sandige,
theils in korallinischen Felswänden absteigende Küste. In letzterem
Falle kann man beobachten, wie die Brandung die braunen,
malerischen Steilwände unterwäscht, über welche das dichte Grün

---

*) Dieser Abschnitt wurde bereits auszugsweise in „Petermann's Mittheilungen"
1889, p. 41 ff., veröffentlicht, jedoch nach Eintreffen meiner Tagebücher erweitert und
umgearbeitet. Da bei der ersten Veröffentlichung, die nach dem Gedächtnisse ausgeführt
wurde, manche Irrthümer vorkamen, die später corrigirt werden mussten, so erkläre ich
ausdrücklich, dass die gegenwärtigen Angaben als endgiltige zu betrachten sind.

der Vegetation wuchernd herabhängt. Wenn schon diese unter-
waschende Thätigkeit der See das Bestehen einer Küstenver-
minderung vermuthen lassen könnte, so wird diese Annahme durch
die Erfahrung der Eingeborenen bestätigt.

Dahinter erhebt sich ein niedriger Bergzug, aus horizontal
geschichtetem Kalkstein bestehend. Am Südufer des Pangani
dürfte derselbe recenter Bildung sein. Nördlich vom Flusse kann
man in dem Höhenzuge, der an der Küste dahinstreicht und von
dieser durch ein sandiges Vorland getrennt ist, eine Unterstufe
aus brüchigem Kalktuff mit sehr schönen Blattfossilien und eine
Oberstufe mit marinen Bildungen beobachten, die wohl jungter-
tiären Alters sind. Auf dem fruchtbaren, meist plateauartigen
Gipfel ist die Bildung von Lateritlehm stark vorgeschritten. Eine
Fortsetzung des Mombaser Jura konnte ich im Vorlande von
Usambara nirgends finden. Für die eigentliche Küstenregion sind
ausser den Mangroven, die als vereinzelte kleine Sträucher an
den Flussmündungen auftreten und keinen Vergleich mit den
Mangrovewäldern Westafrikas aushalten, vorzugsweise die zahlreichen Cocospalmen, sowie importirte Gewächse, wie Mangos,
charakteristisch. Die Cocospalme ist jedoch nicht wie in Westafrika auf die unmittelbare Küstenzone beschränkt, sondern steigt
an den Flüssen bis ins Gebirge hinauf.

Auch das Plateau der tertiären Küstenberge ist anscheinend
fruchtbar, trägt aber vorzugsweise den Campinencharakter und
geht sehr bald in die niedrigen Hügelwellen von Bondéi über,
wo bereits quarzhältige Gneisplatten zu Tage treten. Diese Vorberge, zwischen welchen sich flache, oft sumpfige Mulden ausdehnen, sind hochbegrastes Campinenland, und nur einzelne
grössere Erhebungen, wie der Tongueberg, sind dicht bewaldet.
Grasbrände sind hier häufig, und der Reisende wird an einzelne
der minder unfruchtbaren Striche des unteren Congolandes erinnert.

Bei Magila erheben sich die Berge zu grösserer Höhe und
man tritt in das eigentliche Usambaragebirge ein. Während dasselbe derart von der Küste ziemlich allmählich ansteigt, fällt es
nach dem Innern zu schroff und unvermittelt nach der Ebene
ab, in welche seine Bergmassen gleich Vorgebirgen hineinragen.

Die Zusammensetzung dieses Gebirges ist eine durchaus krystallinische, die Streichungsrichtung kann im Allgemeinen als nordwestliche bezeichnet werden. Im Besonderen jedoch folgt die Schichtenrichtung einer Curve, welche die natürliche Hauptachse des Gebirges bezeichnet und etwa vom Tongueberg absetzend in erst nördlicher, dann nordwestlicher und später abermals nördlicher Richtung nach Mbaramu sich hinzieht. Das Fallen der Schichten, welche einen Neigungswinkel von 20—45⁰ besitzen, ist überall landauswärts, also östlich oder nordöstlich.

In den stark quarzhältigen, harten Gneismassen, die bei Magila und in der Sigimulde zu Tage treten, ist rein nordsüdliche Streichungsrichtung zu finden. Ihr entspricht auch die Richtung des Hauptthales jenes Gebietes, der breiten, von ansehnlichen Kämmen eingeschlossenen und von Hügelwellen durchzogenen Sigimulde. In derselben ist die Verwitterung sehr stark vorgeschritten und nur die Hauptgewässer, darunter der Sigifluss, erreichen das anstehende Gestein, während die häufig versumpften Nebenbäche die Humus- und rothen Lehmmassen noch nicht durchschnitten haben. Vielleicht war die Mulde früher von einem Flusse in nordsüdlicher Richtung durchströmt, heute durchbricht der Sigi die Randberge nördlich vom Mlinga und tritt in die Ebene hinaus. Auch die Thäler des Districtes Handöi, wo gleiche Streichungsrichtung herrscht, besitzen nordsüdlichen Verlauf. An einem anderen Punkte im Süden Usambaras bei Maurui, wo der Paganifluss in die krystallinischen Schiefermassen einschneidet, ist ebenfalls rein nördliche Streichungsrichtung zu beobachten. Ihr entspricht so ziemlich der Verlauf des unteren Luengera-Beckens und der Paganizuflüsse aus Wugire.

Sowie man jedoch weiter landeinwärts vorrückt, erscheinen die Schichten überall nach Nordwesten umgebogen. Im Steilabfalle bei Masinde sowohl als bei Wuga Kimueri's und in Kwambugu streichen die Schichten nordwestlich und ihnen parallel verlaufen die Bergkämme und Thäler. Ein Gleiches gilt von Mschihui und den Jaschatubergen im Nordosten des Landes, ja bei Kasita (Makania) biegt die Streichungsrichtung sogar rein nach Westen um, genau dem nördlichen Steilabfalle des Gebirges folgend. In diesem Gebiete fanden wir etwas Urkalk eingelagert und das

krystallinische Gestein oft weiss oder röthlich mergelig verwittert,
wie man dies häufig auch am unteren Congo findet. Erst am
Bagaiflusse im Norden des Landes wird die Streichungsrichtung
wieder rein nördlich und findet in dem weit vorragenden Kamme des
Mbaramuberges ihren deutlichsten Ausdruck. An verschiedenen
Stellen des Gebirges scheinen Ueberlagerungen eruptiver Natur
stattgefunden zu haben und Gipfel vieler Berge, wie des Mlinga,
Mkalamu, Semauscha und Mbaramuberges, bestehen aus unge-
schichteten, zerklüfteten Granitblöcken.

Vielfach ist das Gestein von Humus und ziegelrothen Laterit-
massen überlagert, welche sowohl in den Mulden als auf Kuppen
auftreten und wohl zweifellos (möglicherweise vielfach umgelagerte)
Verwitterungsproducte darstellen. Einige von dem Geognosten
Dr. Schmidt in Usambara gesammelten Bodenproben aus dem
Wald- und Hochweidegebiete zeigten sich als inniges Gemisch
von Sand, Thon und Humus mit hohem Phosphorsäure- und
Humusgehalt, also günstiger Beschaffenheit.*)

Der Flächeninhalt Usambaras beträgt nach einer von Herrn
Trognitz in Gotha auf Grund meiner Karte ausgeführten plani-
metrischen Bestimmung rund 4400 km^2, wenn als „Usambara" nur
das Gebirgsland aufgefasst wird.

Dem Reisenden, welcher Usambara der Länge nach durchzieht, fallen drei, in ihrem ganzen Charakter von einander verschiedene Abschnitte auf: die Waldregion, die Campinenregion
und das Gebiet der Hochweiden. Die Waldregion nimmt den
südöstlichen Theil des Landes ein und umfasst Handëi, die Sigimulde und den Mlinga, erstreckt sich im Norden bis zum Kombola-
berg und Hundu und fällt im Nordosten in den Gondja- und
Kigongoibergen steil zur Ebene ab. Die Mulden und Berghänge
dieser Zone sind vorherrschend mit dichtem tropischen Walde
bedeckt, nur an den Kämmen treten manchmal steile Felsmassen
zu Tage. Auf den höheren Theilen der Berge, die bis zu 1000 m
ansteigen, nimmt der Wald ein alpines Gepräge an; die hoch-
stämmigen Bäume, deren Astkrone erst in mächtiger Höhe sich
verzweigt, stehen lichter; das niedrige Unterholz nimmt zu und

---

*) Schmidt, Dr. Karl Wilh., Die Bodenverhältnisse Deutsch-Ostafrikas. Peterm.
Mitth. 1889, S. 85 u. 86.

wird dicht verfilzt; die prachtvollen Formen der Baumfarne und der wilden Banane mit riesigen, saftig grünen Blättern erfreuen das Auge des Reisenden. Lianen (darunter auch die Gummiliane) spannen sich gleich Schiffstauen von Baum zu Baum. Der Hauptfluss dieses Gebietes ist der Sigi, ein recht ansehnliches Gewässer, welches in Handëi entspringt und nördlich vom Mlingaberg in die Ebene tritt. Das Gebiet von Nkisara wird jedoch bereits von einem Nebenflusse des Umba entwässert, der nach Ueberwindung einer Thalstufe bei Kwafeha in die Nyika tritt, und dessen Galeriewaldung man als grünes Band in der graubraunen Steppe verfolgen kann. Der Boden des Waldgebietes ist vorherrschend von schwarzem oder röthlichem feuchten Humus gebildet, den die zahllosen Bäche und Wasserrisse durchschneiden; vielfach, und auch auf Berggipfeln, tritt jedoch intensiv ziegelrother, sehr typischer Laterit auf, ohne der Fruchtbarkeit des Bodens Eintrag zu thun.

Der Gegensatz ist ein auffallender, wenn man aus diesem schönen Waldgebiete plötzlich und fast unvermittelt in die Campinenzone übertritt. Hänge und Mulden sind hier allenthalben mit hohem steifen Grase bedeckt, zwischen welchem einzelne verkrüppelte Bäumchen und Dorngestrüppe gedeihen. Auffallend sind die riesig entwickelten Euphorbien und andere Succulenten, die der Landschaft ein eigenthümliches Gepräge verleihen. Eigentliche Wälder treten nur als Galeriewälder an den Gewässern auf und sind durch ihre riesenhaften Lianen und ihren Reichthum an Succulenten auffallend. Besonders im nördlichen Gebiete von Jaschatu, wo die kahlen felsigen Gomeniberge aufragen, wird das Land sehr trostlos und strichweise wasserarm. Die öden steilen Hänge, an welchen der nackte trockene Laterit und zahlreiche Quarzsplitter zu Tage treten, und der ganze, besonders nach den Grasbränden traurige Charakter der Gegend erinnert vielfach an die Kataraktenregion des unteren Congo, hauptsächlich an die Striche bei Vivi und Issanghila.

Der Hauptfluss dieses Gebietes ist der Luengera, welcher zwischen den Bergen Lutindi und Schembekesa hervortritt, zahlreiche Nebenflüsse aufnimmt, eine weite Mulde durchströmt und unterhalb Korogwe in den Pangani (Ruvu) mündet. Sein

nördlichster Zufluss ist der Kumba, der bei Mschihui, fast am
Nordrande des Gebirges, entspringt. Er durchfliesst ein breites
Thal, welches theilweise von seinen Alluvionen erfüllt ist. Unweit
von Mschihui bildet er einen Sumpf, überwindet dann als Wasserfall eine niedrige Thalstufe, um bald darauf wieder den grösseren
Masëuasumpf zu bilden. In letzterem sind Flusspferde sehr häufig,
die wohl den Luengera aufwärts vom Panganiflusse nach diesem
entlegenen Berggewässer gelangt sind. Doch sollen Krokodile,
von welchen der Luengera wimmelt, im Kumba nicht mehr vorkommen. Die nördlichsten, gegen den Absturz zur Nyika vor-
geschobenen Campinenstriche gehören bereits zum Umbagebiet.

Weit grössere Ueppigkeit der Vegetation besitzt der nord-
westlichste Theil des Landes, in welchem die Hochweiden vor-
herrschen,' aber auch dichte, tropische Bergwaldungen wieder auftreten. Hier erheben sich die höchsten Berge des Landes, wie der
Schagaiu, Mágamba und Schegescherai bis gegen 2000m. Die
Weiden sind mit weichem, dem europäischen ähnlichen Grase und
zahlreichen niedrigen Farnen und Erika-Arten bedeckt. An den
Bächen sind meist Baumfarne zu prachtvollen Gruppen vereinigt.
Im Norden dieses Gebietes entspringt der Umbafluss in der fruchtbaren, theilweise versumpften Hochmulde von Schele, strömt am
Hügel des grossen Dorfes Mlalo vorbei und überwindet in Wasser-
fällen und Schnellen den Absturz zur Nyikaebene. Er nimmt dort
den ansehnlichen, aus mächtigen Waldwildnissen entspringenden
Tëuefluss, den Bagai und weiter nördlich den Mbaramubach auf.
Dass dieser letztere, der beim gleichnamigen Dorfe entspringt und
die steile, halbinselförmige Felsmasse von Pungule umfliesst,
wirklich in den Umba einmündet, konnten wir von der Höhe des
Gebirges deutlich wahrnehmen. Der steile Nordabfall des Landes
gleicht in seiner Dürre völlig der benachbarten Steppe. Den
Süden bewässern die Bergflüsschen, die als Mombo vereint
in den Mkomasifluss münden, und der Mkusu, ein ansehnliches
Gewässer, das in den Luengera sich ergiesst. Der äusserste, un-
bewohnte Nordwesten des Landes, dessen Bergwildnisse nur ein
selten betretener Pfad von Wuga nach Mbalu durchzieht, soll
ebenfalls von Bächen bewässert werden. Dort entspringt auch
der breite Kawirofluss, der jedoch den Mkomasi nur zur Zeit der

stärksten Regen zeitweilig erreicht, sonst aber in der Steppe verläuft.

Das Centrum des Nordgebietes nimmt der District von Kwambugu ein, welcher, allerseits von hohen Kämmen eingeschlossen, als grasige Hochebene sich darstellt. Diese wird von meist waldigen Hügelrücken durchzogen, zwischen welchen schmale, oft sumpfige Rinnsale dahinsickern. In dieser Hochebene ist vielleicht ein Ueberrest des ursprünglichen plateauartigen Charakters des ganzen Landes zu sehen, während die mächtige Erosionswirkung denselben sonst fast überall zerstört hat. Viele Gewässer der Weideregion besitzen demgemäss ein schwaches, kaum merkliches Gefälle im Oberlaufe, verwandeln sich aber im Unterlaufe in Wildbäche, die in Schnellen und Katarakten den mächtigen Niveauunterschied bis zur Nyikaebene überwinden.

Westlich von Usambara erhebt sich in der Nyikaebene der Lassaberg, eine isolirte krystallinische Masse, die gewissermassen ein Verbindungsglied mit dem Paregebirge darstellt. Letzteres steigt ebenso unvermittelt und mauerartig wie Usambara an, scheint auf der Höhe wasserreich und wäre einer näheren Erforschung wohl werth. Bei Gondja konnte ich nordsüdliche, bei Kwa Kihungui ostwestliches Streichen und ein Fallen von 20⁰ nach Norden beobachten. Das Gestein scheint krystallinischer Schiefer.

Die Nyikasteppe selbst ist eine von wenigen unbedeutenden Hügeln unterbrochene Ebene, deren Wasserarmuth und Trostlosigkeit bekannt ist. In der Umgebung der Gewässer beleben noch Gruppen von Dumpalmen, Tamarinden und Schirm-Mimosen die Landschaft, weiter draussen gewährt die Nyika aber das Bild wahrhaft ergreifender Oede.

Besonders in der trockenen Zeit, wo das spärliche Steppengras völlig dürr und die stacheligen Sträucher gänzlich unbelaubt sind, dennoch aber der Karawane ein grosses Hinderniss bilden, kann kaum eine unfreundlichere Gegend gefunden werden.

Stellenweise verschwindet jede Vegetation und der nackte, mit Quarzsplittern bestreute Lateritboden tritt zu Tage. Oft ist derselbe wie durchackert, was dadurch zu erklären ist, dass einzelne Lachen der Regenzeit austrocknen, worauf der Boden von Sprüngen durchfurcht und später wieder steinhart ausgedörrt wird.

Das Thierleben in diesen Ebenen soll ein sehr grosses sein, doch konnte ich nicht ein Stück Wild erblicken, woran allerdings die ungünstige Jahreszeit die Schuld tragen mag. Von menschlichem Verkehr zeugen nur die Pfade und Wildgruben, doch verkehren auch Massai-Banden häufig in den Steppen um Usambara. Das Land selbst pflegen diese räuberischen Nomaden auf der Route über Mschihui nach Korogwe zu durchqueren.

Der Hauptfluss im Norden des Landes ist der Umba, dessen Gewässer ausschliesslich den Bergen Usambaras entströmen und der, begleitet von einem Streifen Galeriewaldes, durch die Nyika ostwärts fliesst und bei Wanga in die See mündet.

Der zweite Fluss, der die Wasser des westlichen Usambara sammelt, ist der Mkomasi, der bei Gondja dem Paregebirge entströmt und dortselbst den schönen Thornton-Fall bildet. Mehrere Zuflüsse aus dem Paregebirge aufnehmend, fliesst er als träger, theilweise versumpfter Steppenfluss, begleitet von einem Vegetationsbande, durch die Nyika. Bei Mkumbara tritt er in die Thalmulde zwischen Usambara und den Mafibergen, nimmt mehrere Nebenflüsse (darunter den Mombo) auf, bleibt aber stets stark versumpft und besitzt nur geringes Gefälle. Bei Tarawanda bildet er mit dem Wururiflusse einen stundenlangen Schilfsumpf und mündet kurz vor Maurui in den Pangani (Ruvu). Letzterer kommt als rascher Bergstrom von Aruscha herab und besitzt auch im weiteren Laufe stets ein starkes Gefälle. Er bildet mehrere steinige Inseln, hat nur ein schmales Vegetationsband an seinem Ufer und ist mehrfach von den Eingeborenen überbrückt. Erst bei Chogwe verwandelt er sich in einen schiffbaren Fluss, der in vielen Windungen der Mündung bei Pangani zufliesst. Wie viele centralafrikanische Flüsse, so besitzt auch der Pangani trotz seiner geringen Bedeutung ein weites Mündungsästuarium, welches auf einen grossen Fluss schliessen lassen könnte, obwohl es an Ausdehnung den Aestuarien Westafrikas, wie des Kamerun, Kalabar und anderer Flüsse, weit nachsteht.

Ueber das Klima eines Landes endgiltig urtheilen zu wollen, welches man nur durch wenige Monate bereist hat und in welchem niemals andauernde meteorologische Beobachtungen gemacht wurden, wäre sicher verfehlt. Wie aus unseren Beobachtungen der

Thermometer hervorgeht, ist die Lufttemperatur, der hohen Lage entsprechend, eine ziemlich niedrige und fällt in den westlichen Gebieten Morgens bis auf 5^0 C. Mehrere Quellen in verschiedenen Theilen des Landes zeigten übereinstimmend eine Temperatur von 18 bis 21^0 C., was erfahrungsgemäss der mittleren Jahrestemperatur von Usambara gleichkommen dürfte.

Was die Niederschläge anbelangt, so regnete es im tropischen Waldgebiete schon Ende August und Anfangs September, als wir dasselbe durchzogen, nicht selten. In die Campinenzone eintretend erfuhren wir von den Eingeborenen, dass hier schon seit Monaten kein Tropfen Regen gefallen sei. Besonders im Jaschatudistricte wurde diese Angabe noch durch das dürre und ausgebrannte Aussehen des Landes bestätigt. Dennoch hatten wir am 13. September auch in der Campinenzone bei Kasita Nebelwetter und leichten Regen, was die Eingeborenen jedoch als etwas Ungewöhnliches bezeichneten.

Das Gebiet der Hochweiden und des Bergwaldes ist im Allgemeinen offenbar regenreicher als die Campinenzone, doch scheint die Niederschlagsmenge und das Einsetzen der Regenzeit selbst in benachbarten Gebieten verschieden. So hatten wir Ende September und Anfangs October im Westen des Landes ziemlich viel Regen. In Wuga und Gale, besonders aber in Kwambugu gab es täglich starke Regengüsse und selbst in Masinde im Mkomasithal waren Niederschläge häufig. Die Bäche waren in Kwambugu angeschwollen und die Gegend hatte bereits den Habitus der Regenzeit. In Nebel und Sprühregen stiegen wir bis zur Höhe des Schegescheraikammes. Kaum hatten wir denselben überschritten und stiegen in das Becken von Mlalo hinab, als die Gegend um uns ganz trocken schien. Die Bäche waren schmal und das Land machte den Eindruck, als ob es schon lange nicht geregnet hätte, was auch von den Eingeborenen bestätigt wurde, welche angaben, dass die Regenzeit in Mlalo alljährlich viel später beginne als in Kwambugu.

Man könnte versucht werden, die Nordwest- und Westwinde, welche während unserer Reise stets sehr scharf auf den Bergkämmen wehten, zur Erklärung der Niederschlags- und damit auch der Vegetationsverhältnisse Usambaras zu benützen. Allerdings ist zweifellos, dass die südöstlichen Striche von diesen feuchten Winden getroffen werden, während die von hohen Bergen abgeschlossene Capinenzone im Windschatten gelegen ist. Wollte man jedoch den Wind als alleinige Ursache der Witterungsverhältnisse des Landes annehmen, so bliebe unerklärlich, warum Kwambugu, das doch noch weit mehr als Jaschatu von hohen Bergen eingeschlossen ist, das regenreichste Gebiet des Landes ist, während das den Winden völlig offene Mlalo regenärmer erscheint. Es muss ferner erstaunlich erscheinen, warum der Nord- und Ostabfall des Gebirges, der doch ganz direct von den Winden getroffen wird, kahl und vegetationsarm erscheint wie die Nyikasteppe selbst. Um diese Erscheinungen zu erklären, müssen jedenfalls Ursachen mehr localer Natur herangezogen werden, welche nachzuweisen späteren, gründlicheren Forschungen vorbehalten bleiben muss. Die Thaubildung fanden wir in der Wald- und Hochweideregion stark, aber auch im Campinenland nicht gänzlich fehlend.

Was die gesundheitlichen Verhältnisse des Landes anbelangt, so wirkt die Kühle in den Bergen auf den aus den heissen Niederungen kommenden Europäer sehr erfrischend und vortheilhaft für sein Wohlbefinden ein. Ein zeitweiliger Aufenthalt ist daher sicher gesund. Ob das Land jedoch überhaupt unbedingt als gesund bezeichnet werden kann, muss erst noch erprobt werden. Die Missionäre in Magila und Msosue leiden jedenfalls auch am Fieber. Auf unserer Reise hatte ich zwei leichte Fieberanfälle und von unseren Leuten waren stets einige fieberkrank. Allerdings bleibt fraglich, ob wir diese Fieber von der Küste mitgebracht oder erst in den versumpften Hochthälern Usambaras erhalten haben. Immerhin ist zweifellos, dass gewisse Gebiete des Landes als Sanatorien zum zeitweiligen Aufenthalt vorzüglich geeignet sind und auch dauernden Ansiedlern, wenn auch vielleicht keine viel gesündere, doch eine weit angenehmere Existenz als in der Ebene bieten würden.

Die Thierwelt Usambaras ist durch den Mangel an grossen Säugethieren im Gegensatze zur umliegenden Ebene auffallend. Ausser den vorerwähnten Flusspferden, den Hausthieren und einigen Raubthieren, die, wie Löwe, Hyäne, Leopard und Schakal,

vereinzelt ins Gebirge steigen, fehlen solche. Kleinere Säuge-
thiere mögen sich in den Wäldern gar manche aufhalten, doch
bemerkten wir beim Durchzug nur eine Meerkatzenart und einige
eichhornartige Nager. Raubvögel sieht man nur in der Nähe
der Dörfer, in den Wäldern und Feldern der Eingeborenen dagegen andere Vögel in grosser Zahl, zu deren Kenntniss unsere
Sammlung sicher beigetragen hätte. Das Gleiche wäre wohl auch
bei den Reptilien der Fall gewesen, unter welchen abenteuerlich
geformte Chamäleons auffallen, und bei den Schmetterlingen und
Insecten, deren wir besonders in der Hochweideregion grosse
Mengen erbeuteten.

Die Hauptmasse der Bewohner von Usambara*) gehört dem
Stamme der Waschambā oder, wie die Suahili sagen, der Wasam-
bara an. Nur der innerste und höchste Theil des Landes, zwischen
Wuga Kimueri und Mlalo, wird von den Wambugu bewohnt.
Die Waschambā sind ein Bantustamm, dessen Sprache mit dem
Kisegua nahe verwandt sein soll. Jedenfalls wird Kischambā von
den Suahilileuten des Festlandes ziemlich gut verstanden. Das
Kisuahili selbst hat im Lande eine sehr grosse Verbreitung, fast
alle Dorfchefs und angeseheneren Männer sprechen diese Sprache
oder verstehen sie doch vollkommen.

Die Waschambā sind meist mittelgrosse, kräftige und zähe
Bergbewohner. Ein allgemeiner Typus lässt sich schwer be-
schreiben, da ein solcher kaum vorhanden ist. Die Stammesmarke,
welche von freien Männern und Weibern ziemlich allgemein
getragen und bei Kindern schon in früher Jugend angebracht
wird, ist eine leichte Narbenvertiefung in der Mitte der Stirn.
Seltener werden zahlreiche Narben auf Brust und Oberarm angebracht. Auch pflegt man die vordersten Schneidezähne dreieck-
förmig auszufeilen. In den nordwestlichen Districten werden
manchmal auch vier Schneidezähne spitz gefeilt. Haarfrisuren sind
wenig üblich, Weiber tragen den Schädel fast immer kahl rasirt,
Männer manchmal, doch behalten Letztere stets einen kleinen
Haarschopf am Scheitel. Vielfach pflegt man die Haarränder

---

*) Der Name des Landes in dieser Form ist nur bei Suahili gebräuchlich. In
Bondëi hört man meist „Uschambala", im Lande selbst stets „Uschambā", wobei das
vorlautende U sehr undeutlich gesprochen wird.

regelmässig kreisförmig um den Kopf herum abzurasiren, seltener die Haare zu vielen kleinen Zöpfchen zu vereinigen. Kinnbärte sind nicht selten, in Mlalo und dem oberen Luergenathale flicht man sie zuweilen zu einem Zopfe. An der Grenze von Bondëi tragen die Weiber am Scheitel des sonst kahlen Schädels einen Schopf von geflochtenen Haarwülstchen. Die Beschneidung ist allgemein üblich. Zur Kleidung dienen den Waschambā fast überall importirte Stoffe, nur selten noch sieht man Lendenschurze und Mäntel aus fein gegerbtem Leder. Selbst in Gegenden, die noch nie ein Weisser vor uns besucht hat, fanden wir Sansibarhemden, weisse Nachtmützen, Tarbusch und andere Kleidungsstücke und Zeuge europäischer oder indischer Provenienz verbreitet. Dunkles, besonders blaues Zeug mit breiten rothen Rändern ist im Südosten beliebt.

Als Schmuck sieht man Amulette verschiedener Art, kleine Kalebassen, Zeugsäckchen, Fellstückchen u. s. w., die meist an den feinen, in Dschagga gefertigten Eisenkettchen um den Hals getragen werden. Die Weiber tragen Halsbänder von Glasperlen meist kleinster Art, öfters ebensolche Stirnbinden, an Armen und Beinen Messing- und Eisenringe, im Nordwesten auch Messingdraht an den Armen. In Mlalo und Umgebung tragen die älteren Männer vielfach hohe cylinderförmige, bunte Korbmützen. Auch Holzklötze oft ansehnlicher Grösse im Ohrläppchen sieht man öfters.

Die Bewaffnung der Waschambā besteht schon sehr häufig aus Kapsel-, seltener Steinschloss-Flinten und Pulverhorn, doch sind Bogen nicht sehr kräftiger Art immer noch üblich. Die Pfeile haben kleine Widerhaken, meist breite scharfe Eisenspitzen und Rohrschafte mit vier Flugfedern an den Enden. Manchmal haben sie einfache gezähnte Holzspitzen, die vergiftet werden sollen. Die Köcher sind aus Bambus oder Leder und werden am Tragbande um die Schulter gehängt. Die Schwerter haben die in Ostafrika sehr stark verbreitete Form; sie sind circa 75 cm lang, mit kurzem Griffe, die Klinge unten stabförmig schmal, oben in eine scharfe, breitere lanzettförmige Spitze ausgehend. Die Scheiden sind aus Leder. Obwohl der Bogen die ursprüngliche Hauptwaffe der Waschambā zu sein scheint, so sieht man doch auch Speere verschiedener Formen. Die einheimische ist jene mit circa 40 cm langer Klinge, deren Mittelrippen auf beiden Seiten am Absatze zu kurzen, spitzen Buckeln aufgetrieben sind. Am unteren Schaftende des Speeres ist meist ein spitzes Eisen angebracht. In den nördlichen Gegenden ist die hölzerne Massai-keule verbreitet. Schilde sind auch nicht mehr gebräuchlich, ich sah nur ein sehr altes Exemplar, welches aus Leder gefertigt, länglich, auffallend schmal und in der Mitte mit einem Vorsprunge versehen war. Ledersandalen sind üblich, werden jedoch nicht im Gebirge, sondern in den heissen, dürren Nyikaebenen getragen.

Ein Geräth, ohne welches man fast nie einem Mschambā begegnet, ist die Tabakspfeife. Dieselbe hat einen kleinen, typisch geformten schwarzen Thonkopf mit bescheidener Ornamentik und ein sehr langes Rohr. Daraus wird der scharfe einheimische Tabak geraucht. Den-selben führen die Waschambā in runden, gepressten Platten mit sich, deren meh-rere aufeinandergelegt mit Bast umfloch-ten und in Wurstform verkauft zu wer-den pflegen.

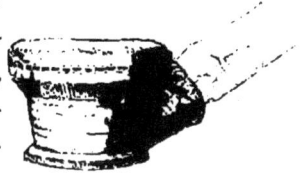

Tabakspfeife der Waschambā.

Betreffs der Anlage der Dörfer kann man zwei verschiedene Formen erkennen, welche sich sowohl durch die Wahl des Ortes, als durch den Bau der Hütten unterscheiden. Die eine Art von Dörfern sind meist auf niedrigen Hügeln in den breiten Thal-mulden des Sigi, Kumba, Luengera und anderer Flüsse, sowie einzelne, wie Masinde und Unter-Mbaramu, am Rande des Gebirges in der Ebene verstreut. Sie sind mit einem, öfters zwei concen-trischen, ziemlich festen Pfostengittern umgeben, zwischen welchen eine dichte stachelige Hecke gedeiht. Durch die Gitter führt je ein niedriges trapezförmiges Thor, durch welches nur eine Person gebückt eintreten kann, und welches durch ein starkes Brett und gegengespreizte Stange von innen verschliessbar ist. Zwischen den beiden Gittern ist meist ein leichtes, offenes Haus erbaut, in welchem die Dorfwächter sich Nachts aufzuhalten pflegen. Die Hütten dieser Dörfer haben einen kreisrunden Grundriss, in dessen Mitte der Hauptbalken des Hauses steht. Die Wände sind aus rothem oder braunem Lehm, dem ein Geflecht aus Zweigen zur

Stütze dient, die Dächer aus Bananen, Raphia, im Süden auch
aus Kokosblättern. Das Haus hat eine Thür mit niedriger Schwelle,
durch welche man gebückt eintreten kann. Der Innenraum ist
manchmal ungetheilt, häufig jedoch durch eine Querwand, die
nicht genau im Durchmesser des Grundrisskreises verläuft, in
zwei ungleiche Hälften getheilt. Diese Wand hat übrigens nur die
Höhe der äusseren Wand. Im grösseren Raume des Hauses pflegt
Nachts das Vieh untergebracht zu werden, der kleinere ist abermals in zwei Hälften getheilt, deren eine als Küche und Wohnraum dient, während die andere als Vorrathskammer und Schlaf-
raum, überhaupt als Allerheiligstes des Hausherrn zu betrachten
ist. Die Luft ist in diesen verschlossenen Räumen, die gegen
jeden Luftzug abgesperrt sind und fortwährend mit Rauch und
Viehdunst geschwängert werden, sehr schlecht und dumpf, was
mir besonders auffiel, da die leichten Negerhütten der Bantu-
stämme Westafrikas, an welche ich gewöhnt war, meist einen
recht behaglichen Aufenthalt bieten. An der Grenze von Bondëi,
vereinzelt selbst bis Nkisara, sind viereckige Hütten mit ab-
gestumpften Dachkanten üblich. Dort bewegt sich die Thüre auch
vielfach in Angeln, während sonst Schuberthüren allgemein sind.

Die zweite Art von Dörfern liegt stets hoch, entweder auf
unzugänglichen, nur von einer Seite erreichbaren Felsen am Berggrate, wie Mkalamu, Hundu und Mti, oder doch auf dominirenden
und schwer erreichbaren Bergkuppen der Hochregion. Letztere
Art ist die verbreitetste, und die grössten Orte des Landes, wie
Wuga, Mlalo und Mbaramu, sind derart gelegen. An den zugäng-
lichen Stellen sind diese Dörfer durch feste Balkenzäune abgesperrt, um jeden Angriff unmöglich zu machen. Denn die
Waschambā sind im Süden von Kibanga von Bondëi bedroht, mit
welchem ihr König Kimueri stets im Kampfe liegt, während von
Norden und Westen her die Massai und Wataita einzufallen
pflegen. Zahlreiche verlassene und verwüstete Dorfstätten zeugen
gerade im Süden des Landes von vielfachen Kämpfen.

Der Boden dieser Dörfer ist meist sehr abschüssig, und aus
dem rothen trockenen Lehm treten häufig die Gneis- oder Schiefer-
platten zu Tage, an welchen die Eingeborenen ihre Messer zu
wetzen pflegen, so dass sie oft förmlich polirt erscheinen. In der

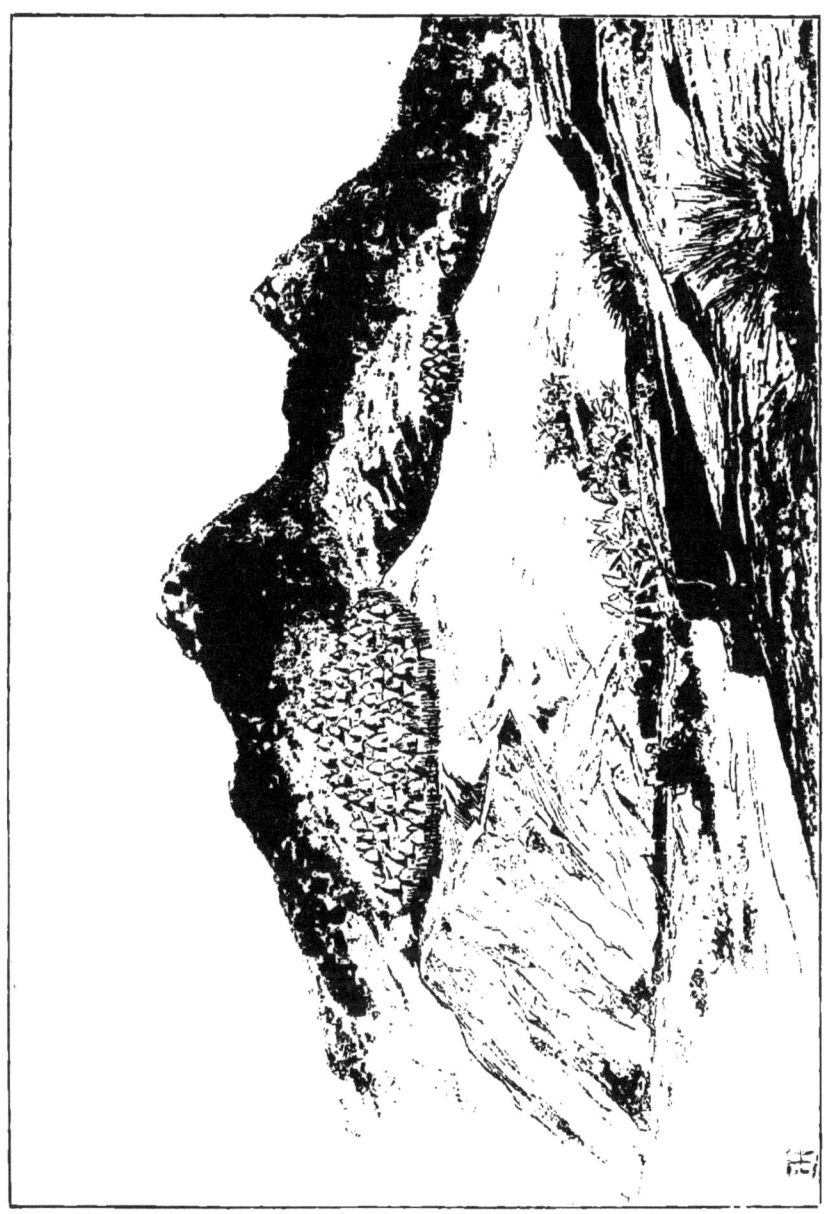

Wuga, Kimueri's Dorf.

Mitte mancher Dörfer ragen hohe, schwer ersteigbare Felsen auf, die der Jugend als Tummelplatz, manchmal aber auch dem Dorfchef als Herrschersitz stolzester Art dienen, denn von ihrer Höhe geniesst man meist einen prachtvollen Blick über die Berge und Thäler Usambaras, sowie über die ungeheure öde Nyikasteppe. Auf diesem steilen Terrain, zwischen den Felsen verstreut, liegen die Hütten des Dorfes. Für jede einzelne muss eine Stufe in den Lehmboden eingeschnitten und eine kleine Terrasse festgestampften Lehms aufgeführt werden.

Die Hütten haben einen kreisförmigen Grundriss, sind jedoch hier bienenkorbähnlich geformt und derart gebaut, dass der Mittelpfeiler nicht im Centrum des Kreises, sondern mehr gegen die Thüre zu gelegen ist. Von der Spitze dieses Mittelpfeilers werden starke Ruten nach der Hüttenperipherie gebogen und durch Quergeflechte zu einem netzförmigen Gerippe vereint. Dessen unterer Theil wird bis zur Mannshöhe mit Lehm ausgefüllt, der obere als Unterlage für das Gras- oder Blätterdach benutzt. Letzteres wird jedoch auch über die Lehmmauer bis zum Boden fortgesetzt. Vor der Thüre wird mit Benutzung eines ähnlichen Gerippes eine Vormauer aus Lehm aufgeführt und das Dach darüber verlängert, so dass man, um ins Innere zu gelangen, zwei Thüren und einen schmalen, von den beiden Lehmwänden eingeschlossenen Zwischenraum passiren muss. Diese Vorrichtung soll gegen die Kälte schützen und auch den Verschluss zweier Thüren ermöglichen. Im Innern dieser Hütten ist es fast völlig dunkel, und alles ist von Russ glänzend. Der untere Raum ist meist durch eine Querwand in zwei ungleiche Hälften geschieden und besitzt eine Decke, durch welche eine Lucke oder ein offen gelassenes Kreissegment auf den Boden führt, der als Vorrathskammer dient. Manche dieser Hütten haben keinen Mittelpfeiler, bei anderen ist die vorderste Wand nicht mit Lehm ausgefüllt, so dass ein kleines offenes Vorhaus entsteht. Die Schuberthüren sind oft aus zusammengebundenen Baumfarnstämmen gefertigt.

Natürlich ist es in diesen Hütten, wo stets ein Feuer brennt, immer warm, was bei der in den Höhengebieten oft ziemlich niedrigen Temperatur meist ganz angenehm ist. Uebrigens findet man auch Hütten der erst beschriebenen Form in Hochdörfern, z. B. in Gale, wo jedoch doppelte Wände errichtet werden. Die Wohnung des Dorfchefs und seines Harems, meist ein Hüttencomplex, in welchem eine grössere Hütte auffällt, pflegt besonders eingezäunt zu sein. Hausgeräthe sieht man nur sehr wenige, einige hübsche dreibeinige Holzstühlchen, Kalebassen, grosse runde Koch- und Wassertöpfe, kleinere Milchtöpfe, Holzlöffel, Holzmörser und Stössel für Reis und andere Nahrungsmittel, Waldmesser, sowie Körbe sind so ziemlich allein von einheimischer Arbeit. Selbst Trommeln, welche in Usambara nur auf einer Seite bespannt üblich sind, bekommt man selten zu sehen.*) Alle übrigen Geräthe sind importirt und europäische oder indische Erzeugnisse.

Die Hauptbeschäftigung der Waschambā ist Ackerbau und Viehzucht. Die Hauptnahrungspflanze ist die Bohne (grösserer und kleinerer Qualität). Die Bohnen werden in wurstförmigen Blätterbehältnissen verkauft und haben einen ganz angenehmen Geschmack. Daneben ist die Negerhirse (Ntama) sehr wichtig, aus welcher ein dicker rother Brei als beliebte Speise bereitet wird. Auch trifft man häufig Maniok, seltener süsse Kartoffeln und Yams. In sehr grossen Mengen werden Bananen (sowohl Plantains als süsse Bananen) gebaut und liefern auch in den höheren Districten reiches Erträgniss. Das Zuckerrohr wird allenthalben zur Bereitung des Nationalgetränkes, des Pombe, verwendet, welches vollständig mit der in Bangala am oberen Congo üblichen Massanga übereinstimmt, frisch sehr angenehm und weit besser schmeckt als das ebenfalls übliche Hirsebier. Die Kokospalme kommt am Mkomasi bis Masinde vor, endet im Gebirge jedoch schon am Sigi. Reis wird fast überall, wenn auch in entfernten Districten nur wenig gebaut. Auch Tomaten, Sesam und Mais sind allgemein verbreitet. Kürbisse verschiedener Art liefern theils die nützlichen Kalebassen, theils angenehme Gemüse. Auch Papaias sind fast überall zu finden. Im Uebrigen jedoch giebt es ausser wenigen Ananas, sauren Orangen und den Tamarinden der umliegenden Nyikasteppen keine Früchte. Besonderen Eifer verwenden

---

*) Siehe die Schlussvignetten S. 112 und 217.

die Waschamba auf die Cultur des scharfen einheimischen Tabaks, welche allgemein üblich ist und reichliches Erträgniss liefert. Als Gewürze sind rother Pfeffer und Ingwer häufig. In den nördlichen Bezirken findet man öfters ein ziemlich ausgebildetes Bewässerungssystem der Felder, bestehend aus etwa 50cm breiten Gräben, die gegen den Abhang zu geschickt abgedämmt sind. Als Hausthiere werden vor Allem Buckelrinder gezüchtet, welche besonders im nördlichen und nordwestlichen Theile gut gedeihen. Man bekommt häufig saure und süsse Milch, sowie Butter zu kaufen. Die Rinder werden Morgens meist von Sklaven auf die Weide getrieben, Abends jedoch innerhalb der Umzäunung, manchmal selbst in die Hütten gebracht, um gegen Diebe und Räuber geschützt zu sein. Die Schafe sind meist wohlgenährt, glatthaarig mit mächtigem Fettschwanze. Auch Ziegen trifft man zahlreich. Hühner werden, wie fast überall in Centralafrika, gehalten. Man pflegt sie in hübsch geflochtenen, oben durch ein Netz verschlossenen Körben zu befördern.

Hühnerträgerin.

Hunde der gewöhnlichen glatthaarigen afrikanischen Art sind in allen Dörfern gemein. Mit besonderem Eifer treiben die Waschambā Bienenzucht. Als Bienenstöcke dienen ihnen abgeschälte Baumstämme, welche sie der Länge nach zerspalten, jede Hälfte aushöhlen, die beiden Theile wieder an-

einanderfügen und auf Bäumen anbringen. Besonders im Jaschatu-
bezirke, wo der Feldbau des Campinenlandes halber weniger
liefert, trifft man erstaunlich viele Bienenstöcke. Der Honig ist
dunkelbraun, jedoch sehr süss und wohlschmeckend. Die Eingeborenen verstehen es, eine Art leichten Meth daraus herzustellen.
Honig, Butter, Tabak, Melasse, Bohnen und etwas Kautschuk
bilden denn auch die Haupt-Ausfuhrartikel Usambaras, mit
welchen die Eingeborenen in kleinen Trupps Reisen nach der
Küste, meist nach Wanga, unternehmen. Daher kommt es, dass
selbst in Gegenden, die noch nie ein Weisser besucht, Leute sich
finden, die an der Küste gewesen sind. Selbst baares Geld ist fast
überall gangbar, Silber allerdings nur bis gegen Mschihui, indische
Kupferpice (Pesa) jedoch selbst in entfernteren Gegenden. Die
Waschambā sind auf Geld und Geldeswerth sehr erpicht und scheuen
zu deren Erlangung selbst Mühen nicht. So konnten wir stets mit
Leichtigkeit Führer und einzelne Leute als Ersatz für entlaufene
Träger bekommen, ja selbst unsere Sansibarleute fanden häufig Eingeborene, die ihnen für geringes Entgelt die Lasten trugen. Einzelne
Leute zogen uns oft mit Lebensmitteln und Kleinvieh stundenlang durch das Gebirge nach, in der Hoffnung, dieselben im Lager
an uns oder an unsere Leute verkaufen zu können. Märkte fand
ich nur im Gebiete von Schele (Mlalo), wo sie den Tauschhandel
zwischen Waschambā und Wambugu vermitteln, aber keine grosse
Bedeutung besitzen.

Ueber religiöse Gebräuche ist bei der Durchreise um so
schwerer etwas zu erfahren, als die Usambaraleute, besonders die
Häuptlinge, sich den Suahilis gegenüber als Mohammedaner hin-
auszuspielen pflegen. Ist jedoch der Islam der Suahilis selbst
schon ein sehr zweifelhafter, so kann von einem solchen bei den
Waschambā wohl nicht mehr die Rede sein. Dass sie an Geister
glauben, zeigen die Amulette, welche getragen, sowie als Hörner,
Wurzeln, Eierschalen u. dgl. vor den Hüttenthüren aufgehängt
werden, und einzelne sogenannte Zauberhütten, die meist einsam
im Walde liegen. Auch vor den Dorfthoren sieht man umge-
stürzte in den Boden eingelassene Töpfe und andere Amulette,
die böse Geister am Eintreten verhindern sollen. Ein Gleiches
bezwecken wohl auch die Zauberstangen, welche an Hütten und

erhöhten Punkten der Dörfer angebracht sind und Flaggenstöcken gleichen. — Der Eintritt in das Königsdorf Wuga ist Fremden (wohl aus abergläubischen Gründen) verboten, was auch Burton schon 1857 erfuhr. In Masinde sah ich einen eigenthümlichen Tanz, der jedenfalls mit dem Geisterglauben zusammenhängt. Ein Mann und eine Frau bewegten sich in kurzen, trippelnden Schritten um ein Feuer. Beide trugen Hühner in einer Hand, der Mann ergriff auch mehreremale glühende Kohlen, um sie einige Zeit in der blossen Hand zu halten. Beide Tänzer, welche mit Trommel und Gesang bald rascher, bald langsamer begleitet wurden, setzten ihren Tanz so lange fort, bis sie mit verglasten Augen keuchend um das Feuer taumelten und zuletzt erschöpft zusammenbrachen. Die beiden Personen waren, wie mir berichtet wurde, krank und hofften durch diesen Vorgang den bösen Geist, der ihnen innewohnte, zu veranlassen, von ihnen zu weichen und in das Huhn zu fahren.

Vielweiberei ist gestattet, doch wohl nur bei Häuptlingen üblich. Die Weiber werden anscheinend gut behandelt und sind ziemlich sittenstreng. Auch die Sklaven, meist dem Wasegua-stamme angehörig, erfreuen sich guter Behandlung und dienen meist als Hirten.

Die Waschambā standen bis 1867 unter despotischer Herrschaft von Königen, die in Wuga residirten, und deren Autorität sich unter dem letzten grossen Könige Kimueri auch über Bondëi und den Küstenstrich erstreckte. Die regierende Familie, deren einzelne Glieder noch vielfach als Häuptlinge im Lande verstreut leben, gehört dem Stamme der Wakilindi an. Derselbe soll vor langer Zeit aus Nguru oder Dschagga eingewandert sein und zeichnet sich durch sehr lichte, gelbliche Hautfarbe und vollständig südeuropäischen Gesichtstypus aus. Die Wakilindi gleichen völlig Arabern und tragen auch arabische Kleidung. Bald nach Kimueri's Tode kam Sembodja zur Regierung, der jedoch Bondëi verlor, welches sich unter Kibanga, der ebenfalls dem Wakilindigeschlechte angehört, selbstständig machte. Bald darauf verlegte Sembodja seine Residenz vom Gebirge herab nach Masinde in der Mkomasiebene, hauptsächlich wohl aus dem Grunde, um die durchziehenden Karawanen ausbeuten zu können.

In Wuga residirt jetzt Kimueri, ein Sohn Sembodja's, gewisser-massen als dessen Statthalter. Obwohl derselbe seinem Vater gegenüber grosse Unterwürfigkeit zeigt, wie wir bei einem Besuche Kimueri's in Masinde*) zu beobachten Gelegenheit hatten, ist er doch ziemlich unabhängig und gilt als eigentlicher König von Usambara. Seine Macht gleicht jedoch nicht entfernt jener, welche nach Krapf's Schilderung der alte König Kimueri besass. Der District Jaschatu ist jetzt nahezu unabhängig, und auch in Mlalo und Mbaramu ist Kimueri's Herrschaft eigentlich nur nominell. So hielt kein Dorfchef es für nothwendig, ein so wichtiges Ereigniss, wie unser Auftreten als erste Europäer in diesen Gebieten, dem Könige Kimueri auch nur anzuzeigen.

Im Allgemeinen sind die Wakilindi im Lande wenig beliebt. Da sie stets mit den Arabern sympathisiren und sich auch den Anschein von Mohammedanern geben, so können sie als ein schädliches und den Europäern abgeneigtes Element in Usambara bezeichnet werden. Besonders Sembodja ist ein verrätherischer und unverschämter Bursche, der trotz aller Verträge mit der Ostafrikanischen Gesellschaft stets die Sultansflagge von Sansibar führt. Die Häuptlinge der einzelnen Dörfer, theilweise auch dem Wakilindistamme angehörig, beherrschen in patriarchalischer Weise die Gemeinden und üben eine immerhin nicht unbedeutende Autorität aus.

Neben der Hauptmasse der Bevölkerung, den Waschambā und dem Herrschergeschlechte der Wakilindi, lebt noch ein dritter, sehr merkwürdiger Stamm in Usambara. Es sind dies die Wambugu, die den District Kwambugu**) im Norden des Landes innehaben. Sie unterscheiden sich in ihrem Aeussern auf den ersten Blick von den Waschambā. Es sind hohe, schlank gebaute Leute mit schmalen Nasen und scharf geschnittenen Gesichtern, die förmlich an den Indianertypus erinnern. Auch den Massai gleichen sie in mancher Hinsicht. Ihre Sprache ist jedoch ein Bantudialekt, der vom Kischambā stark abweicht und dem Kipare

---

*) Dr. Fischer führt an, dass Vater und Sohn sich aus abergläubischen Gründen nicht sehen dürfen, was jetzt wenigstens sicher nicht mehr richtig ist. Doch fiel mir auf, dass Kimueri es vermeidet, den Namen seines Vaters auszusprechen.

**) Wohl contrahirt aus Kwa Wambugu.

gleichen soll. Sie tragen keine europäischen Zeuge, sondern durchaus Ueberwürfe aus fein gegerbtem Rindsleder. Auffallend ist ihr Ohrschmuck, der bei Männern aus einer circa 1 *cm* dicken und bis zu 10 *cm* im Durchmesser haltenden Holzscheibe besteht, die in ein Loch des Ohrläppchens eingezwängt wird. Diese Scheibe hat manchmal in der Mitte ein concentrisches Loch und ist mit sternförmigen Mustern verziert. Die Weiber tragen in den langgezogenen Ohrläppchen blaue oder durchsichtige Glasperlen, die an Bastreifen aufgereiht sind und oft ein solches Gewicht erreichen, dass sie durch eine über den kahlrasirten Schädel gelegte Schnur gehalten werden müssen. Auch tragen sie Stirn- und Halsbänder von blauen Glasperlen oder behaartem Leder.

Unter der Kniescheibe wird ein Ring von Messingdraht getragen, am Oberarm häufig ein tief einschneidendes Eisenband. Die Weiber benutzen spiralig aufgerollten Messingdraht als Armbänder und tragen am Ende ihrer Halsbänder Holzcylinder, die unten mit Messingdraht umwunden sind.

Die Schädel werden kahl rasirt, die Schneidezähne manchmal spitz gefeilt, manchmal nach Massai-Art vorgebogen. Die Männer pflegen sich ihres Ohrschmuckes bei der Arbeit zu entledigen, so dass das langgedehnte Läppchen schlaff herabhängt, die Weiber jedoch legen ihren gewichtigen Schmuck nie ab. Die Beschneidung ist üblich, dagegen wird die Usambaramarke auf der Stirne nie getragen.

Die Wambugu haben dieselben Geräthe, Waffen und Hütten, wie die Waschambā. Die Hütten sind meist auffallend gross und gut gebaut und liegen nicht zu Dörfern vereinigt, sondern in einzelnen Weilern im ganzen Districte verstreut. Ackerbau wird fast keiner betrieben, dagegen wird die Viehzucht sehr gepflegt. Die Wambugu haben vor Allem ganz prächtiges, fettes Buckelrindvieh, wie man selten schöneres in Afrika sehen kann. Die Ohren der Rinder werden zur Zierde fransenförmig zerschnitten. Die Wambugu geniessen denn auch als Viehzüchter im ganzen Lande grossen Ruf und Häuptlinge, wie Sembodja und Kimueri, pflegen einzelne Wambuguhirten in ihren Dörfern zu beschäftigen, sowie viele ihrer Rinder im Kwambugu-Districte zu halten. Dem Charakter nach scheinen sie ruhige, freundliche Bergbewohner, die wenig mit der Aussenwelt in Berührung kommen. Fast keiner von ihnen spricht Suahili. Sie sind offenbar ein unterworfenes Volk und werden von den Waschambā etwas verächtlich angesehen. Doch sind sie durch die Entlegenheit und gesicherte Lage ihrer Wohnsitze vor Belästigungen ziemlich geschützt, auch scheinen sie wehrhaft und ihrer Tapferkeit wegen gefürchtet.

Bei der Kürze der Zeit und den sehr misslichen Umständen, unter welchen wir das Kwambuguländchen durcheilten, waren nähere Beobachtungen über diesen merkwürdigen Volksstamm nahezu ausgeschlossen. Ob in demselben der Ueberrest einer vielleicht den Massai verwandten Urbevölkerung des Gebirges zu sehen ist, der durch die von Süden her vordringenden Bantu-stämme in den höchsten und unzugänglichsten Theil des Landes verdrängt wurde, bleibt zweifelhaft. Diese Annahme würde auch keine Aufklärung des Umstandes geben, warum die Wambugu eine vom Kischambā abweichende, aber dem Bantucomplex an-gehörige Sprache sprechen. Dass sie in ihrem Aeussern auffallend den Massai und Wakuafi gleichen, beweist der Umstand, dass New, der 1875 Wuga besuchte und dortselbst Wambugu traf, diese ohneweiters als Wakuafi bezeichnet. Spätere, besonders sprachliche Studien werden wohl über die Herkunft dieses Hirten-volkes der Usambaraberge näheren Aufschluss geben.

Die Erforschungsgeschichte Usambaras lässt sich in kurzen Worten erledigen. Als der Entdecker des Landes ist der deutsche Missionär Krapf zu betrachten, der 1848 in Diensten der englischen Mission das Land besuchte und Wuga erreichte. Welche Wege dieser berühmte Forscher auf dieser, sowie auf seiner zweiten Reise (1851) beging, lässt sich heute nicht feststellen, da die von ihm genannten Dörfer nicht mehr bekannt sind und der durch Missionsthätigkeit in Anspruch genommene Reisende nur wenige topographische Aufschreibungen machen konnte. — Krapf empfing einen sehr guten Eindruck von dem Lande, welches er in schöner Ordnung und regiert von einem mächtigen König fand. 1857 unternahmen Burton und Speke vor Antritt ihrer denk-würdigen Expedition eine Reise nach Usambara. Sie gingen von Pangani aus, welches damals dem Könige von Usambara unter-stand, und erreichten Wuga, wo sie Kimueri als hochbetagten

Greis noch sahen. Von der Decken berührte 1861 mit Thornton und 1862 mit Kersten den Nordfuss des Gebirges bei Mbaramu. Die Reisenden suchten in ihren Veröffentlichungen die Aufmerksamkeit Europas neuerdings auf dieses merkwürdige und vielversprechende Gebiet zu lenken. 1867 begab sich der englische Missionär Alington nach Wuga, wo er Sekalavu an Stelle des unzurechnungsfähigen Greises Kimueri regierend fand. Von diesem erhielt er die Erlaubniss, die Mission zu Magila einzurichten, welche bald darauf gegründet wurde.

1874 begab sich der Reisende New von Pangani nach Wuga und, das Gebirge durchkreuzend, nach Mombas. Der letztere Theil der Reise führte durch vollständig neues Gebiet, doch sind aufklärende Veröffentlichungen darüber nie erschienen. New fand bereits Sembodja in Masinde regierend. In die Jahre 1875 bis 1878 fallen mehrere kleine Excursionen des Missionärs Farler, der in Magila stationirt war, nach Bondëi und Süd-Usambara. Die von ihm veröffentlichte Kartenskizze ist in ihrer Einfachheit fast unverständlich. Weit ergebnissreicher war eine Tour, welche Keith Johnston und Thomson im Februar und März 1879 von Magila nach Bondëi und Handëi unternahmen. Ersterer war der Einzige, der vor unserer Expedition topographische Aufnahmen im modernen Sinne in Usambara selbst ausführte und durch Routenskizzen, Peilungen und Positionen die von ihm bereisten, allerdings sehr beschränkten Gebiete im Süden des Landes festlegte. 1885 reiste der englische Viceconsul C. St. Smith von Mombas nach Magila, die erste genauere Route durch das Vorland von Usambara recognoscirend. Mit demselben Jahre begannen die im Auftrage der Deutschen Ostafrikanischen Gesellschaft ausgeführten Reisen, welchen ein colonialpolitischer Zweck zu Grunde lag und die so gut wie keine Bereicherung der Wissenschaft und speciell der Kartographie lieferten. 1885 zogen Dr. Jühlke und Premierlieutenant Kurt Weiss auf heute noch unerforschten Wegen von Tarawanda nach Wuga und begaben sich von dort nach Masinde, wo sie mit Sembodja einen Vertrag abschlossen, in welchem ihnen derselbe ganz Usambara abtrat. Für einige Ellen Baumwollstoff mehr hätte er ihnen vielleicht ganz Afrika abgetreten. Im selben Jahre durchkreuzte der englische Missionär Parker das Land auf der New'schen Route von Wuga aus, ohne mehr als eine dürftige Skizze seiner Reise zu liefern. Von den Touren anderer Beamter der Ostafrikanischen Gesellschaft ist wenig bekannt, dieselben beschränkten sich meist auf den Weg von Masinde nach Wuga. Eine Ausnahme in dieser Hinsicht macht die Reise des Geologen Dr. Schmidt von Magila nach Wuga, der zwar auch kein kartographisches, aber interessantes geognostisches Material lieferte.

Trotz dieser verschiedenen Reisen, die sich allerdings nur auf das südliche Gebiet beschränkten, lag die Kartographie Usambaras (mit Ausnahme des von Keith Johnston bereisten Bondëi und Handëi) derart im Argen, dass unsere Expedition bereits wenige Stunden von Magila von den Karten vollständig im Stiche gelassen wurde und genau so im Dunkeln tappte, wie irgendwo im Herzen Afrikas. Mochten wir auf Routen gehen, die Andere vor uns betreten, oder völlig neue Pfade wandeln, stets waren wir auf Erkundigungen und rohe Combinationen angewiesen, die vorhandenen Karten gaben uns keinen Aufschluss. Wenn nun auch durch die Dr. Hans Meyer'sche Expedition in dieser Hinsicht viel geändert wurde, so zeigt doch ein Blick auf die Karte*), dass fast eben so viel noch zu thun übrig bleibt. Das Vorland, das Luengerathal, Bumbuli, Wugire und das nordwestliche Gebiet sind noch völlig unerforscht und bieten selbst rein kartographischer Thätigkeit ein reiches Feld der Arbeit. Und wie unendlich viel bleibt der Ethnographie und der naturhistorischen Forschung in allen ihren Zweigen in ganz Usambara noch zu thun übrig!

Vom Usambaralande lässt sich im Allgemeinen sagen, dass es ein schönes, vielversprechendes Gebiet sei. Wenn auch der Gedanke, europäische Colonisten dort anzusiedeln oder gar einen Theil des deutschen Auswandererstromes dahin zu lenken, des Klimas halber immer ein utopischer bleiben wird, so kann man doch Hoffnungen auf die Entwickelung des Plantagenbaues mit farbigen Arbeitern setzen. Zwar liegt das fruchtbare und relativ gesündere Bergland nicht so knapp an der Küste, wie in den noch

---

*) Ueber Aufnahmsmaterial und Construction der dem Buche beigegebenen Karte siehe Petermann's Mittheilungen 1889, S. 257—261.

günstigeren Gebieten von Kamerun oder den Guinea-Inseln, doch kann dieser Nachtheil durch Communicationen ausgeglichen werden. Was die Waschambā und Wambugu anbelangt, so bin ich überzeugt, dass dieselben bei ruhigem, verständigem Vorgehen leicht gewonnen werden könnten. Ein unbedingt feindliches Element ist, wie schon gesagt, nur das auch im Lande wenig beliebte Herrschergeschlecht der Wakilindi. Ihre ganzen Sympathien sind auf Seiten der Araber; die Weissen haben sie bisher nur als wehrlose Opfer für Erpressungen kennen gelernt. Die Häupter der Wakilindi, Sembodja und seine Sippe, müssten also unbedingt vom Schauplatze verschwinden, wenn an eine coloniale Ausbeutung Usambaras gedacht werden soll.

Und dass man in wohl nicht allzuferner Zeit daran gehen werde, eine solche Ausbeutung anzubahnen, dies glaube ich sicher hoffen zu dürfen. Solche Hoffnung mag vielleicht vermessen erscheinen, wo im jetzigen Augenblicke noch die Kanonen das grosse Wort an der Ostküste führen. Doch wurde ja der gegenwärtige Feldzug, wenn er auch mit den Zweck verfolgt, die Aufständischen für ihre Uebergriffe zu züchtigen, doch sicher in erster Linie deshalb unternommen, um der deutschen Herrschaft eine feste Grundlage zu geben. Dass dies in verhältnissmässig kurzer Zeit gelingen werde, dass, ähnlich wie in Kamerun, auch an der Ostküste auf den Kampf die Ruhe, auf die kriegerische die friedliche Eroberung folgen muss, davon bin ich fest überzeugt. Dann wird auch für Usambara die Stunde schlagen, wo es aus seinem bisherigen Dunkel hervortreten und als deutsche Colonie eine Rolle spielen wird. Denn wenn auch Deutsch-Ostafrika noch sehr wenig bekannt ist und einer specielleren Durchforschung dringend bedarf, bevor an den Entwurf eines Arbeitsplanes geschritten werden kann, so lässt sich doch schon mit Sicherheit behaupten, dass Usambara viele, ja vielleicht die meisten natürlichen Vortheile unter den näheren Hinterländern darbietet. Usagara liegt tief im Innern und ist von der Küste durch vielfach unfruchtbare Landstriche getrennt. Das Kilimandjarogebiet, obwohl es an Ueppigkeit Usambara gleichkommt und an Gesundheit des Klimas vielleicht übertrifft, kann mit letzterem nicht in die Schranken treten, da es zu weit von der Küste

entfernt ist. Auch dürften die in viele einander feindliche kleine
Stämme zersplitterten Wadschagga manche Schwierigkeiten bereiten. Usambara dagegen ist nur durch einen schmalen, fast vollkommen flachen Streifen Landes von der Küste getrennt und
besitzt eine Einwohnerschaft, die schon seit Generationen gewohnt
ist, einem Herrscher zu gehorchen. Die Eingangsstellen nach
dem fast durchaus wasserreichen und fruchtbaren Lande sind
günstig gelegen und leicht gangbar. Gegen Westen zu gewährt
das Sigithal Zutritt nach den schönen Gebieten von Bondëi und
Süd-Usambara, im Süden ist es das breite Luengerathal, welches
in mässiger Steigung bis ins Herz des Landes führt. Das Reisen
im Gebirge selbst mit Ueberschreitung der Kämme bereitet freilich viele Schwierigkeiten, dagegen kann man an vielen Stellen
unschwer aus der Ebene nach den von der Natur am meisten
begünstigten Theilen des Hochlandes kommen.

Immerhin jedoch wird der Steppenstreifen, der sich zwischen
Usambara und der Küste ausdehnt, vollständig genügen, um das
Land von jeder ernsteren Exploitation abzuschneiden, wenn es
nicht gelingt, den langwierigen Trägerapparat durch ein der
Neuzeit angemesseneres Beförderungsmittel, durch eine Bahn, zu
ersetzen. Wenn der Congostaat energisch daran geht, durch
schwieriges Gebirgsterrain eine mindestens 300 km lange Bahn
zu erbauen, um Gebiete zu erschliessen, deren Werth, wenn auch
höchst wahrscheinlich, doch keineswegs über jeden Zweifel er-
haben ist, warum sollte nicht auch Deutschland eine höchstens
40 km lange Bahnstrecke durch meist tischflache Ebenen bauen
können, um dadurch ein prächtiges, vielversprechendes Gebirgsland colonialer Ausbeutung zu eröffnen?

Wenn hier von einer „Bahn" die Rede ist, so soll dabei
natürlich nicht an eine solche im gewöhnlichen europäischen
Sinne gedacht werden, sondern an eine ganz schmalspurige und
leichte Bahn, deren Wagen im Nothfalle auch durch Zugrinder
oder durch Menschenkraft befördert werden könnten. Eine solche
von Tanga oder Tangata nach der Austrittsstelle des Sigi in die
Ebene errichtete Strecke würde wie mit einem Zauberschlage die
natürlichen Vortheile Usambaras der deutschen Colonisation erschliessen. Ich denke hier weniger an den Handel, der durch

vermehrte Zufuhr von Kautschuk und anderer Producte wohl auch gewinnen dürfte, als an den Plantagenbau, der ja gerade in Usambara so günstigen Boden findet. Freilich müsste es, ehe an solche Unternehmen gedacht werden kann, erst gelingen, die Eingeborenen auf seine Seite zu bringen. Denn bei dem gebirgigen Terrain und den ausgedehnten Urwäldern Usambaras, sowie bei dem tapferen und kriegsgewohnten Sinne der Waschambā dürfte es wohl unmöglich sein, im Lande festen Fuss zu fassen, wenn die Bevölkerung von Anfang an feindlich gesinnt ist. Doch ist dies keineswegs zu erwarten, falls planmässig vorgegangen wird und man vorerst eine mit Land und Leuten vertraute Persönlichkeit entsendet, um die Eingeborenen auf die beabsichtigten Neuerungen vorzubereiten und mit Benützung der politischen Strömungen im Lande einigen Einfluss zu erlangen. Letzteres dürfte mit Geduld nicht allzuschwer erreichbar sein, denn mit Ausnahme der Wakilindi, die, wie schon erwähnt, unbedingt schlecht gesinnt sind, bestehen fremdenfeindliche Elemente in Usambara nicht. Ist es erst gelungen, die ohnehin im Schwinden begriffene Macht der im Lande verhassten Wakilindi zu brechen, dann hat man es nur mehr mit den Waschambā zu thun. In Usambara giebt es nicht wie an der Küste Araber und Indier, auf welche alle möglichen Rücksichten genommen werden müssen, sondern ähnlich wie in Kamerun steht der Deutsche einzig dem Ureinwohner, dem Neger, gegenüber. Und wie in Kamerun wird es wohl auch in Usambara gelingen, ein freundliches oder doch leidliches Verhältniss mit den Eingeborenen anzubahnen und nach und nach immer festeren Fuss zu fassen. Wenn dies aber geschehen ist, wenn einst der Axthieb des Farmers durch die Wälder des Hochlandes und der Pfiff der Locomotive durch die weite Steppe klingt, dann wird es freilich mit der idyllischen Ruhe in den Bergen und Thälern vorbei sein. Dann wird das Land, welches schon den Nestor deutscher Afrikaforschung, Krapf, mit hoher Begeisterung erfüllte, dann wird Usambara zu dem werden, wozu es von der Natur bestimmt scheint, zu einer Perle deutscher Colonien.

Möge diese Zeit nicht allzu ferne sein!

VI. Capitel.

Handel und Plantagenbau im tropischen Afrika.*)

Der Handel in Westafrika. — Lebensweise der Kaufleute. — Die einzelnen Küstenplätze. — Der Congohandel. — Ostafrika. — Dampferlinien. — Europäische, arabische
und indische Kaufleute. — Plantagenbau in Westafrika. — Plantagenbau in Ostafrika.
Nothwendigkeit der Zwangsarbeit.

Schon seit den ältesten Zeiten hat die Tropennatur mit ihrer
Fülle und ihrem Reichthum einen fast zauberhaften Reiz auf die
Völker Europas ausgeübt. Erst entfesselten die Berichte von
Reisenden über die fabelhafte Pracht und die Schätze Indiens die
Phantasie der Europäer und erregten die Sehnsucht, jene Gebiete
zu erreichen. Das Streben nach Indien war es, welches vorzugsweise alle grösseren Unternehmungen der seefahrenden Nationen
des Alterthums und Mittelalters leitete und in Vasco de Gamas
kühner Fahrt seine Krönung fand.

Wenn auch die Erschliessung Indiens und Ostasiens von da
ab ihren Fortgang nahm, so hörten die östlichen Länder doch
auf, das Hauptinteresse der Europäer zu fesseln, sobald Amerika,
das neue Tropeneldorado des Westens, bekannt wurde. Doch auch
die Aufmerksamkeit, welche Amerika in so hohem Grade auf sich
gezogen, wurde nach und nach abgelenkt. Eine Zeitlang war es
der räthselhafte Südcontinent, für den man sich in Europa am
meisten erwärmte, bis Cook's Forschungen auch die Tropenwelt
Australiens und der Südsee erschloss, und dadurch die hoch-
gespannten Hoffnungen auf ein bescheideneres Mass herabsetzte.

In neuerer Zeit jedoch begann jener Continent, dessen Küsten
nur nebenbei beim Aufsuchen des Seeweges nach Indien bekannt

---

*) Vide Oesterr. Monatsschrift f. d. Orient 1889.

wurden, der später nur als grosser Sklavenmarkt für Amerika gegolten hatte, begann Afrika immer mehr in den Vordergrund des allgemeinen Interesses zu treten. Heute kann man sagen, dass Afrika, besonders das tropische Centralafrika, geradezu zum Modeland Europas geworden ist. Wohl schreitet bei dem ungeheueren Aufschwung des Weltverkehrs die Erschliessung auch anderer Länder alljährlich vorwärts, doch die grössten Anstrengungen sowohl in colonialer, wie in rein wissenschaftlicher Hinsicht sind in unseren Tagen doch auf Afrika verwendet worden.

Neben den glänzenden Leistungen des Forschungsreisenden werden die bescheideneren Arbeiten des Kaufmannes und Pflanzers oft minder beachtet, obwohl gerade diese der Aufmerksamkeit nicht weniger werth sind.

Besonders in Westafrika hat der Reisende Gelegenheit, die ausserordentliche Bedeutung des dortigen Handelsstandes recht deutlich zu erkennen. Vom ersten Schritte auf afrikanischem Boden ist er auf die Hilfe und Gastfreundschaft der Kaufleute angewiesen. Wenn auch, besonders im Südwesten, ein gewisser Gegensatz zwischen „Calico" (Kaufmann) und „Explorateur" (Forschungs-reisenden) besteht, so kann man doch im Allgemeinen auf die liebenswürdigste Unterstützung rechnen. Diese ist für die Zwecke des Reisenden von massgebender Wichtigkeit, denn der Kauf-mann spielt immer noch die erste Rolle in Westafrika. Besonders die Hauptagenten grosser Firmen, wie der holländischen „Afri-kaan'schen Handels-Vennootschap", der englischen Firma „Hatton & Cookson", der französischen „Compagnie du Sénégal" und des deutschen Hauses „C. Woermann" aus Hamburg, besitzen eine fast unglaubliche Machtstellung und werden besonders von den Ein-geborenen als nahezu überirdische Wesen angesehen.

Schon durch die Zahl seiner Vertreter ist der Handelsstand in Westafrika ein imponirender, denn die ganze Küste, vom Cap Verde bis Mossamedes, ist mit Factoreien aller Nationen besäet. Wo immer sich nur eine eingeborene Niederlassung befinden mag, erblickt man das schneeweisse Dach einer Factorei oder doch die einfachen Hütten einer kleineren Handelsstation, und findet einen Weissen, Mulatten oder Neger als Vertreter einer europäischen Firma. Doch nicht nur an der Küste selbst, auch im Mündungs-

gebiete der zahlreichen Flüsse, bis mehrere Meilen in Land, trifft
man Factoreien an, ja in neuester Zeit beginnen Kaufleute am
Senegal, Niger und Congo bis ins Herz des Continents ein-
zudringen.

An den grösseren Küstenplätzen befinden sich die sogenannten Hauptfactoreien, die als Depots und Stapelplätze für die
kleineren Niederlassungen dienen. Hier ist der Sitz des Hauptagenten und des Comptoirs, wo trotz tropischer Hitze unermüdlich
gearbeitet wird. Hier findet man schöne, luftige Wohnhäuser, die
meist zerlegt aus Europa geschickt werden, hier sieht man mächtige Magazine, in welchen neben den vielfachen Erzeugnissen der
europäischen Industrie die Producte der afrikanischen Tropennatur aufgestapelt sind. In solchen Hauptfactoreien sind stets
mehrere Europäer beschäftigt, die ein streng geregeltes, dem
Klima angemessenes Leben führen.

Die meist zahlreichen schwarzen Arbeiter gehören fast ausnahmslos dem Stamme der Kru oder anderer liberianischer Küsten-
stämme an und bilden als „Kruboys" die unzertrennlichen Gefährten der Europäer, ohne welche der Küstenhandel kaum denkbar
wäre. Die echten Kru bewohnen einen Küstenstrich südlich von
Monrovia und haben sich seit jeher den Weissen als Matrosen
und Arbeiter derart unentbehrlich gemacht, dass schon bei den
Sklavenhändlern die stillschweigende Uebereinkunft bestand, einen
echten Kru, der durch eine blaue Marke auf der Stirn gekenn-
zeichnet wird, niemals als Sklaven zu verkaufen. Dadurch gewann
die blaue Marke natürlich sehr an Beliebtheit, und auch Nachbar-
stämme, wie die Grebo, Bassa und Beribé, pflegen sich ähnlich
zu bezeichnen und rangiren heute bereits in die Schablone
„Kruboy".

Die echten Kru sind besonders als Matrosen und Bootsleute
unschätzbar, am Lande jedoch weniger gut zu gebrauchen. Dafür
gehen die etwas schwächeren Grebo und Beribé meist als Strand-
arbeiter und leisten auch, wenn es darauf ankommt, als Träger
gute Dienste.

Eine vorzügliche Eigenschaft dieser Leute ist, dass sie unter
allen Umständen fest zum Europäer halten und niemals mit den
Eingeborenen des Landes, mit welchen sie meist in halber Feind-

schaft leben, fraternisiren. Alle Kruboys sprechen ein eigenthümliches, sehr corrumpirtes Englisch, welches zugleich als Lingua franca der Westküste von Sierra Leone bis zur Ogowemündung im Gebrauche ist. Trotz ihres langen Verkehrs mit Europäern, pflegen die Kruleute sich auf die allernothdürftigste Bekleidung zu beschränken und sind eingefleischte Heiden, so dass man kaum einen christlichen Kruboy finden kann.

Die Kruarbeiter einer Factorei stehen unter Aufsicht eines oder mehrerer „Headmen", die höhere Löhne bekommen und die Prügelstrafen an ihre Untergebenen verabfolgen. Letztere (die Prügelstrafen) erkennen die Kru, besonders in Fällen von Diebstahl, als eine höchst berechtigte Einrichtung. Obwohl sie sehr stolz darauf sind, dass Kruboys niemals „Niggers" (Sklaven) waren und sein werden, so würden sie es doch als ganz lächerlich empfinden, wenn Jemand behaupten wollte, ihr Herr, der sie nährt und bezahlt, habe nicht das Recht, sie zu prügeln. Ausser ihrer Nahrung, die meist aus Reis besteht, bekommen die Kru fast überall auch eine tägliche Branntweinration, welche ihnen bei der schweren Strandarbeit, die oft halb im Wasser stehend verrichtet werden muss, gut zu statten kommt. Die Bezahlung wird noch meistens in Gütern ausgefolgt, was für die Kaufleute natürlich sehr vortheilhaft ist; doch beginnt „cash" (baares Geld) immer mehr in Umlauf zu kommen. An vielen Plätzen werden neben den Kruleuten auch Eingeborene der näheren Umgebung als Arbeiter verwendet, doch findet man selten eine Factorei ganz ohne Kruboys.

Die Hankwerker, Zimmerleute, Schmiede, Böttcher und Köche stammen im Norden aus Accra und sind Zöglinge der Baseler Mission; im Süden werden vielfach Kabinda verwendet, die jedoch weit weniger brauchbar sind. Die Accraleute sind durchaus Christen und halb europäisch gekleidet, doch ohne jenen Eigendünkel, der die „Coloured gentlemen" Liberias und Sierra Leones in so hohem Grade erfüllt.

Die persönlichen Diener der Weissen, halbwüchsige Jungen, sind meist Eingeborene der nächsten Umgebung, manchmal auch Vei-Boys aus dem Küstenstriche zwischen Monrovia und Cape Mount; echte Kruleute werden wohl nur im Nothfalle zu solchen Diensten verwendet.

Das Leben der Europäer in den Factoreien ist natürlich ein recht einförmiges. Der Tag vergeht im Handel mit den Eingeborenen, welcher besonders dort, wo Tauschhandel noch allgemein ist, ausserordentlichen Scharfsinn und Geschick erfordert. Eine gründliche Waarenkenntniss und unerschöpfliche Geduld ist nothwendig, wenn man von den „harmlosen Naturmenschen" Afrikas nicht ganz böse übers Ohr gehauen werden will. Wahre Meister in der Kunst, mit den Negern herumzufeilschen, sind die Portugiesen. Andere Nationen arbeiten ja auch mit vielem Erfolge, doch vermag ein Deutscher, Engländer oder Holländer kaum jemals sich derart mit den Schwarzen gemein zu machen, gewissermassen auf ihr Niveau herabzusteigen, wie ein Portugiese.

Die Mahlzeiten, welche die Arbeit unterbrechen, sind meist gut zubereitet, bieten aber sehr wenig Abwechslung. Mit der Unterhaltung in freien Stunden und an Sonntagen sieht es besonders traurig aus, obwohl man in deutschen Factoreien schon vielfach Kegelbahnen findet und die Skatpartien an der Westküste Afrikas bereits eine hervorragende Rolle spielen. An anderen Plätzen pflegt man nach der Scheibe zu schiessen oder in der Umgebung der Factorei ein wenig auf die Jagd zu gehen, meist jedoch und besonders dort, wo wenige oder gar nur ein einziger Weisser leben, füllt ein träumerisches Dolce far niente den grössten Theil der allerdings spärlichen Freistunden aus. Unter diesen Umständen kann man begreifen, dass mancher einsame Factorist Trost bei geistigen Getränken sucht und dadurch dem verderblichen Einwirken des Klimas leichter erliegt.

Abwechslung, aber auch neue Mühen bringen die Tage, wo der Dampfer den Küstenplatz berührt. Besonders in Gegenden, wo die Brandung das Aus- und Einladen sehr erschwert, hat der Factorist, dem dies obliegt, ein hartes Stück Arbeit.

Bei schlechter Witterung ist es oft gar nicht möglich, mit Booten nach dem Dampfer zu gelangen, und der Kaufmann muss in diesem Sinne Flaggensignale geben und dann beobachten, wie der Dampfer weiterfährt und vielleicht sehnlichst erwartete Briefe und Sendungen mit nach dem Süden entführt. Darum wird meist Alles aufgeboten, um die Wucht der Brandung zu überwinden. Die kräftigen, erfahrenen Kruboys schieben das schwere Surfboot erst ins Wasser und warten dann, bis ein günstiger Moment eintritt, um unter hellem Geschrei aus allen Kräften durch die Brandungswoge zu paddeln. Wohl bäumt sich das schwere Boot hoch empor, wohl schlägt salziger Schaum über dasselbe weg, doch meist gelingt es den Anstrengungen der Jungen und dem geschickten Steuern des kundigen Headman, das Boot in ruhigeres Wasser hinauszubringen. Völlig durchnässt, aber wohlbehalten, kann dann der weisse Kaufmann seinen Weg zum Dampfer fortsetzen. Nicht immer freilich geht es so glatt ab, und Fälle sind nicht selten, wo Boote kentern und die Besatzung ertrinkt oder den Haifischen zum Opfer fällt. Einzelne Plätze, wie Whydah (Dahomé) sind so berüchtigt, dass man kaum einen Kruboy bewegen kann, sich dahin anwerben zu lassen.

Unter diesen Umständen werden natürlich auch die Güter häufig beschädigt, und besonders die Oelfässer, welche im Südwesten aneinandergebunden durch die Brandung geschleppt werden, sind dem Zertrümmertwerden sehr ausgesetzt. An vielen Plätzen dagegen, besonders in Flussmündungen und Aestuarien, existirt eine Brandungsgefahr überhaupt nicht, und Boote können dort ohne Schwierigkeiten landen.

An Bord der Dampfer pflegt der Factorist der Gegenstand liebenswürdigster Aufmerksamkeit von Seiten des Capitäns zu sein. Hängt es doch vorzugsweise von seinem Ermessen ab, welchem Dampfer er seine Producte als Ladung mitgeben will. Da jeder Capitän für die Menge seiner Ladung direct interessirt ist, so liegt denselben natürlich ungemein viel daran, die Freundschaft der Küstenkaufleute zu erwerben.

Wenn man bedenkt, dass die Kaufleute der afrikanischen Westküste, die ein so mühsames, einförmiges Leben führen, dabei noch den Einwirkungen eines schlechten Klimas ausgesetzt und verhältnissmässig, wenigstens in untergeordneten Stellungen, schlecht bezahlt sind, so wird man vielleicht zu dem Schlusse kommen, dass ihr Dasein ein höchst bedauernswerthes sei. Dennoch kann man beobachten, dass gerade die Kaufleute Westafrikas mit erstaunlicher Zähigkeit an ihrem neuen Vaterlande hängen. Die Contracte lauten meist auf drei Jahre, und es ist wirklich ein seltener Fall, dass Jemand, der diese Dienstzeit in Westafrika zugebracht, nicht wieder dahin zurückkehrt.

Zwar kann man an allen Küstenplätzen über das „elende Afrika, das schändliche Leben etc." klagen hören, doch ist es bekannt, dass gerade Jene, die am meisten schimpfen, am sichersten wieder herauskommen. Gar Mancher hat schon Freunde und Kameraden dem Klima erliegen sehen und selbst die schwersten Krankheiten durchgemacht, um dennoch nach kurzer Erholung in Europa wieder den sonnigen Tropen zuzueilen. Es fällt mir nicht ein, etwa eine zauberhafte Anziehungskraft der Tropenwelt als Grund dieser Erscheinung anzunehmen. Zwar kann sich Niemand dem Reize derselben entziehen, doch pflegen Kaufleute im Allgemeinen wenig sentimentaler Natur zu sein, und bekommen übrigens vom Lande meist nicht viel zu sehen. Auch an die Rauhheit des europäischen Klimas gewöhnen sich die Meisten rasch wieder.

Dagegen ist es begreiflich, dass viele der jungen Kaufleute, die drei Jahre in harten Entbehrungen zugebracht, sich in Europa ein wenig dafür entschädigen wollen. Da fast alle ihre Bedürfnisse in Afrika von der Firma gedeckt werden und man an der Küste wenig Gelegenheit zu Ausgaben hat, so gelangt meist eine ansehnliche Summe in ihre Hände. Der Fall ist nun gar nicht selten, dass die Kaufleute in wenigen Monaten ihr mühsam erworbenes Geld verjubelt haben und wohl oder übel einen neuen Vertrag eingehen und wieder nach der Küste zurückkehren müssen.

Andere dagegen halten ihre Habe zusammen, erklären gegen Jedermann von dem „schändlichen Afrika" nichts mehr wissen zu wollen und suchen in Europa Beschäftigung. Da zeigt es sich nun, dass von den afrikanischen Kaufleuten meist nur jene in Europa brauchbar sind, die in den Comptoirs der Hauptfactoreien thätig waren und an der Küste auch nicht als vollwichtige „Afrikaner" angesehen werden.

Die Hauptmasse der eigentlichen Factoristen kann sich kaum mehr in europäische Verhältnisse hineinfinden. Wie gross ist aber auch der Unterschied zwischen der Stellung eines jungen Mannes in einem Handelshause von Europa und Westafrika!

Nach einer gewissen Lehrzeit, die er in einer grösseren Factorei zubringt, gelangt mancher junge Kaufmann oft zur Stellung des Chefs einer Factorei, sei es auch nur der elendsten Buschfactorei. Er, der bisher Niemandem Befehle ertheilt, sieht sich plötzlich als unumschränkter Gebieter eines Dutzends stämmiger Kruboys, die zittern, wenn er sie nur finster anblickt, und sieht eine Anzahl schwarzer Jungen zur Bedienung des „Master" bereit. Die Eingeborenen, die in Westafrika noch gar oft gewaltigen Respect vor dem Weissen haben, begegnen ihm, dem mächtigen Spender nach ihrer Ansicht unerschöpflicher Reichthümer mit grosser Demuth, ja sogar ihre „Könige" betrachten es oft als Gunst, wenn er sich nur herablassend mit ihnen beschäftigt.

Auch der Verkehr mit den Vorgesetzten gestaltet sich in der Wildniss meist weit gemüthlicher als in Europa oder selbst in den Hauptfactoreien. Gearbeitet muss freilich auch hart genug werden, doch unterliegt die Thätigkeit des Kaufmannes keinem drückenden Zwange. Beliebt es ihm einmal, ein paar Stunden zu feiern, so hat Niemand etwas dagegen einzuwenden, er muss eben dann ein anderesmal mehr arbeiten. Dabei ist für seine Bedürfnisse gesorgt, und da auch schwarze Schönen fast überall zum stehenden Inventar einer westafrikanischen Factorei gehören, so entbehrt der Kaufmann, der daheim vielleicht mit Noth zu kämpfen hatte, in materieller Hinsicht wenigstens nicht viel.

Kehrt er nun wieder nach Europa zurück, so sieht er sich sofort unter dem Drucke eines eisernen Zwanges. Da ist Niemand, der ihn als Master verehrt, da heisst es strenge die Geschäftsstunden einhalten und den Vorgesetzten und Kunden mit allen möglichen Rücksichten begegnen.

Dazu kommt, dass Mancher, der in Westafrika als geübter und brauchbarer Factorist galt, sich unter geänderten Verhältnissen in Europa viel weniger bewährt. Da erwacht denn gar bald die Sehnsucht nach dem alten Leben, Fieber und Entbehrungen sind vergessen, und in kurzer Zeit schon wirft er die Fesseln europäischen Zwanges von sich, um wieder der goldenen Freiheit Westafrikas zuzudampfen.

In Bezug auf Dampferverkehr kann man in Westafrika ein reges Leben bemerken, welches, wie wir später sehen werden, in Ostafrika nicht im Entferntesten erreicht wird. Die schnellste Linie ist die portugiesische, „Empreza Nacional", welche monatlich von Lissabon ausgeht, nur Madeira, Principe und São Thomé berührt und sich erst südlich von der Congomündung bis Mossamedes in eine Art Locallinie verwandelt. Die Linie, welche hauptsächlich mit englischem Capital arbeitet, besitzt schöne, gut eingerichtete Dampfer, nur pflegt die Kost etwas allzu portugiesisch zu sein. Auch empfinden es alte Afrikaner sehr hart, dass der in Westafrika sonst streng gewahrte Rassenunterschied auf dieser Linie nicht beachtet wird und Schwarze an einem Tische mit Europäern speisen dürfen. Eine zweite portugiesische Linie läuft neuestens von Lissabon über St. Paul de Loanda nach Capstadt und Mozambique. Sie stellt die erste directe Verbindung zwischen Süd- und Westafrika her und vollendet den Ring von Dampferlinien um den afrikanischen Continent.

Die deutsche westafrikanische Dampfschiff-Actiengesellschaft (Woermann-Linie) fährt monatlich zweimal von Hamburg ab und läuft abwechselnd bis Kalabar und bis St. Paul de Loanda. Diese Linie pflegt von Monrovia ab sehr viele Küstenplätze nach Massgabe der Ladung anzulaufen und kommt daher nur langsam vorwärts. Die Dampfer, besonders die neueren, sind vorzüglich eingerichtet und das Leben auf denselben ist bei der ausserordentlichen Liebenswürdigkeit der Schiffsofficiere besonders für Deutsche sehr angenehm.

Die älteste Linie Westafrikas ist die englische, die zweimal monatlich von Liverpool nach Kalabar oder St. Paul de Loanda läuft. Sie berührt noch mehr Plätze als die Woermann-Linie, die Verpflegung auf derselben lässt viel zu wünschen übrig.

Ausserdem sind die französischen Plätze in Senegambien noch durch eine französische Linie mit Europa verbunden. Neben diesen regelmässigen Postdampfern verkehren noch mehrere, den Handelshäusern gehörige Dampfer zwischen Europa und Westafrika und zahlreiche kleine Küstenfahrer und Segelschiffe vermitteln den Verkehr zwischen den einzelnen Plätzen und im Mündungsgebiete der Flüsse.

Wenn wir in unserer Betrachtung die Küste des tropischen Westafrika verfolgen, so finden wir im Norden, in Senegambien und Sierra-Leone, das französische Element unter den Kaufleuten vorherrschend. Die „Compagnie du Sénégal et de la côte Occidentale d'Afrique (Ancient Maison Verminck)" aus Marseille spielt dort die erste Rolle und ihre zahlreichen Factoreien beschäftigen sich vorzugsweise mit dem Ankaufe von Grundnüssen (Arachis hypogaea), jenes wichtigen Productes, welches bekanntlich zum Herstellen eines dem Olivenöl fast ebenbürtigen Speiseöls verwendet wird.

Früher beschäftigte die Compagnie zahlreiche Deutsche und Consul Vohsen, welcher jetzt als General-Secretär der Deutschen Ostafrikanischen Gesellschaft in Berlin thätig ist, bekleidete jahrelang die wichtige Stellung eines Hauptagenten dieser Firma in Sierra-Leone.

Im Negerstaate Liberia beginnt bereits das deutsche Element vorzuherrschen. Neben der Firma Woermann, die eine Hauptfactorei in Monrovia und Zweigfactoreien an verschiedenen Küstenplätzen besitzt, besteht noch ein holländisches und ein belgisches Haus in Liberia. Auch einzelne Neger treiben einen selbstständigen nicht sehr bedeutenden Handel mit Europa.

An den liberianischen Küsten ist fast überall Geld im Umlaufe und der Tauschhandel kaum mehr üblich. Doch wird die Thätigkeit der Kaufleute durch die politischen Wirren und die Anfeindungen, welchen sie von Seiten der dünkelhaften Liberianer ausgesetzt sind, vielfach erschwert. Es ist dies jene wenig sympathische Negerbevölkerung, die von den in Amerika befreiten Sklaven abstammt und bei Weissen und Eingeborenen gleich unbeliebt ist.

Aus dem Innern kommen manchmal Mandingo-Karawanen, die westlichsten Pioniere des Islam, nach Monrovia; an der südlicheren Küste von Liberia ist der Verkehr mit dem Hinterlande ein sehr geringer, giebt es doch nur wenige Gebiete in Afrika, wo das unerforschte Land so nahe an die Küste tritt wie in Liberia!

Von Liberia werden hauptsächlich Palmöl, Kernels und Kautschuk, sowie Plantagenproducte (Liberiakaffee) ausgeführt.

Die eingeführten Waaren sind meist besserer Qualität als sonst in Westafrika gebräuchlich.

An den Küsten von Oberguinea herrschen englische und deutsche (Bremer) Firmen vor. Das Bremer Haus, welches besonders an der Gold- und Sklavenküste mehrere Factoreien besitzt, steht in enger Verbindung mit der Baseler und Bremer Missionsgesellschaft.

In Lagos, der bedeutendsten Handelsstadt der Westküste, ist neben mehreren englischen auch das grosse deutsche Haus Gaiser thätig; die Nigermündungen und Kalabar, die sogenannten „Oilrivers" sind fast völlig in englischen Händen, das Niger- und Benuegebiet wird heute von der „Royal Niger Company" in rücksichtsloser Weise monopolisirt.

Die Küsten Oberguineas sind das wichtigste Palmölgebiet der Welt und führen derartige Mengen dieses Productes aus, dass die übrigen Palmölgebiete Westafrikas auf die Schwankungen des Preises kaum einen Einfluss ausüben. Natürlich wurden diese Küstenstriche durch das Fallen der Palmölpreise auch am meisten geschädigt. Neben Palmöl und Palmkernels werden auch Kautschuk, Gold und Elfenbein, letzteres besonders vom Niger und Benue ausgeführt. Geld ist nur an den Hauptpunkten gangbar, sonst besteht der Tauschhandel noch überall.

In Kamerun theilen sich schon seit Jahren deutsche Firmen (Woermann & Jantzen und Thormaelen) mit verschiedenen englischen in den Handel. Hier im Mündungsgebiete des Kamerunflusses sind noch mehrere Factoreien auf Hulks (alten, abgetakelten und verankerten Schiffen) untergebracht, die man sonst nur mehr in den Oilrivers antrifft.

Bis vor der Annexion durch Deutschland war der Handel in Kamerun sehr erschwert, da das schädliche Trustsystem im Gebrauche war. Dies bestand darin, dass einem Neger Waaren auf Vorschuss gegeben wurden, worauf er nach einiger Zeit die Producte lieferte.

Es ist begreiflich, dass diese Art zu handeln sehr unsicher war und die Kaufleute fast gänzlich der Willkür der Neger preisgab. Bei dem Mangel an Behörden war es nämlich meist sehr schwer, einen säumigen Schuldner zu fassen, besonders wenn der-

selbe ein „King" (Häuptling) war. Heute hat sich unter der energischen Regierung des deutschen Gouverneurs Freiherrn v. Soden
darin freilich viel geändert. Immer noch besteht jedoch die Han-
delssperre, welche die Dualla gegen das Hinterland aufrecht
erhalten, um sich den hohen Gewinn des Zwischenhandels zu
sichern. Doch steht zu hoffen, dass die Bemühungen der Deutschen
auch in dieser Hinsicht erfolgreich sein werden, und dass es
gelingen werde, die Inlandstämme in directen Verkehr mit der
Küste zu setzen.

Auch in Kamerun bildet Palmöl das Hauptproduct, doch
wird auch Elfenbein und Kautschuk (seit neuerer Zeit) ausgeführt.
Der Handel beschränkt sich meist noch auf den Umtausch von
Gütern, doch beginnt die deutsche Reichswährung bereits Eingang zu finden.

In Kamerun sind vorzugsweise schlechte, aber hübsch
appretirte Stoffe und Glasperlen gangbar. Auch Branntwein (Rum
und Gin) wird vielfach abgesetzt, obwohl in neuerer Zeit ein
höherer Einfuhrzoll darauf gelegt ist.

Im Allgemeinen ist die Entrüstung, die man vielfach gegen
den Branntweinhandel in Westafrika zur Schau trägt, beiweitem
übertrieben. Denn im Verhältnisse wird nur wenig Schnaps con-
sumirt und höchst selten findet man einen Neger, der als Säufer
bezeichnet werden kann und durch Alkoholgenuss herabgekommen
ist. Ausserdem verstehen die Neger es sehr gut aus Zuckerrohr,
Palmwein etc. starke geistige Getränke selbst zu bereiten. Ich
sah bei manchen Stämmen des oberen Congo, zu welchen noch
nie ein Tropfen europäischen Branntweins gedrungen, mehr be-
trunkene Neger als irgendwo an der Küste. Ein Verbot des
Branntweinhandels würde daher wohl kaum dem Alkoholismus
steuern, sondern nur den Kaufleuten neuen Schaden zufügen.

Etwas Anderes ist es mit dem Vorgehen gegen die Waffen-
einfuhr, welches nur geeignet erscheint, das Ansehen der Europäer
zu heben. In Kamerun ist die Einfuhr von Hinterladern unbedingt
verboten, doch bleibt diese Massregel stets wirkungslos, so lange
die Engländer in Kalabar und am Niger noch Hinterlader verkaufen.

Die schöne spanische Insel Fernando Póo spielt für den
Handel eine ziemlich untergeordnete Rolle. Neben der englischen

Firma John Holt beschäftigen sich auch der Sierra-Leone-Neger
Vivour und der portugiesische Mulatte Laureano sowie einige
kleinere Kaufleute mit Palmölhandel. Das Palmöl wird in geringen
Mengen von den indolenten und unglaublich bedürfnisslosen Ur-
einwohnern, den Bube, gewonnen und gegen Waaren (haupt-
sächlich Tabak und Rum) an die Potoneger, englisch sprechende
Küstenbewohner, umgetauscht. Diese verkaufen das Oel gegen
Geld an die grösseren Firmen.

Der Handel in Gabun und der Coriskobai ist hauptsächlich
in deutschen und englischen Händen, nimmt jedoch in neuerer
Zeit keinen rechten Aufschwung, was theilweise den hohen Steuern
in den französischen Colonien zuzuschreiben ist. Auch besteht das
Trustsystem dort immer noch. Ausfuhrartikel sind Palmöl, Elfenbein (besonders von Batanga), Ebenholz, Kautschuk, Farbhölzer
und einige Producte geringerer Bedeutung. Auch am unteren
Ogowe- und Kuilufluss giebt es einige deutsche Factoreien.

Bei Loango beginnt ein Gebiet, welches sowohl ethno-
graphisch als handelspolitisch bereits zum Congo gehört. Während
ich über die südlichen Gebiete von Angola und Benguela nicht
aus eigener Anschauung sprechen kann, habe ich die in neuerer
Zeit besonders wichtigen Congoländer näher kennen gelernt und
kann daher eingehender über dieselben sprechen.*)

Zur Zeit des Sklavenhandels war der Congo bekanntlich
eines der ergiebigsten Ausfuhrgebiete und lieferte alljährlich
Hunderte von schwarzen Arbeitern nach Amerika. Zwar waren die
Congosklaven nicht so intelligent, wie z. B. die Kameruner, doch
waren sie dafür um die Hälfte billiger, wie aus alten Geschäfts-
büchern hervorgeht.

Nachdem durch das Aufhören der Nachfrage in Amerika der
Sklavenhandel am Congo, der trotz aller Küstenblokade fort-
bestand, endlich aufgehört hatte, begannen sich Handelsfirmen
verschiedener Nationen dortselbst anzusiedeln.

Deutsche Handelsinteressen hat es am Congo niemals gegeben, dagegen sind Holländer, Engländer, Portugiesen, Fran-
zosen und in neuerer Zeit auch Belgier dortselbst stark vertreten.

---

*) Vide auch meine Abbandlung „Handel und Verkehr am Congo". (Revue
Coloniale Internationale 1887.)

Schon lange vor Stanley's kühnem Zuge, welcher der Welt das Congoland erschloss, waren an den umliegenden Küsten und im Mündungsgebiete dieses Stromes Kaufleute thätig, die den Fluss bis Mussuka mit Dampfern befuhren. In neuerer Zeit sind die Factoreien bis gegen Vivi vorgerückt, ja, das holländische Haus „Afrikaan'sche Handelsvennootschap", das französische Haus „Daumas, Beraud & Comp." und die belgische „Compagnie du commerce et de l'industrie du Congo" besitzen bereits Handelsniederlassungen am Stanley Pool und befahren mit Dampfern den oberen Congo.

Was die Factoreien an der Küste und im Mündungsgebiete des Congo anbelangt, so beschäftigen sie sich mit der Ausfuhr von zwei verschiedenen Gruppen von Producten. Die einen, wie Grundnüsse, Palmöl, Palmkerne und Gummi Copal sind Erzeugnisse der nächsten Umgebung der Factorei, die anderen, wie Elfenbein und Kautschuk, werden durch Karawanen aus dem Innern gebracht.

Die Producte der ersten Art liefern Eingeborene, die schon seit Generationen mit dem Handel vertraut sind und meist ein schlechtes Portugiesisch sprechen. Trotzdem besteht ausschliesslich Tauschhandel, bei welchem die verschiedensten Artikel, vorzugsweise aber Branntwein, Salz und Pulver in Betracht kommen. Die Einfuhr von Hinterladern ist im Congostaate verboten, in den portugiesischen Colonien jedoch gestattet. Trust wird nirgends am Congo ausgegeben. Das wichtigste Product ist die Grundnuss, welche jedoch öfters Missernten ausgesetzt ist. Palmöl und Kerne haben am Congo wenig Bedeutung.

Von den Producten, die durch Karawanen geliefert werden, hat der Kautschuk nur secundäre Bedeutung, während das Elfenbein als wichtigster und werthvollster Artikel den europäischen Erzeugnissen Eingang bis ins Herz des Continents verschafft.

Bei dem Mangel jeglichen Transportmittels hat der Karawanenverkehr im Gebiete der Livingstone-Fälle des Congo den Trägertransport auf eine verhältnissmässig hohe Stufe gebracht. Die Träger, den Districten Lukunga und Ngombe entstammend sind meist Hörige der schwarzen Händler und tragen für diese das Elfenbein nach den Factoreien, um mit den eingetauschten

Gütern, in Lasten von 65 bis 70 Pfund verpackt, ihren mühsamen Rückmarsch durch das unwegsame Gebirge anzutreten.

Die Bakongostämme des Kataraktengebietes behalten jedoch nur den geringsten Theil der Waaren für sich, das meiste, besonders der Messingdraht, wird zu den Bateke am Stanley Pool getragen, um von diesen gegen neue Elfenbeinvorräthe eingetauscht zu werden.

Das wichtigste Handelsvolk des oberen Congo ist das der Bajansi, die in ihren leicht gebauten Canoes nicht nur den Hauptstrom, sondern auch die Nebenflüsse befahren, um Sklaven und Elfenbein einzutauschen, welch letzteres sie an die Bateke verkaufen. Neben Zeugen (hauptsächlich rothen und blauen Savetlist), Porzellanwaaren und Gewehren ist Messingdraht der beliebteste Artikel der Bajansi und vertritt geradezu die Stelle des Geldes.

Erst nördlich vom Aequator beginnt der Messingdraht, das „Mitako" von einem anderen Tauschgegenstand in den Hintergrund gedrängt zu werden: von der Kaurischnecke.

Die Factoreien am Congo, von welchen sonst alle europäischen Güter stammen, die man in jenen Ländern findet, führten früher niemals Kauris, und dennoch fand Stanley schon auf seiner ersten Congofahrt diese Schnecke als Tauschartikel verbreitet. Man muss daher annehmen, dass die Kauris von Angola oder vom Niger her im Wege des Zwischenhandels durch zahllose Hände bis in jene Gegenden im Innern Afrikas gelangt sind.

Ober Ikenungu endet das Gebiet, bis zu welchem der Zwischenhandel von der Westküste aus reichte. Wenn am Stanley-Pool die östlichste Verbreitungsgrenze des Branntweins verlief, so hören bei Ikenungu die Schiesswaffen auf, und man betritt eine jungfräuliche Zone, in welcher europäische Gegenstände, ja selbst Kauris sehr selten sind. Elfenbein war dort 1886 noch fast werthlos.

Bemerkenswerth ist, dass in diesen Gebieten durch die Hausindustrie doch ein ziemlich reges Handelsleben hervorgebracht wird. Heute verkehren in jenen fernen Ländern bereits Handelsdampfer, und jene Stämme, bis zu welchen der Zwischenhandel in Jahrhunderten nicht vordringen konnte, werden jetzt unmittelbar mit dem dortselbst halb sagenhaften Spender unerhörter Schätze, mit dem weissen Kaufmanne, in Verbindung gesetzt. — Bei der Aruwimimündung endet diese Zone.

Weiter aufwärts fahrend, erblickt man am Congostrande unter den nackten braunen Gestalten der Eingeborenen die blendend weissen Burnusse der Araber und Sansibariten, neben niedrigen Hütten sieht man ansehnliche Häuser und Pflanzungen, über welchen die blutrothe Flagge von Omân und Sansibar weht; Salutschüsse begrüssen den ankommenden Reisenden: man hat das Reich Tippo Tips, die Handelszone der Ostküste Afrikas, erreicht.

Der Gegensatz zwischen der West- und Ostküste tritt schon hier, im Herzen des Continents, deutlich zu Tage; im Westen ist es der Europäer, der als Pionnier des Handels und der Cultur bis tief ins Innere eindringt, im Osten aber der Araber.

Noch schärfer wird dieser Gegensatz, wenn man die Ostküste*) des tropischen Afrika kennen gelernt.

Vor Allem muss Jedem der äusserst geringe Dampferverkehr Ostafrikas im Vergleiche zum Westen auffallen. Bis vor Kurzem bestand überhaupt gar kein directer Verkehr zwischen Ostafrika und Europa, sondern eine Zweiglinie der „British India"-Gesellschaft bot fast die einzige Fahrgelegenheit nach Sansibar. Diese Linie geht monatlich von Bombay aus, berührt Aden, Lamu, Mombas, Sansibar und einige Häfen bis Mozambique.

Die Dampfer dieser englischen Linie, die bisher vollständig ohne Concurrenz arbeitete, sind klein und kaum seetüchtige, halb ausrangirte Schiffe. Selbst der schlechteste westafrikanische Frachtdampfer ist diesen unglaublichen Fahrzeugen noch vorzuziehen. In neuerer Zeit hat sich darin sehr viel gebessert. Die französische Gesellschaft „Messagèries Maritimes" eröffnete nämlich eine monatliche directe Linie zwischen Marseille, Sansibar und den Häfen von Madagascar, welche auch Aden berührt. Die schönen und raschen Dampfer dieser Linie, die mit dem grössten Comfort eingerichtet sind, machen den „British India"-Dampfern so empfindliche Concurrenz, dass letztere wohl auch zu Verbesserungen genöthigt sein werden.

---

*) Da ich das portugiesische Ostafrika nicht kennen gelernt, so ist im Nachfolgenden immer vom Suahiligebiet die Rede.

Der Sultan von Sansibar besitzt eine Anzahl von Fracht-
dampfern mit deutschen oder arabischen Officieren und indischer
Bemannung. Der Admiral dieser Flotte war bis vor Kurzem der
indische Kammerdiener des Sultans, Pira Dautschi. Einige Schiffe
liegen stets im Hafen und legen bei festlichen Gelegenheiten
Flaggengala an, andere vermitteln einen unregelmässigen Verkehr
mit Bombay. Von Zeit zu Zeit gehen auch Sultansdampfer nach
Maskat und Aden, alljährlich einer mit den Mekkapilgern nach
Djida am Rothen Meere.

Die kleineren Fahrzeuge des Sultans besuchen öfters die
Küstenplätze und stellen in langen Zwischenräumen den einzigen,
gänzlich willkürlichen Dampferverkehr mit dem Somalilande her.
Der frühere Sultan Sëid Bargasch nahm sich sehr dieser Schiffe
an; unter der jetzigen Regierung werden sie jedoch stark ver-
nachlässigt und lassen in jeder Hinsicht viel zu wünschen übrig.
Früher wurden Europäer meist unentgeltlich als Gäste des Sultans
befördert, jetzt muss jeder Passagier, wie auch billig, seine Ueberfuhr bezahlen.

Von europäischen Firmen besitzt nur das Haus O'Swald einen
Dampfer, der zwischen Hamburg und Sansibar verkehrt, und die
Firma Hansing ein grösseres Segelschiff, welches die Reise ums
Cap zu machen pflegt.

Auch für die grossen indischen Firmen (besonders Taria
Topan) kommen manchmal gecharterte Dampfer nach der Ostküste.

Die Flotte der Deutschen Ostafrikanischen Gesellschaft besteht aus einem kleinen Dampfboot, der „Jühlke", welches bei
gutem Wetter die Reise von Sansibar nach den Küstenplätzen
machen kann.

Mit dem Dampferverkehr in Ostafrika sieht es daher im
Allgemeinen noch ziemlich traurig aus, und die arabischen Dhaus,
kleine, aber seetüchtige Segelschiffe, spielen immer noch eine
bedeutende Rolle.

Während sich in Westafrika gerade zwischen 10° n. Br. und
3° s. Br. das regste Handelsleben entwickelt, kann man im Osten
beobachten, dass die Küstenstriche zwischen jenen Breiten, das
ganze ungeheuere Somaliland, von regelmässiger Schifffahrt gar
nicht angelaufen, überhaupt vom Weltverkehr kaum berührt werden.

Allerdings besitzen die indischen Häuser in den festen Plätzen Kismaju, Merka, Barawa und Makdischu Handelsniederlassungen und kaufen hauptsächlich Häute ein, die mit Dhaus und den Sultansdampfern nach Sansibar verführt werden, doch bei dem Fanatismus und dem wilden Sinne der Eingeborenen ist ein Aufschwung ausserordentlich erschwert. Das Somaliland bietet heute noch eines der ergiebigsten Absatzgebiete des Sklavenhandels. Versuche der Deutschen Ostafrikanischen Gesellschaft, im Somalilande festen Fuss zu fassen, scheiterten an dem Widerstande der Eingeborenen und endeten mit der Ermordung des Dr. Jühlke. In neuerer Zeit versucht das deutsche Haus Hansing im Somalilande Fuss zu fassen, kann aber der Eingeborenen wegen keine europäischen, sondern nur arabische Vertreter dortselbst beschäftigen.

Von Lamu südwärts erstreckt sich jene lange Küstenzone, in welcher die Suahilisprache den Verkehr vermittelt, und welches auch in handelspolitischer Hinsicht als Sansibargebiet bezeichnet werden kann.

Denn mit Ausnahme von Lamu, wo drei Deutsche einen ziemlich unbedeutenden directen Handel treiben, sind alle anderen Küstenplätze unbedingt von Sansibar als Stapelplatz abhängig.

Es ist zweifellos, dass Sansibar auf Jeden, der nur die westafrikanischen Handelsemporien kennen gelernt, einen imponirenden Eindruck hervorbringt. Schon der Hafen, in dem stets einige Kriegsschiffe, Sultansdampfer und zahlreiche malerische Dhaus liegen, und das bunte, lärmende Treiben im Zollhause lässt auf ein reges Leben schliessen. Die Stadt selbst mit ihrem unendlichen Labyrinth von Gassen und Gässchen, mit gemauerten, oft recht ansehnlichen Gebäuden und dem reizenden, in Palmen und Mangos eingebetteten Negerviertel von Ngambo, mit ihren Bazars und den zahlreichen, malerisch gekleideten orientalischen Typen der Suahilis, Araber, Indier und anderer Völker des Ostens bringt ein interessantes und farbenprächtiges Bild hervor, das man in Westafrika vergeblich suchen würde. Dabei sind die Hôtels, die reichhaltigen Kaufläden, die Eisfabrik, die elektrische Beleuchtung des Sultanspalastes und andere Zeichen höherer Cultur geeignet, einem „Westafrikaner" Hochachtung einzuflössen. Auch das Leben der Europäer ist ein gänzlich verschiedenes. Höchstens an den Küstenplätzen des Festlandes und im Inneren erinnert es etwas an das ungebundene, freie Dasein des Westens, Sansibar selbst dagegen kann sich in Bezug auf gesellschaftlichen Zwang mit jeder deutschen Kleinstadt messen. Bei den Generalconsuln und Consuln, von welchen es in Sansibar bekanntlich wimmelt, sowie auf den Kriegsschiffen finden fast täglich feierliche Diners statt, bei welchen man in verschiedenen Staatskleidungen Ströme Schweiss vergiesst. Auch die Handelshäuser und Privatgesellschaften suchen diesen „vornehmen" Ton möglichst zu pflegen Das Besuchswesen ist strenge geregelt und die Clubs der verschiedenen Nationen dienen eher noch zur Erhöhung der Langweile. Auch europäische Damen, im Westen noch höchst seltene Erscheinungen, sind in Sansibar ziemlich zahlreich vertreten und tragen ihrerseits dazu bei, ein „afrikanisches Leben" dortselbst unmöglich zu machen. Man geniesst ja freilich vielen Comfort in Sansibar, entbehrt jedoch immerhin in geistiger und materieller Hinsicht sehr Vieles, was Europa bietet, und ist einem ungesunden Klima ausgesetzt, muss aber dennoch unter einem lästigen gesellschaftlichen Zwang leiden.

Das Verhältniss lässt sich etwa so ausdrücken, dass Westafrika die Vor- und Nachtheile afrikanischen Lebens unverfälscht bietet, in Sansibar dagegen die Nachtheile etwas abgeschwächt sind, während die Vortheile fast gänzlich fehlen.

Dabei kann man beobachten, dass das Ansehen, welches die Europäer im Westen noch fast überall bei den Negern geniessen, in Ostafrika auf ein sehr geringes Mass beschränkt ist. Die erste Stelle behauptet dort der Araber, der angestammte Herr des Landes, der allen Negern das Bewusstsein sklavischer Abhängigkeit beigebracht hat. Weniger auffallend, aber fast ebenso gross ist der Einfluss der Indier, deren Reichthum und schlauer Geschäftsgeist den ganzen Handel monopolisirt und die auch die Araber fast gänzlich in Händen haben. Die Stelle, welche im Westen die europäischen Kaufleute einnehmen, behaupten in Ostafrika die Indier. Sie besitzen in allen Plätzen der Suahili- und Somaliküste Handelsniederlassungen und sind durch ihre unglaubliche Bedürfnisslosigkeit fast gegen jede Concurrenz geschützt. Am zahlreichsten sind die Kojas (mohammedanische Indier), in Sansibar Hindu genannt, die oft schon seit Generationen in Ostafrika ansässig sind, aber immer mit der Heimat in enger Verbindung bleiben. Die heidnischen Indier (in Sansibar Baniani genannt) sind zwar weniger zahlreich, aber durch den Reichthum Einzelner von ihnen wichtig. Sie besitzen einen Tempel, in welchem lärmende Feste gefeiert werden, bei welchen die heiligen Kühe eine grosse Rolle spielen sollen, denen aber kein Andersgläubiger beiwohnen darf. Die Banians erkennt man an einem eigenthümlich geschlungenen Lendenschurz, während die Koja Hosen tragen. Die Parsi (Feueranbeter) schliessen sich in ihren Sitten immer mehr den Europäern an und spielen in Sansibar keine besonders hervorragende Rolle. Dagegen machen sich die portugiesisch-christlichen Goanesen als Ladenbesitzer und Handwerker unentbehrlich.

Die Häuser vieler Indier, die oft über fürstliche Vermögen gebieten, sind meist einfach, ja dürftig, und der grösste Luxus, den sie sich gewähren, ist eine Spazierkutsche. Ein Besuch bei reichen Indiern, wie bei den Brüdern Taria Topan, macht stets einen eigenthümlichen Eindruck. Aus einer engen, winkeligen Gasse tritt man in einen niedrigen halbdunkeln Geschäftsraum, in dem es von Menschen wimmelt und Düfte zu verspüren sind, die mit den „Wohlgerüchen Indiens" wenig gemein haben. In einer Ecke kauern zwei wohlgenährte, weissgekleidete Greise mit goldgestickten Käppchen und rothgefärbten Bärten. Man kann es kaum glauben, dass diese beiden Männer, die in dem engen Verschlage tagelang scheinbar müde und theilnahmslos dahin dämmern, Besitzer vieler Millionen sind, dass sie den grössten Theil des Handels Ostafrikas in Händen haben, dass sie eigene Fabriken in Indien besitzen und mit Nordamerika directen Dampferverkehr unterhalten! Noch mehr fast erstaunt man, wenn einer der Brüder, die nur indisch und Suahili sprechen, die mächtigen Araber Innerafrikas, die über Tausende von Sklaven gebieten, wenn er Hamed bin Mohammed, Tippo Tip, der selbst in Europa als gefährliche und entscheidende Person in Centralafrika bekannt ist, einfach als seinen Agenten bezeichnet, der für ihn Elfenbein besorgen müsse!

Diese Behauptung ist keineswegs übertrieben, die meisten Araber, die auf ihren kühnen Zügen bis ins Herz des Continents eindringen, arbeiten wirklich nur für die Indier. Dabei besteht das Trustsystem, welches im Westen immer mehr abnimmt, in Ostafrika noch in schönster Blüthe. Die Indier geben nicht nur an reiche Händler, wie Tippo Tip, Vorschüsse, sondern auch an kleinere Araber, ja an die gewöhnlichen Suahiliträger und bringen sie dadurch gänzlich in ihre Hände. Bis zu welchem Punkt diese Abhängigkeit geht, möge die Thatsache beweisen, dass es kaum möglich ist, in Sansibar Mannschaften anzuwerben, ohne die Vermittelung des Indiers Sewa Hadschi zu benützen, der als Leibwucherer der Karawanenträger gilt. Er giebt fortwährend an erwerbslose Suahili und Uniamwesiträger, sowie an deren Herren, falls es Sklaven sind, Vorschüsse und kann die Leute dadurch jederzeit zwingen, sich durch ihn anwerben zu lassen.

Es mag auffallend erscheinen, dass die Araber, die doch in Ostafrika die Macht in Händen halten und an Geschäftsklugheit den Indiern wohl kaum nachstehen, sich von den Letzteren derart überflügeln liessen. Es giebt wirklich wenige Araber, die in Bezug auf ihr flüssiges Vermögen mehr als wohlhabend genannt werden können: an Grundbesitz und Sklaven sind wohl viele reich, nicht aber an Geldmitteln. Letztere besitzt nur ein Araber in Ostafrika in wirklich bedeutenden Mengen: der Sultan von Sansibar.

Die Hauptursache des Reichthums der Indier liegt auch darin, dass sie englische Unterthanen und daher der Habsucht des Sultans unerreichbar sind. Ein Araber dagegen, der auffallend viel Geld besitzt, erregt sofort den Neid seines Gebieters, des Sultans, der es dann immer noch verstanden hat, den grössten Theil seines Reichthums für sich in Anspruch zu nehmen. Daher kommt es, dass die Araber sich auf Plantagenbau und Karawanenhandel beschränken und dass kaum einer von ihnen mit Europa oder Indien in directem Verkehr steht.

In ähnlicher Weise wie am Congo lässt sich der Handel in Sansibar in einen Küsten- und einen Karawanenhandel unterscheiden. Die Hauptproducte des ersteren sind Gewürznelken (von Sansibar und Pemba), etwas Palmöl und Palmkerne (von Pemba), Kopra (von den Inseln und dem Littoral), Häute, Copal,

Orseille, Sesam, Zucker und Kautschuk, sowie Producte mehr localer Bedeutung, wie Honig, Butter, Tabak und Getreide. Diese Erzeugnisse werden theils von arabischen und Suahili-Pflanzern, theils auch von Eingeborenen der Küstenzone an die Indier verkauft. Für den Karawanenhandel spielen nur Elfenbein und Sklaven eine Rolle. Was die Sklavenausfuhr anbelangt, so war dieselbe wohl schon seit Jahren nicht sehr bedeutend und besonders nach dem Somalilande, nach Südarabien und Madagaskar gerichtet. Die Elfenbeinmengen, die jedoch nach der Ostküste geliefert werden, übertreffen noch immer jene der Westküste. Die grösseren arabischen oder Halbbluthändler besitzen an den Seen, in Maniema und am oberen Congo, sowie in anderen Gebieten Innerafrikas viele Stationen, von welchen sie grössere oder kleinere bewaffnete Expeditionen nach der Umgebung ausschicken.

Die Hauptmasse ihrer Leute sind eingeborene Sklaven (bei Tippo Tip Maniemas), die unter Leitung von Sansibariten und Arabern stehen. Durch energisches, aber vorsichtiges Benehmen wissen sie die Eingeborenen erst ihrer Elfenbeinvorräthe zu berauben, dann aber sie zu unterwerfen und völlig auf ihre Seite zu bringen. Auf Sklavenfang sind diese Züge erst in zweiter Linie gerichtet, erwachsene Männer macht man überhaupt kaum jemals zu Sklaven und die wenigen Weiber und Kinder, die in den Händen der Araber verbleiben, werden meist an die eingeborenen Soldaten (Matamatambas) aufgetheilt, bei welchen sie ein ziemlich erträgliches Los finden. Sklaven aus jenen entfernten Gebieten nach der Küste zu schaffen, verlohnt kaum der Mühe. Mir wurden an den Stanley-Fällen des Congo für ein Dutzend Schnupftücher schlechtester Qualität, für einen Regenschirm oder ein geringes Quantum Salz Sklaven angeboten, da die Besitzer einen bescheidenen Vortheil dem Risico des ungeheuren Transportes vorziehen.

Was die Beförderung des Elfenbeins anbelangt, so ist dieselbe auch mit vielen Schwierigkeiten verbunden. Im Seengebiete, sowie in Maniema pflegen die Blattern von den Karawanen schwere Opfer zu fordern, so dass die Wege oft mit Leichen bestreut sind. Jenseits der Seen endet wieder das Gebiet, wo die

Araber als unumschränkte Herrscher gebieten und sie sind den
zahllosen Quälereien der Negerhäuptlinge ausgesetzt, die in Form
eines Wegzolles (des gefürchteten Hongo) die unglaublichsten
Erpressungen ausüben. Den Arabern würde es natürlich ein
Leichtes sein, den Widerstand dieser Stämme zu brechen, wenn
sie nicht in Bezug auf die Verproviantirung ihrer Karawanen
völlig von denselben abhängig wären.

Daher benöthigen diese grossen Händler für den Wegzoll,
zur Gewinnung von Häuptlingen und zur Verproviantirung ihrer
Leute immerhin auch grosse Mengen Waaren, die sie von den
Indiern in Sansibar eintauschen.

Ausser den Karawanen dieser grossen Händler, sowie eingeborener Häuptlinge, die, wie in Uniamwesi, auf eigene Faust
Handel treiben, werden noch andere Handelszüge von der Ostküste abgeschickt. Diese entstehen aus der Vereinigung mehrerer
minder bemittelten Suahili, deren jeder einige Sklaven und etwas
Capital oder Credit bei einem Indier besitzt.

Diese vereinigen ihre Sklaven zu einer Karawane und werben
noch eine Anzahl freier Träger an, welchen ein Antheil am Gewinn gesichert wird.

Hierauf werden Waaren angekauft und die Karawane reist
unter Anführung eines oder mehrerer erfahrener Suahilis oder
Araber ins Innere.

Manche dieser Reisen sind nur unbedeutend und beschränken
sich auf den Ankauf von Vieh im Hinterlande, andere jedoch,
wie die Massai-Karawanen aus Pangani, ziehen tief ins Innere
und haben es auf Elfenbein abgesehen. Solche Händler ver-
schmähen es allerdings auch nicht bei Gelegenheit die Schnapp-
hähne zu spielen, sind aber meist genöthigt, sich auf Tauschhandel
zu beschränken.

Als Verkehrsmittel in Sansibar selbst, sowie an der ganzen
Suahiliküste dienen die indischen Rupies. Silbermünzen werden
jedoch nur im unmittelbaren Küstengebiete angenommen, während
die Kupfer-Pice (Pesa) 8 bis 10 Tagereisen weit im Innern noch
gangbar ist. Branntwein ist in Ostafrika unbekannt, dagegen
spielen Pulver und Gewehre eine grosse Rolle. Während in West
afrika immer noch vorzugsweise Steinschlossgewehre im Umlaufe

sind, benützt man solche im Osten nur mehr wenig und zieht Kapselgewehre vor. Letztere, sowie sehr schlechtes Pulver wurden in den letzten Jahren in ungeheuren Mengen einge-führt. Allerdings wurde das meiste Pulver nicht im Kampfe gegen Weisse oder Schwarze verbraucht, sondern fiel der un-glaublichen Leidenschaft der Suahilis für das Knallen zum Opfer. Da jedoch auch Hinterlader verbreitet wurden und auch die Neger im Innern bereits vielfach mit Gewehren versehen sind, so ist das Ansehen der Weissen unbedingt gefährdet. Es ist jedoch ziemlich sicher, dass alles Pulver durch europäische oder amerikanische Schiffe nach Sansibar und dann mit Dhaus nach den Küstenplätzen verführt wird. Daher waren die Massregeln der Küstenblokade, durch welche Waffen und Munitionseinfuhr nach Sansibar gehemmt wurden, völlig gerecht-fertigt.

Ob die Neger in Ostafrika unter Leitung der schlauen Araber und Indier nicht im Stande sein werden sich selbst Pulver zu machen, ist allerdings fraglich. Jedenfalls ist bei ähnlichen Ver-hältnissen im Sudan der Umstand bedenklich, dass, seit die Mah-disten von der Pulvereinfuhr ziemlich vollständig abgeschnitten sind, die Nachfrage nach Schwefel in den Häfen des Rothen Meeres im Steigen begriffen ist.

An Zeugen nehmen weisse Baumwollstoffe in Ostafrika die erste Stelle ein, die theils in besserer Qualität, als „Merikani" oder „Bombay", theils in schlechterer, als Satini (in Westafrika gray domestic genannt) aus Indien, Europa und Amerika ein-geführt werden. Die Araber mit ihren weissen Burnussen haben diese Stoffe in die Mode gebracht, die jetzt nicht nur bei Suahili, sondern auch im Innern sehr beliebt sind. Daneben gehen „Schiti" (Sheet), rother phantastisch gemusterter Baumwollstoff als Bekleidung der Weiber, „Bendera", dunkelrother einfärbiger Baumwollstoff als Schärpen, Lendenschürze u. dgl., „Kaniki" (im Westen Bluebaft), blauer Baumwollstoff, meist unerhört schlechter Qualität, „Lesso", bunte Schnupftücher, „Maskati" und zahlreiche andere Zeuge. In Sansibar spielt die Mode in Bezug auf die Musterung des „Schiti" eine grosse Rolle, im Innern natürlich viel weniger. Der rothe und blaue Savedlist (in Sansibar „Blan-

giti ekundu") ist erst in Uniamwesi beliebt. Ausserdem werden
Fez, Messer, Glasperlen, sogenannte „fancy articles" (Glocken,
Schellen, Spiegel etc.), sowie Kupfer, Messing und Eisendraht
eingeführt. In Westafrika ist von letzteren nur Messingdraht
gangbar, da die Neger selbst Eisen und Kupfer zu gewinnen verstehen. Was besonders den Eisendraht (Senenge der Pangani-
Karawanen) anbelangt, so ist derselbe für den Reisenden der
widerlichste Tauschgegenstand, den man sich nur denken kann,
in den Massai-Gegenden aber geradezu unentbehrlich.

Kauri sind im westlichen Massai-Gebiet und an den Seen
verbreitet, aber schon in solchen Mengen vorhanden, dass der
Transport sich kaum lohnt. Die angeführten Artikel sind es vorzugsweise, welche im Tauschhandel mit dem Innern gangbar
sind. In Sansibar selbst und in den Küstenstädten sind natürlich
noch zahlreiche Industrieartikel des Abend- und Morgenlandes im
Umlaufe, welchen die höher gesteigerten Bedürfnisse der Indier,
Araber und Suahilis eine Nachfrage geschaffen haben.

Was die europäischen Firmen, wie O'Swald und Hansing
aus Hamburg anbelangt, so beschäftigen sich diese nur mit En-
gros-Handel. Sie führen europäische Erzeugnisse ein und verkaufen sie an die indischen oder arabischen Händler, um von
diesen wieder Naturproducte einzukaufen.

Ein Factoreiwesen im Sinne des westafrikanischen besteht
nicht, doch besitzen die erwähnten Firmen auch mit Madagascar
und dem Somalilande Handelsverbindungen. Einige kleinere europäische Firmen (darunter das kroatische Haus Rušić) beschäftigen
sich vorzugsweise damit, die Bedürfnisse der Stadt Sansibar an
verschiedenen Industrie- und Luxusartikeln zu decken. Einzig das
Haus Meyer aus Hamburg versucht es jedoch, den Indiern und
selbst den Arabern im Elfenbeinhandel Concurrenz zu machen.
Bis vor Kurzem besass es einen Agenten in Bagamoio. Ein Versuch
dieser Firma, mit dem Hinterlande directe Verbindungen anzu-
knüpfen und in Tabora eine Handelsniederlassung zu gründen,
scheiterte an dem Widerstande der arabischen Händler und
endete mit der Ermordung des Kaufmannes Giseke.

Ausser dem Agenten dieser Firma in Bagamoio und den
deutschen Händlern in Lamu befanden sich an der Suahiliküste

keine europäischen Handelsniederlassungen, sondern nur Missionen, Pflanzungen und Stationen der Deutschen Ostafrikanischen Gesellschaft. Auch letztere sind durch den neuesten Aufstand theils aufgehoben, theils sehr gefährdet worden.

Wie aus dem Gesagten hervorgeht, hält der europäische Handel mit Ostafrika keinen Vergleich mit jenem mit Westafrika aus. In Westafrika besitzen die Weissen Macht und Geld, in Ostafrika (Suahililand) besitzen die Araber die Macht, die Indier das Geld und die Europäer sind vorläufig noch bemüht, durch Güte oder Gewalt Boden zu gewinnen. Dass es ihnen im Küstengebiete wenigstens gelingen werde, den Widerstand der Araber zu brechen und die Macht an sich zu reissen, halte ich für zweifellos, ob aber der Handel jemals mit den bedürfnisslosen, capitalkräftigen und landvertrauten Indiern wird concurriren können, ist sehr fraglich.

Auch steht zu gewärtigen, dass einer der wichtigsten, vielleicht der wichtigste Ausfuhrartikel Ostafrikas, das Elfenbein, grossentheils nach Westen abgelenkt werden dürfte. Denn seit es gelungen ist, im Gebiete der Livingstone-Fälle des Congo ein günstiges Tracé zu entdecken, seit die Capitalien gesichert erscheinen, ist der Ausbau der Congobahn, an dessen Möglichkeit man bisher zweifelte, zur Wahrscheinlichkeit geworden. Falls aber auch die Bahn nicht zu Stande käme, falls nur eine Strasse mit Ochsenwägen den Trägertransport im Kataraktengebiete aus dem Felde schlägt, so wäre doch das ungeheure schiffbare Stromnetz des oberen Congo dem Weltverkehre erschlossen, und die Westküste Afrikas gewissermassen bis ins Herz des Continents vorgeschoben. Es ist nicht zu zweifeln, dass ein grosser Theil des Elfenbeins, das jetzt aus Maniema und dem Seengebiet durch langwierigen Trägertransport nach Sansibar geschafft wird, dann den Factoreien des oberen Congo und Kassai zuströmen werde. Es lässt sich daher mit einiger Wahrscheinlichkeit dem westafrikanischen, speciell dem Congohandel ein neuer Aufschwung vorhersagen.

Allerdings ist die Frage gerechtfertigt: Auf wie lange? Denn wenn auch noch ungeheure Massen Elfenbein im Innern Afrikas vorhanden sind, wenn auch heute noch recht viele todte, d. h

von verstorbenen Thieren herstammende Zähne zur Ausfuhr gelangen, so ist doch eine Verminderung, ja ein Aufhören des
Elfenbeins nach Jahrzehnten vorauszusehen. Kautschuk, das
nächst wichtige Product des Innern, ist jetzt schon in manchen
Gegenden ausgerottet und geht bei der rücksichtslosen Aus-
beutungsart der Neger einem langsamen, aber sicheren Ende entgegen. Die meisten anderen Producte, wie Palmöl und Grundnüsse, vertragen kaum einen weiteren Transport.

Würde sich daher der Handel im tropischen Afrika einzig
auf den bisherigen Bahnen fortbewegen, so liesse sich ihm keine
allzu günstige Zukunft vorhersagen. Denn im Westen werden die
Firmen heute schon durch das Steigen der Preise mit der Concurrenz an der Küste, durch das gleichzeitige Fallen der Palmölpreise in Europa und durch öftere schlechte Grundnussernten
schwer geschädigt, während im Osten die Concurrenz der Indier
und der Widerstand der Araber kaum zu überwinden ist. Für
spätere Zeiten steht noch das Aufhören der Elfenbein- und Kaut-
schukproduction bevor, und der centralafrikanische Handel muss
einem unrettbaren Verfalle entgegengehen, wenn nicht neue Producte geschaffen werden.

Die letztere Nothwendigkeit kann geradezu als Lebensfrage
des tropischen Afrika bezeichnet werden. Wohl mag es Forschern
gelingen, in den Wäldern und Bergen Afrikas neue Schätze zu
entdecken. Diese Hoffnung allein wird jedoch Keinem genügen,
sondern ein neuer Factor muss belebend auf den Handel im
tropischen Afrika einwirken: der Plantagenbau.

Diese Ueberzeugung hat sich auch schon vielfach Bahn gebrochen und alte Firmen sowohl wie auch neue Gesellschaften
beginnen in den Küstengebieten Pflanzungen anzulegen.

Gleichwie im Handel, so gebührt auch in dieser Hinsicht
Westafrika der Vorrang. In Sierra-Leone und Liberia sind es
besonders die eingewanderten Schwarzen, die mit Erfolg Kaffee-
cultur betreiben und den grossbohnigen Liberia-Kaffee bereits in
grösseren Mengen ausführen. Die Kräfte, deren sie sich bedienen,
sind nominell freie Eingeborene, in Wirklichkeit aber so gut wie
Sklaven, die sie durch Vermittlung der Dorfhäuptlinge oder durch
Wucher zu erlangen wissen. In den Hinterländern bauen die

hoch entwickelten Mandingos Baumwolle und Indigo. An den Küsten Oberguineas werden meines Wissens noch nirgends grössere Pflanzungen angelegt, doch besteht im Wassalande ein ziemlich reger Bergbau nach Gold, der durch mehrere englische Gesellschaften betrieben wird.

Im Togo-Lande widmen die Küstenfirmen dem Anbau von Cocospalmen neuestens mehr Aufmerksamkeit. Die grössten Erfolge hat der afrikanische Plantagenbau in den vulkanischen Guineagebieten, vorzugsweise aber auf den portugiesischen Inseln Principe und São Thomé aufzuweisen. Dort wird ein kleinbohniger Kaffee, Cacao und etwas Vanille in den Niederungen, im Gebirge jedoch Chinin gepflanzt. Die Arbeiten sind längst aus dem Versuchsstadium hinaus und liefern ein festes Erträgniss. Sie sind aber auch in Bezug auf Arbeitskräfte besonders begünstigt, da ihnen die sogenannten Contratados zur Verfügung stehen, Leute, welche in Angola auf fünfjährige Dienstzeit angeworben werden. Sie stammen meist tief aus dem Innern und werden von Negerhäuptlingen oder Halbblutleuten an die portugiesische Regierung abgegeben, welche sie gegen sehr geringes Entgelt den Pflanzern vermiethet. — Diese Neger befinden sich auf den Plantagen recht wohl und erneuern nach Ablauf der fünf Jahre fast immer ihr Dienstverhältniss.

Einen recht erfreulichen Aufschwung nimmt der Plantagenbau in Fernando Póo. Dort spielt Cacao unbedingt die erste Rolle. Kaffee gedeiht zwar auch sehr gut, erfordert jedoch zu viel Pflege und Arbeitskraft, um einträglich zu sein. Denn in Fernando Póo besteht das bequeme System der Contratados leider noch nicht, und die Pflanzer sind genöthigt, ziemlich hoch besoldete Arbeiter in Loango von der Kru- und Goldküste anwerben zu lassen. Der Tabak, mit dem von sachverständigen Cubanern viele Versuche gemacht wurden, lieferte keine gute Sorte. — Die grössten Cacaopflanzungen der Insel besitzen der Mulatte Laureano und der Neger W. A. Vivour. Bei der Pflanzung des Letzteren, an der San Carlos-Bay, legen mehrmals im Jahre englische Dampfer an, nur um seinen Cacao zu laden, was gewiss für die Bedeutung seiner Anlagen spricht. Laureano und Vivour ernähren ihre Leute fast nur mit Yams und Maniok, den sie selbst bauen, und mit Fischen, die ihre Kru-Jungen in der See einfangen. — Mit weit geringerem Erfolg pflanzt der spanische Gouverneur Montes de Oca in der Hochregion, die für Cacao nicht geeignet erscheint. Die Erfolge Laureano's und Vivour's haben natürlich sehr ermuthigend auf andere Unternehmer gewirkt; die Handelsfirma John Holt sowohl, als schwarze Ansiedler, spanische Beamte, Missionen und fremde Colonisten (darunter der Pole Rogoszinsky) beginnen an verschiedenen Küstenplätzen Cacao zu bauen. *)

Mit den Guinea-Inseln stimmt der gebirgige Theil der deutschen Colonie Kamerun in Bezug auf Bodenbeschaffenheit und Ueppigkeit der Vegetation vollkommen überein, es ist daher auch für den Plantagenbau sehr viel versprechend. Thatsächlich wird auch schon seit Jahren von den schwarzen Ansiedlern in Victoria und Bimbia Cacao in geringen Mengen angebaut, der ebensogut gedeiht wie auf Fernando Póo. Grössere Anlagen wurden jedoch erst von der „deutschen Kamerun-Land- und Plantagen-Gesellschaft" 1886 begonnen. Diese Gesellschaft, bei welcher die bedeutendsten westafrikanischen Firmen Hamburgs, wie Woermann, Jantzen und Thormaelen und Andere betheiligt sind, erwarb von den Eingeborenen ausgedehnte, vom Urwald bedeckte Ländereien am Fusse des Kamerun-Pik, zwischen Victoria und Bimbia.

Unter Leitung des erfahrenen Agronomen Herrn Teusz, der vorher schon in Angola und am Congo thätig war, begann man an der Kriegsschiff-Bai die Anlage einer Pflanzung. Dieselbe liegt auf der Höhe der Uferterrasse, die einerseits zu der völlig gesicherten Bai, andererseits zu einem kurzen Seearm steil abfällt, der den Booten einen guten Ankerplatz gewährt. Als ich im November 1886 dortselbst weilte, waren die Accra- und Kru-Arbeiter noch vorzugsweise mit der Ausrodung des Waldes beschäftigt. Dabei fand Herr Teusz so vortreffliche Holzarten, dass er an die Ausfuhr derselben dachte, die auch später in Angriff genommen wurde. Ein grosses Feld mit Maniok, Bananen und Gemüsen machte, verbunden mit der Seefischerei und dem

---

*) Vide auch mein Buch „Fernando Póo und die Bube", Wien 1888, Eduard Hölzel.

Geflügelhofe, Herrn Teusz und seine Leute schon damals fast völlig unabhängig. Die Cacaopflänzchen waren erst einen Fuss hoch und gediehen vortrefflich, dagegen hatte eine mit Tabak bestandene Parcelle durch Heuschrecken etwas gelitten. Der Schaden scheint jedoch kein bedeutender gewesen zu sein, da in neuester Zeit gerade Tabak in ansehnlichen Mengen aus der Kameruner Plantage auf den Hamburger Markt gebracht wird und sich besonders für Deckblätter geeignet zeigt. Die Gesellschaft hat also schon in so kurzer Zeit durch Holz- und Tabakausfuhr einen greifbaren Erfolg zu verzeichnen, der sich noch ganz bedeutend erhöhen wird, wenn in zwei Jahren die erste Cacao-Ernte fällig ist. Dann werden die Stimmen jener Zweifler, die gerade Kamerun allen Werth abgesprochen haben, wohl für immer verstummen.

In Gabun wie auch südlicher in Landana hat sich die französische katholische Mission durch Anlage von Versuchsparks sehr grosse Verdienste um den afrikanischen Plantagenbau erworben. Die herrlichen Gärten dieser Missionen liefern nicht nur allerlei Gemüse, durch deren Verkauf sowie durch den Anbau von Oelpalmen (in Gabun) ein materieller Gewinn erzielt wird, sondern stellen auch erfolgreiche Versuche mit den Culturgewächsen aller Zonen, besonders aber der verschiedenen Tropengebiete an. Die Arbeiten in diesen Pflanzungen werden ausschliesslich von Missionsjungen verrichtet, die auch einen Antheil am Gewinn erhalten, der ihnen, sobald sie erwachsen sind, ausgezahlt wird. — Diese Missionen sind von Europa fast völlig unabhängig ja, decken nahezu ihre Kosten, leisten aber durch Heranbildung der Neger zur Arbeit und durch Einführung neuer Culturgewächse für die Erschliessung und Civilisirung Afrikas ungleich mehr als die englischen Missionen, die riesige Summen verschlingen und im Allgemeinen nur frömmelnde, dünkelhafte Faullenzer heranbilden.

Die Erfolge der katholischen Mission waren es wohl hauptsächlich, welche das Haus Woermann veranlassten, bei Sibange unweit Gabun eine Farm anzulegen. Dieselbe wurde unter Leitung des Botanikers Soyaux im grösseren Massstabe angelegt, weite Waldpartien gelichtet, schöne Wohnhäuser erbaut und Kaffee

angepflanzt. Leider gedieh derselbe sehr schlecht und die Plantage lieferte kein Erträgniss. Als ich im August 1885 Sibange
besuchte, standen zwar einzelne Kaffeebäumchen im schönsten
Schmuck der rothen Früchte, die meisten waren aber dürr und
das Fehlschlagen des Unternehmens galt als ausgemacht. Ein
Pfälzer Landwirth begann damals den Anbau von Tabak und er-
zielte seither ziemlich günstige Resultate. Das Geschick der
Sibangefarm zeigt, wie gefährlich Experimente in grösserem
Massstabe in Afrika werden können. Ein Urwald, der an Mächtig-
keit und Fülle seines Gleichen sucht, wurde gefällt und an seine
Stelle Liberiakaffee gepflanzt. Niemand zweifelte, dass derselbe
gedeihen werde; er gedieh aber nicht, während der Tabak, den
die Eingeborenen der Umgebung stets bauen, und dessen Gedeihen dadurch im vorhinein fast ausser Frage war, auch wirklich Erträgnisse lieferte.

Auch die Congofirmen, voran das holländische Haus, können
sich dem allgemeinen Bedürfniss nach Errichtung von Pflanzungen
nicht verschliessen. Die holländische Firma besitzt denn auch auf
der Insel Mbuka Mboma im Congo gegenüber M'Boma eine
Kaffeepflanzung und mehrere Farmen nördlich von der Congomündung. Ende 1886 waren die Arbeiten auf Mbuka Mboma
noch in ihren Anfängen und wurden mit Vei-Leuten betrieben.

Bei dem langsamen Wachsthum des Kaffees lässt sich über
das Gedeihen wohl noch kein endgiltiges Urtheil fällen. Doch ist
Mbuka Mboma eine schöne, hohe und reich bewaldete Insel, so
dass sich immerhin ein Erfolg hoffen lässt.

Weniger aussichtsvoll ist die Insel oder vielmehr Sandbank
Mateba, auf welcher das belgische Haus de Roubaix seit 1885
Planzungen anlegt. Mateba ist am Ufer versumpft, im Innern ver-
sandet und nur mit einzelnen malerischen Hyphaene-Palmen bestanden, so dass man unwillkürlich erstaunt, wie Jemand in dem
schönen, tropischen Afrika gerade diesen Punkt für eine Farm
wählen konnte. 1885 wohnten die Europäer noch in einigen
Negerhütten, Ende 1886 sah ich jedoch beim Vorbeifahren schon
das weisse Dach eines hübschen Wohnhauses. Damals beschränkten sich die Pflanzer auf den Anbau von Grundnüssen,
Oelpalmen und anderer landläufiger Gewächse, indem sie das

kleine, aber ziemlich sichere Erträgniss dem Risico neuer Cultur-anlagen vorzogen. Ob sie auch gegenwärtig noch diesen Grund-satz beibehalten und Erfolge damit aufzuweisen haben, ist mir nicht bekannt, doch wurden inzwischen auf Mateba mit der Zucht von Angola-Rindern gute Resultate erzielt.

Im Innern des Congolandes ist von Plantagen vorläufig noch nicht die Rede. Als der Agronom Teusz noch in Leopoldville weilte, wurden Versuchspflanzungen verschiedener Gewächse an-gelegt, die jedoch später wieder verwilderten. Den schönsten Garten besitzen auch hier die katholischen Missionäre von Linzolo am Nordufer des Congo.

Als Förderer der Reiscultur am Congo tritt hauptsächlich eine Persönlichkeit auf, der man eine derartige Culturmission im Allgemeinen nicht zutrauen dürfte, nämlich Tippo Tip. Derselbe war der Erste, welcher neben anderen Culturpflanzen den Reis am oberen Congo einführte, wo er vorher ganz unbekannt war.

Bei den arabischen Stationen wird stets eine Art Bergreis gebaut, welcher sehr gut gedeiht. In neuerer Zeit haben auch die Stationen des Congostaates diesen Anbau begonnen, den sie ⸱ von den Arabern übernahmen. Während sonst viele wichtige Culturgewächse Centralafrikas, die aus Amerika abstammen, wie Maniok, süsse Kartoffeln und andere, von Europäern eingeführt wurden und von Westen nach Osten sich verbreiten, findet man den Reis stets als treuen Begleiter des Islam von Ost nach West vorrücken.

An den Küsten des Westsudan, in Senegambien, Sierra Leone und Liberia, wo der Islam seine westlichsten Vorposten besitzt, ist die Reiscultur bereits allgemein, und in neuerer Zeit sehen wir den Reis gemeinsam mit den Arabern congoabwärts vorrücken.

In Angola giebt es, wie auf São Thomé und Principe, viele erträgnissreiche Plantagen, auf welche mit Hilfe der „Contra-tados" meist Kaffee und Zuckerrohr gebaut wird.

Wie aus dem Gesagten hervorgeht, ist es die Arbeiterfrage, welche in Westafrika die grössten Schwierigkeiten macht. Die sonst so brauchbaren Kruboys sind theils zu kostspielig, theils auch für Farmarbeiten nicht geeignet. Vorzügliche Plantagen-

arbeiter sind die Vei-Boys, die jedoch einem sehr kleinen Stamme
angehören und verhältnissmässig auch theuer sind. Die Bassa-,
Grebo- und Beribéleute, die auch vielfach verwendet werden,
sind faul und unverlässlich. Weit besser sollen sich Leute von
der Goldküste, besonders von Accra, bewähren, lassen sich aber
recht hoch, und meist Baargeld bezahlen. Die ganzen Stämme
der Oilrivers und Gabuns wollen nichts arbeiten und erst die
Loangoleute sind wieder verwendbar. Doch macht die französische
Regierung, welche die Loangos selbst vielfach benöthigt, der
Anwerbung grosse Schwierigkeiten und gestattet z. B. nur eine
Engagementszeit von sechs Monaten.

Weiter südlich kommen nur mehr die ziemlich faulen Kabinda-
leute in Anbetracht, da in Angola bereits das Contratadosystem
besteht. Durch die Faulheit und Indolenz der meisten Stämme,
die nicht arbeiten wollen, ist es den Wenigen, die sich als Arbeiter anwerben lassen, möglich geworden, die Löhne hinauf-
zutreiben und das Ergebniss der Plantagen in Frage zu stellen.
Dabei ist die Dauer des Engagements stets eine sehr kurze, Kruleute bleiben nie über ein Jahr, Loangos gar nur sechs Monate
und es erregte förmliches Aufsehen, als es dem holländischen
Hause gelang, Vei-Boys für zwei Jahre zu bekommen. Dies kann
natürlich auch nur schädlich einwirken, da die Arbeiter, wenn
sie endlich abgerichtet sind und die nöthigen Handgriffe erlernt
haben, abgehen und unerfahrenen Leuten Platz machen.

Diese grossen Schwierigkeiten, welche die Verwendung
freier Arbeiter bietet, fallen bei den Contratados, die wohl nur
dem Namen nach frei sind, gänzlich weg. Dabei sind Letztere
keineswegs in beklagenswerther Lage, sondern nach Aussage
aller Reisenden gut aufgehoben. Allerdings müssen sie arbeiten
und können nicht wie ihre unabhängigen Stammesgenossen ihr
Leben im Nichtsthun verbringen, welches nur durch Kriege und
gegenseitige Zerfleischung unterbrochen wird.

In Ostafrika ist der Ackerbau und die Viehzucht bei den
Eingeborenen durch den arabischen Einfluss auf eine weit höhere
Stufe gelangt als im Westen. Besonders die schönen Rinder,
welche europäische Mittelgrösse erreichen, und die wohlgenährten
Fettschwanzschafe würde man im äquatorialen Westafrika ver-

geblich suchen. Der Reis hat bereits ausserordentliche Verbreitung, Bienenzucht wird eifrig betrieben und liefert guten Honig, welcher mit zahlreichen Gemüsen, wie Tomaten, verschiedenen Melonenarten und guten Hülsenfrüchten wesentlich dazu beiträgt, dem Reisenden das Leben angenehmer zu machen als in Westafrika, wenigstens im äquatorialen Theile desselben.

Doch auch Plantagenbau im engeren Sinne wurde in Ostafrika durch die Araber schon seit langer Zeit betrieben. Vor Allem wird die herrliche Cocospalme in ungeheuren Massen angebaut. Auf den Inseln Sansibar, Pemba und Mafia sowohl wie am Festlande dehnen sich weite prächtige Landgüter, Schambas, aus, welche förmliche Wälder von Cocospalmen bilden, zwischen welchen einzelne Mangobäume verstreut sind. Die Cultur der Palme, die allerdings erst nach Jahren Früchte bringt, erfordert keinerlei Mühen und liefert nicht nur Kopra als Ausfuhrartikel, sondern auch die zahllosen Nebenproducte dieses unvergleichlichen Baumes, der fast alle Bedürfnisse des menschlichen Daseins befriedigen kann. Die Oelpalme wird nur auf Pemba gebaut, wo sie vortrefflich gedeiht. Ein sehr wichtiges Product der arabischen Schambas auf Sansibar und Pemba sind Gewürznelken, die alljährlich in grossen Mengen ausgeführt werden. Besonders der Sultan zieht reichen Gewinn aus seinen Nelkenschambas. Daneben pflanzt man auch Zuckerrohr, besonders an der Küste und auf den Comoro Inseln. Die Araber benützen als Arbeitskräfte nur Sklaven, welche sich sehr guter Behandlung erfreuen, zwei Ruhetage in der Woche haben und im Alter frei werden, jedoch von ihrem Herrn verpflegt werden müssen.

Ueberhaupt kann man beobachten, dass Sklaven, sobald sie ihren Bestimmungsort erreicht haben, besser behandelt werden, als freie Arbeiter. Im Oriente ist es schon der Koran, welcher das Los der Sklaven erleichtert und sie gewissermassen in die Stellung von Hausgenossen bringt. Ueberall jedoch liegt es im directen Interesse des Eigenthümers, für das Wohlbefinden seines Sklaven zu sorgen, da sein Tod oder seine Arbeitsunfähigkeit für ihn einen Verlust bedeuten. Geht jedoch ein Freier in Folge schlechter Behandlung zugrunde oder wird arbeitsunfähig, so braucht man eben nur einen Anderen an seine Stelle anzuwerben.

14*

Von den Europäern waren es auch in Ostafrika die Patres der französischen katholischen Mission (meist deutsche Elsässer), welche in Bezug auf Plantagenbau mit gutem Beispiele vorangingen. Von der prachtvollen Missionsniederlassung bei Bagamoio war an anderer Stelle die Rede. Das rege, arbeitsame Leben und das sichtliche Gedeihen dieser Mission steht im grellen Gegensatz zu der grossen englischen Mission in Freretown bei Mombassa, wo die Kinder auf mechanische Art abgerichtet werden und keinerlei Arbeit verrichten dürfen, so dass von Pflanzungen oder ähnlichen Anlagen keine Rede ist. Auch die französischen Missionsstationen im Innern Ostafrikas verfolgen ähnliche Ziele wie jene in Bagamoio, und suchen überall, oft mit grossem Erfolge, neue Culturpflanzen einzuführen.

Die Pflanzungen der Araber und katholischen Missionäre waren also schon längst vorhanden gewesen, als Deutschland begann, in Ostafrika Fuss zu fassen und mehrere Gesellschaften entstanden, die den Plantagenbau als Zweck betrieben. Es würde scheinbar sehr nahe liegen, in einem Lande, wo Andere schon seit Langem mit Gewürznelken und Cocospalmen reichen Gewinn erzielten, wo also die Ertragsfähigkeit dieser gänzlich ausser Frage steht, auch Gewürznelken und Cocospalmen zu bauen. Dies geschah aber nicht, sondern man pflanzte Tabak und Baumwolle. Die Erklärung dieser auffallenden Erscheinung liegt darin, dass die deutschen Actiengesellschaften möglichst bald Dividenden auszahlen wollten und sich daher auf langsam gedeihende Culturpflanzen nicht einliessen.

Was die Deutsche Ostafrikanische Gesellschaft anlangt, so sind die Pflanzungen, die bei ihren Stationen im Inneren angelegt wurden, kaum der Rede werth und beschränkten sich meist nur auf den Küchenbedarf.

Eine eigentliche Plantage besass die Gesellschaft nur zu Kikogwe, gegenüber Pangani, wo Baumwolle· gepflanzt wurde. Mehrere Deutsche, sowie ein erfahrener Baumwollpflanzer aus Texas waren dortselbst beschäftigt und schienen mit dem Gedeihen der Anlagen sehr zufrieden. Die Arbeiter waren meist Suahilileute aus dem Küstengebiete. Da der Aufstand vor der ersten Ernte ausbrach und die Angestellten zwang, die Plantage zu verlassen, so lässt sich über den Erfolg derselben noch nichts Bestimmtes aussagen. Da jedoch Baumwolle in Afrika überall wild vorkommt, so ist an dem Gedeihen derselben wohl nicht zu zweifeln.

Die Deutsch-ostafrikanische Plantagen-Gesellschaft wurde 1886 besonders zu dem Zwecke gegründet, um in Ostafrika Pflanzungen anzulegen. Sie verlegte sich von Anfang an auf die Cultur des Tabaks und besass zu Lewa, zwei Tagereisen von Pangani, sowie zu Kibueni auf Sansibar Pflanzungen. Die Plantage Lewa, welche als die bedeutendste von Europäern angelegte Pflanzung in Ostafrika unsere Aufmerksamkeit vor Allem verdient, hatte den grossen Fehler, von der Küste ziemlich schwer erreichbar zu sein. Denn der Landweg, der von Pangani dahin führt, ist schlecht gangbar und stets stark versumpft, während der Panganifluss nur einige Stunden weit, bis Chogwe, für ganz kleine Fahrzeuge schiffbar ist und man von dort aus einen ebenfalls sumpfigen Weg nach Lewa einschlagen muss. Die Pflanzung selbst lag im hügeligen Vorlande des Usambaragebirges, im ziemlich fruchtbaren und wasserreichen Campinenland, das bereits der krystallinischen Schieferzone angehört. Es könnte nun wunderbar erscheinen, wie Jemand auf den Gedanken kommen konnte, in Ostafrika, wo immer noch viel fruchtbares Land an der Küste brach liegt, zwei Tagereisen weit im Inneren eine Farm zu gründen, die doch unter gegenwärtigen Umständen der Transportkosten halber unbedingt ein geringeres Ergebniss liefern muss. Der Grund ist merkwürdigerweise ein rein idealer, während sonst Idealismus und Bodencultur wenig miteinander gemein zu haben pflegen. Die Gesellschaft wollte nämlich unbedingt wenigstens eine Farm auf deutschem Boden besitzen. Da nun das Küsten‑gebiet der Oberhoheit des Sultans von Sansibar untersteht, so blieb nichts Anderes übrig als im Innern sich festzusetzen. Auf das Hinterland von Pangani, welches gerade durch keinen besonders guten Hafen begünstigt ist, fiel die Wahl wohl deshalb, weil die Berichte der Reisenden von Usambara und seinem Vorlande ein sehr verlockendes Bild entworfen hatten.

Als ich im August 1888 Lewa besuchte, fand ich dortselbst sehr rege Thätigkeit und schönes Gedeihen. Die ziemlich grosse

Pflanzung dehnte sich über zwei Hügel aus, auf welchen Wohnhäuser und Magazine lagen. In einem der letzteren befand sich
auch die Tabakpresse, deren Transport nach Lewa ausserordentliche Schwierigkeiten bereitet hatte. Die Arbeiter waren Eingeborene der nächsten Umgebung, Männer und Weiber, die unter
sansibaritischen Aufsehern standen. Nur Letztere bildeten die
ständige Mannschaft der Farm, die Hauptmasse der Arbeiter
wechselte fortwährend und bekam Taglohn.

Es war natürlich keine kleine Sache für die Leiter der
Plantage, welcher zuletzt Herr Koch in vortrefflicher Weise vor-
stand, gewesen, die indolenten und faulen Eingeborenen zur
Arbeit heranzuziehen. Doch bot die Behandlung derselben ausserordentliche Schwierigkeit, da die Europäer der Farm eben vollständig von ihnen abhingen und bei einigermassen energischem
Vorgehen fürchten mussten, plötzlich ohne Arbeiter dazustehen.
Die Aufrechterhaltung der Disciplin ist unter diesen Umständen
natürlich sehr erschwert, auch sind die Eingeborenen ziemlich
kostspielig und sehr unverlässlich, wie sie beim Ausbrechen des
Aufstandes bewiesen haben. Der Tabak gedieh schon im August
ganz vorzüglich, Ende October fanden wir ihn geradezu erstaunlich üppig entwickelt. Leider war die Farm in der Zwischenzeit
von den Arabern überfallen worden, welche die Weissen vertrieben, alles plünderten, die Häuser theilweise einrissen und die
schöne Ernte dem Verderben preisgaben. Immerhin scheint jedoch
erwiesen, dass Tabak in Lewa gedeiht, wovon übrigens von
vorneherein kaum ein Zweifel bestehen konnte, da die Eingeborenen der Umgebung schon seit jeher reichlich Tabak
pflanzen. Ob allerdings die Qualität des Tabaks eine derartige
war, dass er die Spesen der Arbeitslöhne, des Transports etc.
vertragen konnte, bleibt fraglich. Da Lewa gegenwärtig der Ver-
wüstung preisgegeben und wohl kaum mehr vorhanden ist, so
dürfte die Plantagengesellschaft nach Beendigung des Aufstandes
die Pflanzung an diesem entlegenen Orte kaum wieder auf-
nehmen, sondern es vorziehen, vorläufig an der Küste zu verbleiben.

Später, wenn neue Communicationen geschaffen worden
oder doch in sicherer Aussicht stehen, ist es ja immer Zeit,

Pflanzungen in Usambara, und zwar nicht im Vorlande, sondern im weit günstigeren Waldgebiete anzulegen.

Bei Kibueni auf der Insel Sansibar pflanzt die Plantagengesellschaft ebenfalls Tabak, doch ist diese Farm, sowie jene des deutschen Hauses O'Swald erst im Entstehen begriffen und lässt noch kein Urtheil zu. Zu erwägen wäre jedenfalls, ob es sich nicht auf der Insel Sansibar, dem sprichwörtlichen Nelkenlande, empfehlen würde, wenigstens neben dem Tabak auch Nelken anzubauen, um im Falle des Missrathens des ersteren wenigstens aus letzteren später ein Erträgniss zu ziehen.

Von den Bestrebungen der deutschen Witu-Gesellschaft war an anderer Stelle die Rede.*)

Was die Entwickelung des Plantagenbaues in Ostafrika im Allgemeinen anbelangt, so ist es auch hier die Arbeiterfrage, welche derselben hemmend entgegentritt. Allerdings ist es leicht möglich, in Sansibar und am Festlande zahlreiche Suahili anzuwerben, doch sind die Löhne derselben, besonders durch die Vermittelung der Indier, sehr in die Höhe geschraubt. Ausserdem sind die Suahili in hohem Grade unverlässlich und für die Araber eingenommen. Auch die Benutzung von Eingeborenen der nächsten Umgebung ist deshalb nicht vortheilhaft, weil man dadurch in zu grosse Abhängigkeit kommt, gewissermassen der Sklave seiner Arbeiter wird. Für den Araber, welcher auch allein grosse Ergebnisse erzielt, besteht eine solche Frage nicht, da ihm eben Sklaven zur Verfügung stehen, die weder fortlaufen noch höhe Löhne begehren können, und die sich unbedingt seiner Autorität fügen. Diese unumschränkte Macht der Araber über die Schwarzen muss überhaupt erst gebrochen, oder doch sehr gemindert werden, bevor man grössere europäische Unternehmen in Ostafrika anbahnen kann. Erst muss das Ansehen der Weissen wieder fest begründet sein, dann kann mit Hilfe der Schwarzen an die Anlage von Plantagen geschritten werden

Es ist nun eine bemerkenswerthe, fast für die ganze tropische Welt giltige Regel, dass wirklich bedeutende Erfolge im

---

*) Siehe S. 13. Während der Drucklegung dieser Schrift wurde das Gebiet zwischen Witu und Kismaju, also das ganze südliche Gallaland unter deutschen Schutz gestellt. Die Anmerkung auf S. 13 ist daher in diesem Sinne zu verbessern.

Plantagenbau nur mit Hilfe farbiger, unbesoldeter oder nahezu unbesoldeter Zwangsarbeiter erzielt werden, möge man sie nun Sklaven, Contratados, Sträflinge, Missionsjungen oder Kuli nennen. Da Europäer in den Tropen zu harter Arbeit nicht geeignet sind, so sah man sich überall genöthigt, Eingeborene zu benutzen. Dass dies in Afrika, in einem Lande, welches Amerika mit Tausenden von Arbeitern versehen hat, nicht gelingen sollte, scheint kaum glaublich. Doch sieht man, dass freie Arbeiter entweder sehr hohe Löhne verlangen und sich nur für kurze Zeit anwerben lassen oder aber, wenn sie in der eigenen Heimat zur Verwendung kommen, sehr unverlässlich und zum Fortlaufen geneigt sind, so dass ein rechter Aufschwung der Plantagenwirthschaft nur bei Portugiesen und Arabern zu bemerken ist, welche eben zwangsweise, völlig landfremde Arbeiter benutzen.

Jene Sklaverei, welche den Menschen für immer aus seiner Heimat reisst und ihn in der Fremde der Willkür eines Einzelnen preisgiebt, muss allerdings vom heutigen humanen Standpunkte aus verworfen werden. Andererseits ist aber nicht gut einzusehen, warum gerade der Neger sein Leben im behaglichen Nichtsthun verbringen soll. Wenn die ungeheure Mehrheit der Europäer von früher Jugend bis zum Grabe ein Leben der Arbeit führen muss, so könnte es dem Neger sicher nichts schaden, einige Jahre fern von seiner Heimat auf Plantagen zu arbeiten. Eine solche Zwangsarbeit, die natürlich von Staatswegen und mit humanen Principien durchzuführen wäre, würde plötzlich einen ungeheuren Aufschwung des Plantagenbaues im tropischen Afrika hervorrufen und die Cultur in diesem Continente mächtig fördern. Wenn man jedoch diesen Grundsatz inhuman findet, so ist es besser, auf die Erzielung eines materiellen Gewinnes in Afrika von vornherein zu verzichten und sich auf die Entsendung von Missionären und Culturaposteln zu beschränken, deren einzige Aufgabe in der Befreiung und Veredlung der Schwarzen besteht.

Wenn man den Inhalt dieser Betrachtung zusammenfasst, so lässt sich sagen, dass in Bezug auf Handel und Verkehrsleben Westafrika dem Osten des Continents noch weit überlegen ist. Auch befindet sich im Westen Handel und Macht in Händen der Europäer, während diese sich im Osten mit Arabern und Indiern darin theilen. Im Allgemeinen lässt sich ein Niedergang des Handels beobachten, welcher auch dadurch bedroht wird, dass die Haupt-producte Innerafrikas, Elfenbein und Kautschuk, einem langsamen aber sicheren Ende entgegengehen. Die Entwicklung des Plan-tagenbaues wird daher zur unbedingten Nothwendigkeit. In letzterem wurden erst von Portugiesen und Arabern ernstliche Erfolge erreicht, daneben lieferten Farmen von anderen Euro-päern und Halbblutleuten im Westen schon einiges Erträgniss, während in Ostafrika nur die französische Mission über das Ver-suchsstadium hinausgekommen ist.

Neue Culturpflanzen sofort in grösserem Massstabe anzubauen, hat sich als gefährliches Experiment erwiesen. Der beste Grund-satz scheint zu sein, erst jene Pflanzen anzubauen, deren Gedeihen durch die Erfahrung ausser Frage gestellt ist und die ein sicheres Erträgniss versprechen, nebenbei aber auch Versuche mit neuen Culturpflanzen anzustellen.

Ein grösserer Aufschwung der Plantagen lässt sich jedoch bei der Indolenz und Bedürfnisslosigkeit der Neger nur durch Einführung einer staatlich geleiteten Zwangsarbeit hoffen. Eine solche ist aber nur denkbar, wenn das Ansehen und die Macht der verschiedenen europäischen Colonialregierungen den Ein-geborenen gegenüber kräftig aufrecht erhalten wird. Es lässt sich daher behaupten, dass die centralafrikanische Frage vor Allem als Machtfrage angesehen werden muss.

Geräthe der Waschamba.

Anhang.

Vertrag zwischen Dr. Hans Meyer (Leipzig) und dem Indier Sewah Hadschi (Sansibar).

1. Sewah Hadschi verpflichtet sich, dem Dr. Hans Meyer eine Karawane von 200 guten Leuten zu stellen, die als Anführer, Soldaten oder Träger dienen und nicht mehr als 60 englische Pfund tragen sollen. Diese Leute müssen Dr. Hans Meyer und Dr. Oscar Baumann überall hin folgen, wohin es ihnen in Afrika zu gehen beliebt und ihren Befehlen unter allen Umständen gehorchen.

2. Sewah Hadschi verpflichtet sich, die Karawane für irgend einen Tag zwischen dem 15. und 30. August 1888 zum Abmarsch fertig zu halten, welcher Tag ihm von Dr. Hans Meyer 10 Tage vorher genannt werden wird. Kann Sewah Hadschi dieser Verpflichtung nicht nachkommen. so hat er an Dr. Hans Meyer 500 Dollars für jeden Verspätungstag zu zahlen.

3. Dr. Hans Meyer verpflichtet sich, für jeden Mann eine Gebühr von 7 Dollars pro Monat zu zahlen, gerechnet vom Tage der Registrirung der Karawane in die Bücher S. H. des Sultans bis zu deren Rückkehr nach Sansibar.

4. Dr. Hans Meyer giebt Nahrung und Medicin an 200 Leute und zahlt den Wegzoll (Hongo) auf der Reise.

5. Sewah Hadschi verpflichtet sich, die Karawane so bald als möglich zu ergänzen, wenn durch Tod, Krankheit oder Desertion die Anzahl der Leute unter 200 sinken sollte.*) Dr. Hans Meyer zahlt zwischen Sansibar und dem Kilima-Ndscharo 7 Dollars jenseits des Kilima-Ndscharo 5 Dollars monatlich für jeden Ersatzmann.

6. Wenn Jemand von der Karawane fortläuft und seine Last oder sein Gewehr zurücklässt und Sewah Hadschi nicht im Stande ist, einen Stellvertreter zu beschaffen, so dass die Last oder das Gewehr zurückbleibt, oder wenn Jemand fortläuft und Last und Gewehr mit sich nimmt, so verpflichtet sich Sewah Hadschi an Dr. Meyer einen Mittelwerth von 44 Dollars pro Last und 3 Dollars pro Gewehr zu zahlen, die verloren oder zurückgelassen worden sind. Ausser in den genannten Fällen ist Sewah Hadschi nicht verantwortlich für irgend welche Verluste, die Dr. Hans Meyer erleiden möge, sei es durch gestohlene Güter, sei es durch solche, die im Falle des Todes oder der Erkrankung der 200 Leute zurückgelassen werden mussten, oder durch solche, die durch Gefechte, Krieg, Feuer u. s. w. abhanden gekommen sind.

---

*) Um dieser Verpflichtung nachkommen zu können, liess Sewah von Anfang an 50 Reserveleute mitgehen, die sich selbst verpflegen mussten.

7., 8., 9. Wenn ein Mann stirbt, krank zurückbleibt oder fortläuft, so hat Dr. Meyer seine Gebühren bis zum Tage seines Todes, beziehungsweise seiner Erkrankung oder Desertion zu entrichten.

10. Dr. Meyer zahlt am Tage der Registrirung an Sewah Hadschi die Gebühren für drei Monate in vorhinein und für weitere drei Monate nach Ablauf von drei Monaten. Nach Ablauf der ersten sechs Monate zahlt Dr. Meyer die Gebühren nach Rückkehr der Karawane für so viele Monate, als die Karawane über sechs Monate fort war, möge sie nun am Anfang oder am Ende eines Monats ankommen. Sewah Hadschi hat die Leute nach seinem Uebereinkommen mit denselben zu bezahlen.

11. Die Ueberfuhr der Leute vom Continent nach Sansibar hat Dr. Meyer zu bezahlen.

12. Dr. Hans Meyer unternimmt es, die Einwilligung S. H. des Sultans zur Bildung dieser Karawane zu erlangen.

13. Dieser Contract erlischt nach zwei Jahren.

Sansibar, am 26. Juli 1888.

Gez.: Dr. Hans Meyer.
Sewah Hadschi.

Visum des deutschen und englischen Consulats.

NB. Als, wie in der Reiseschilderung erwähnt, sämmtliche Mannschaften desertirten, erklärte sich Sewah Hadschi frei von jeder Verantwortung, indem er behauptete, die Leute seien durch „Krieg" (Punkt 6) zum Fortlaufen gezwungen gewesen. Doch wurde er in dem Processe, der sich deshalb entspann, zur Leistung eines Schadenersatzes von mehreren tausend Dollars verurtheilt.

Register.

—